DRACHEN & DRACHENJÄGER ZEICHNEN

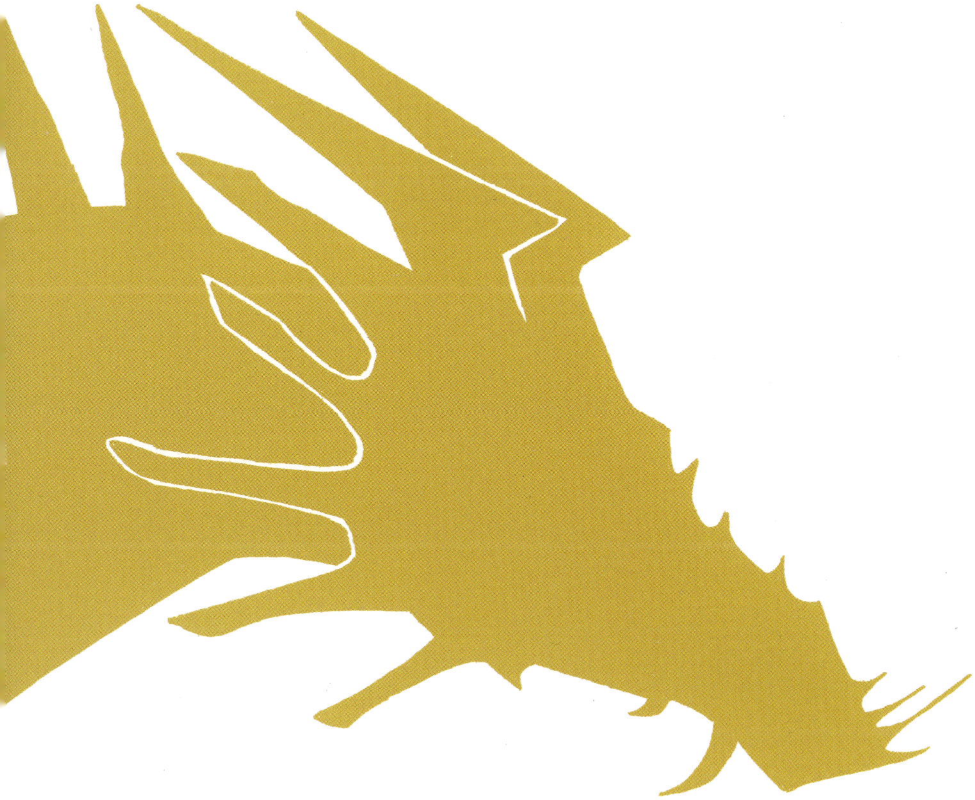

DRACHEN
& DRACHENJÄGER
ZEICHNEN

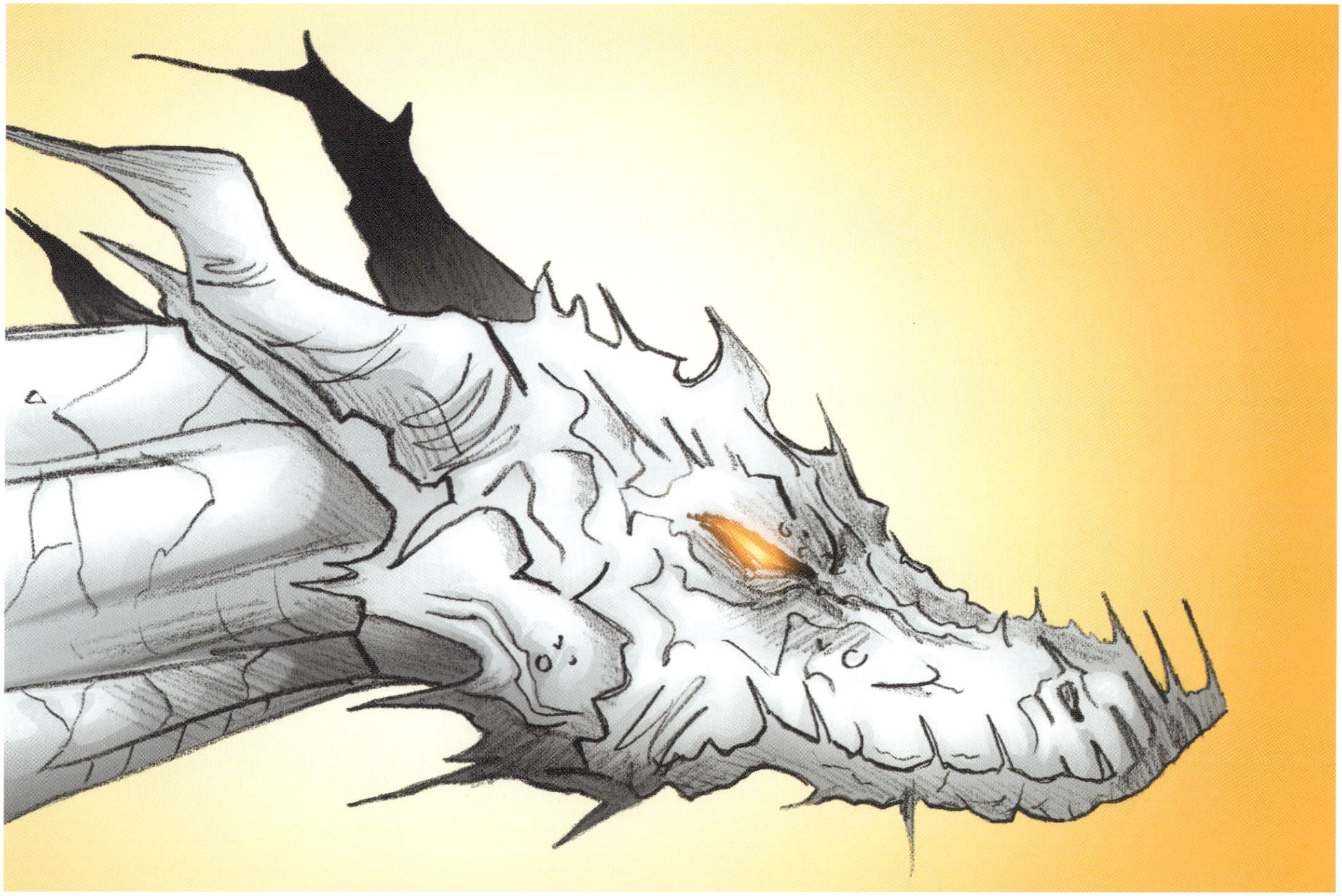

CHRISTOPHER HART

Impressum

Original veröffentlicht als DRAWING DRAGONS AND THOSE WHO HUNT THEM von Christopher Hart. Copyright © 2007 Art Studio. LLC.
Erstveröffentlichung durch Watson-Guptill Publications,
Nielsen Business Media, Teil der The Nielsen Company,
770 Broadway, Newe York, NY 10003, USA

Executive Editor: Candace Raney
Art Dirctor: Julie Duquet
Designer: Kapo Ng@A-Men Project

Farbzeichnungen: Richard und Tanya Horie. Bilder auf Seite 5, 8, 12, 53, 72, 76, und 98 von MADA Design, Inc.

Mein spezieller Dank gilt Bob Fillie, Graphiti Design, Inc., der Grenzen überschritt, zahllose Entwürfe machte und so viele Dinge ins Reine brachte. - AP

Übersetzung und Redaktion: Verena Zemme
Layout: Karoline Steidinger (in Anlehnung an das Originallayout)

Druck und Bindung: DELO-Tiskarna d.d., Ljubljana

ISBN 978-3-7724-5513-1
Best.-Nr. 5513

Auflage:	5.	4.	3.	2.	1.	[Letzte Zahlen
Jahr:	2012	2011	2010	2009	2008	maßgebend]

Für Candace Raney, mit der ich so manchen Drachen erlegt habe

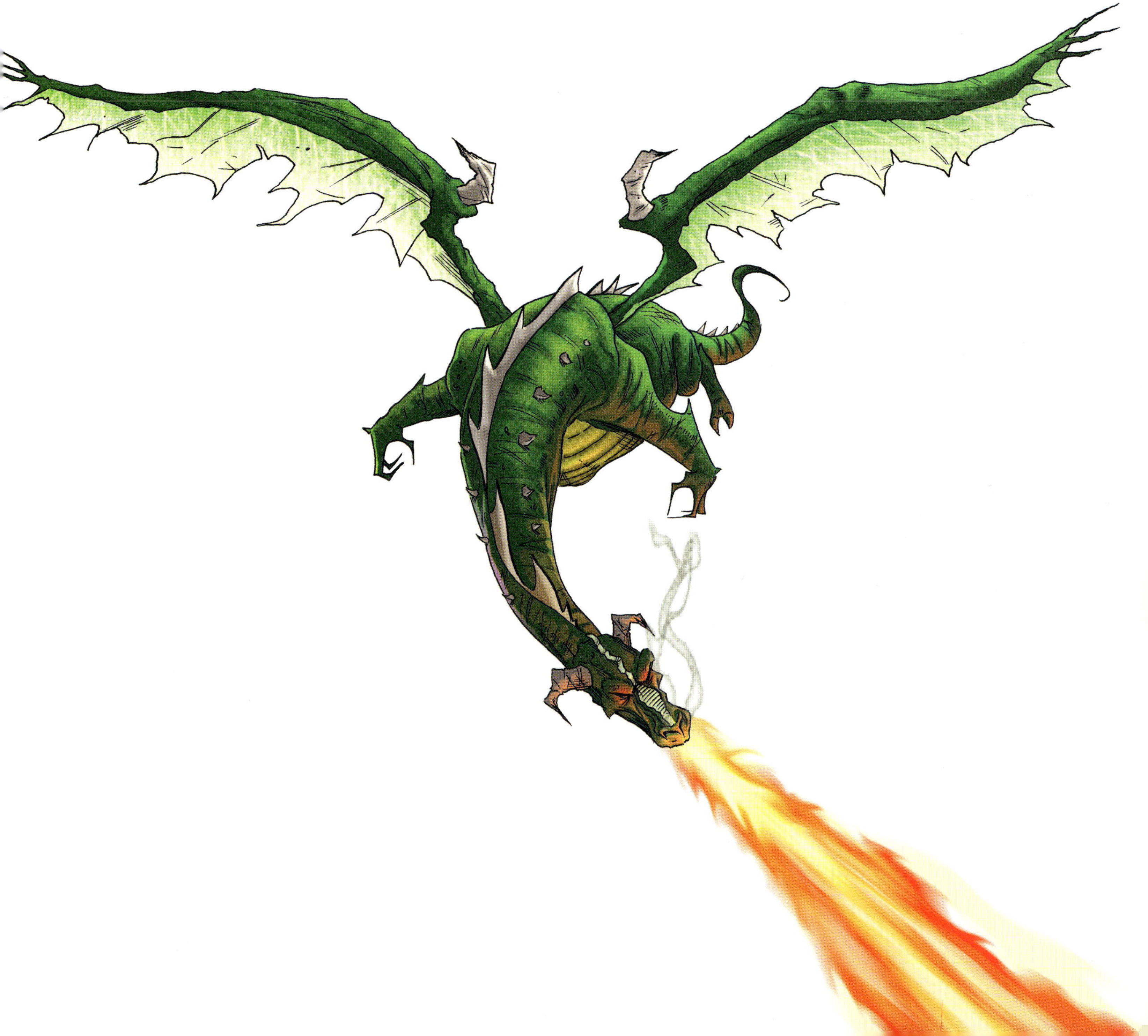

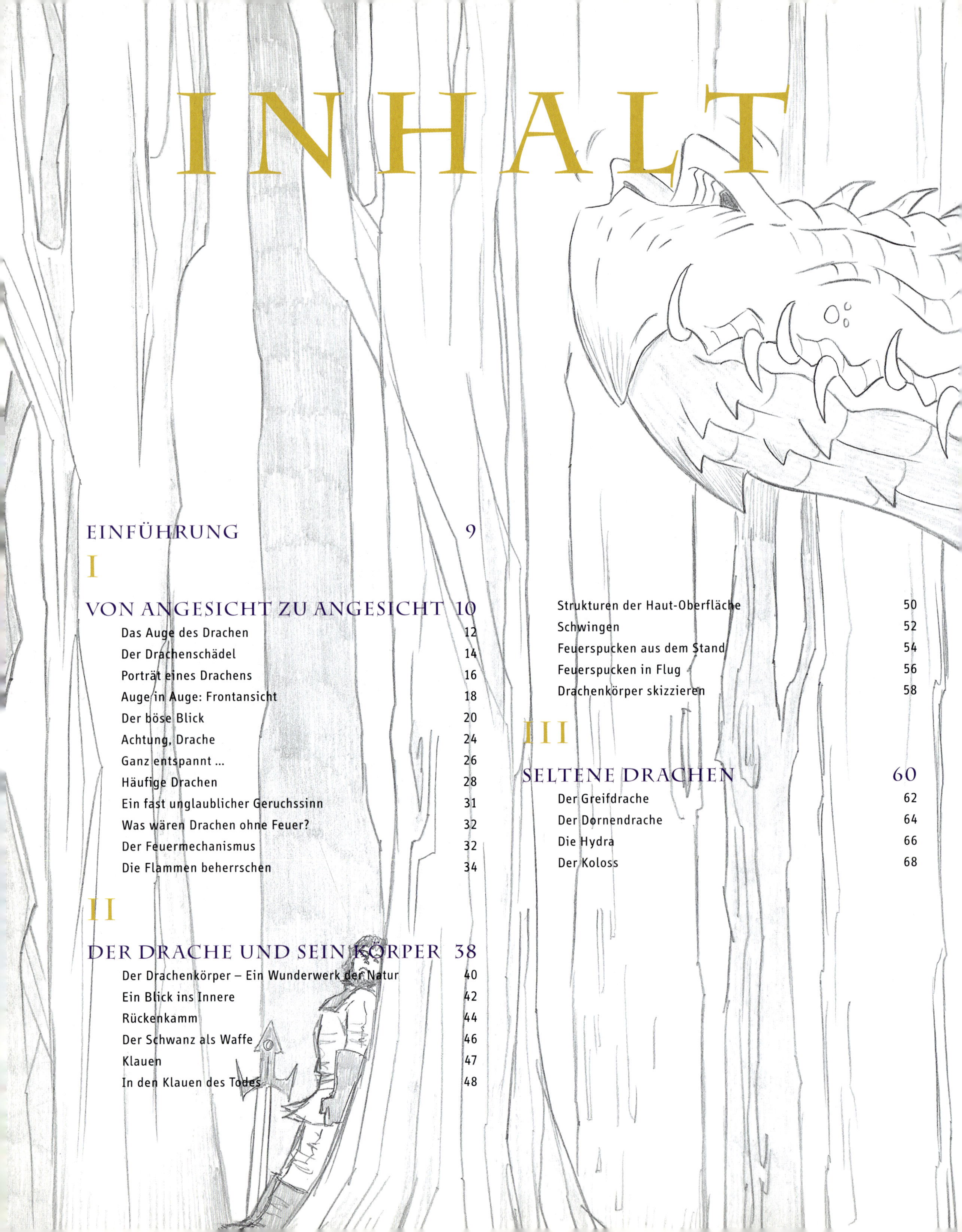

INHALT

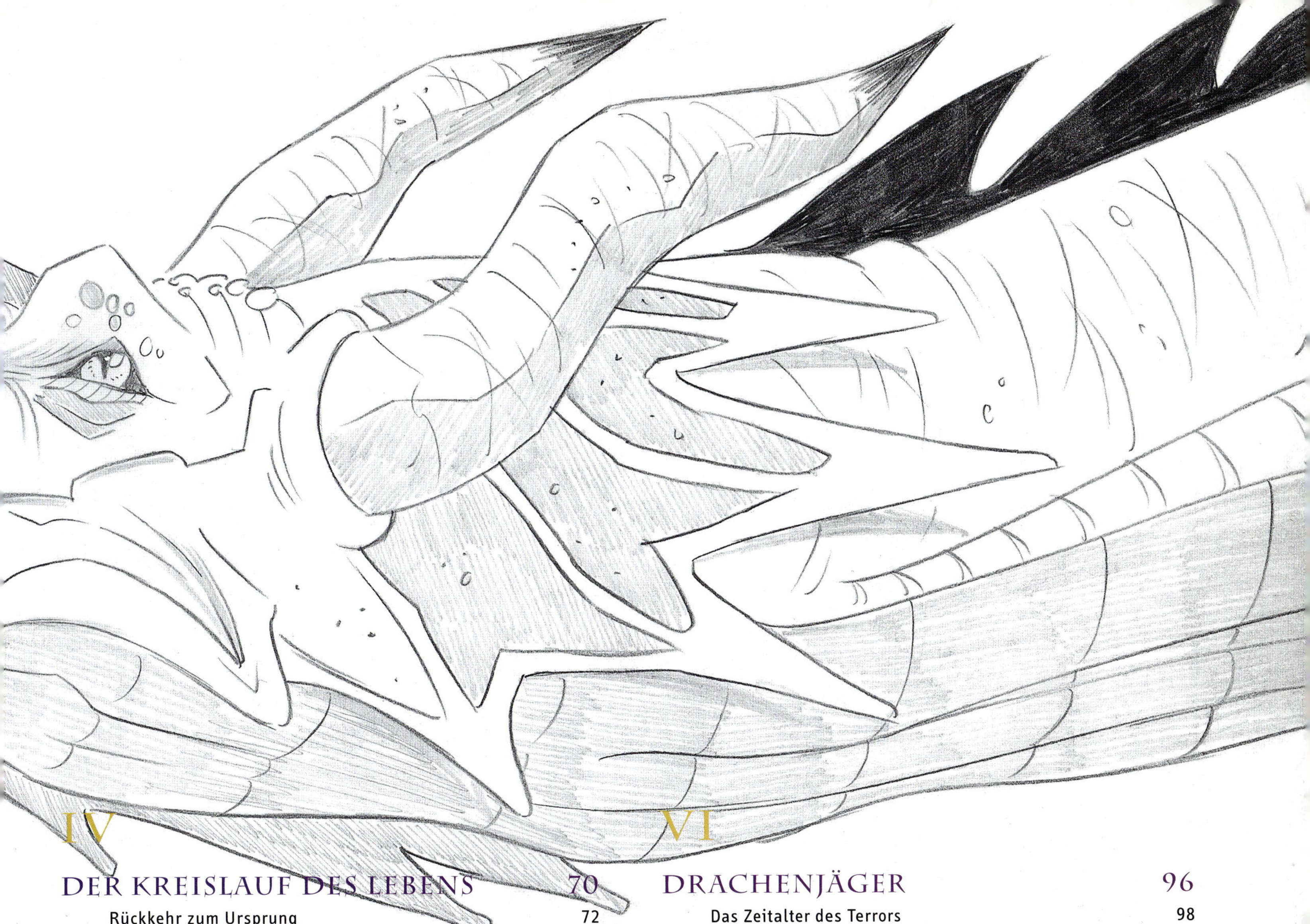

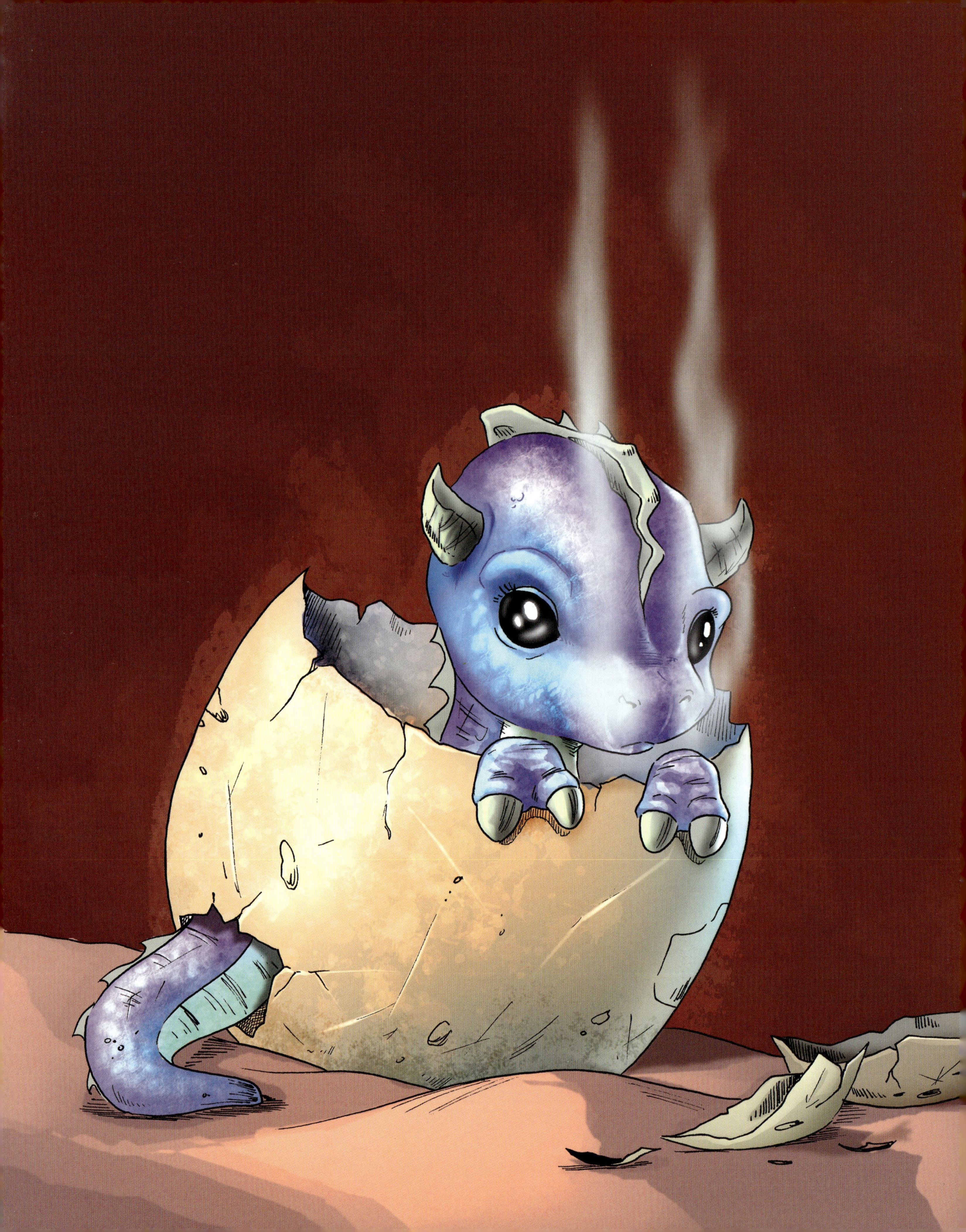

ZUR EINFÜHRUNG

Drachen sind die unbestrittenen Herrscher in der Welt der Fantasy. Mit diesen fantastischen, Feuer speienden Fabelwesen können wir in eine erschreckende, aber atemberaubend spannende Welt eintauchen und einen Kampf ohne Gleichen erleben. Noch nie waren Drachen übrigens so präsent wie jetzt. Sie tauchen überall auf: in Büchern, die Bestseller sind, in Bilderbüchern, in Comics, in Computerspielen, in Animationen und in Filmen.

Drachen gibt es in einer Fülle von Arten, Sorten, Rassen, Gattungen, Formen und Größen. Die vielköpfige Hydra, der Spitzhorn- und der Sichelhorndrache, der Koloss oder der blitzschnelle Greifdrache sind nur einige aus dieser zahlreichen Familie. In ihrer düsteren Welt existieren jedoch noch weitere Wesen wie grausige Schreckwürmer und gigantische Eidechsen, aber auch solche, die der frühere Mensch gezähmt und zu Transport- und Arbeitszwecken in seiner primitiven Welt benützt hat.

Vielschichtig und geheimnisvoll ist das Wesen der Drachen: So gnadenlos sie gegen ihre Feinde sind, so liebevoll sorgen sie für ihre Jungen und ziehen sie mit anrührender Fürsorge auf.

Müssen wir die Drachen fürchten? Natürlich, denn sie sind absolut gefährlich. Müssen wir sie deshalb vernichten? Nein, nicht unbedingt. So macher von uns bewundert diese effektiven Killermaschinen insgeheim sogar für ihre Kraft und prachtvolle Stärke.

In diesem Buch will ich Ihnen Schritt für Schritt zeigen, wie Sie Drachen zeichnen. Wir beginnen mit Kopf und Körper, damit Sie die Anatomie besser verstehen sowie den Mechanismus des Feuerspeiens. Dann lernen Sie, wie Sie Kampfszenen gestalten und vieles mehr. Außerdem werden Sie viel über die frühen Menschen erfahren und ihren packenden Kampf gegen das schlimmste Untier dieser längst versunkenen Zeit – einen Kampf, an dem sich zum Schluss auch schöne und furchtlose Kriegerinnen beteiligten …

Machen Sie mit und lernen Sie unvergessliche Bilder zu gestalten, Motive, die Spannung und Herzklopfen erzeugen – was der wahre Sinn aller Fantasy-Illustration ist.

Es waren die Drachen, die uns Menschen zu einem Kampf ums Überleben drängten, der erst unseren Heldenmut zum Vorschein brachte. Und Sie, liebe Leserin und lieber Leser, sollen dieser vergangenen Welt neues Leben verleihen.

I

VON ANGESICHT ZU ANGESICHT

Von Anfang an führten Menschen und Drachen einen Kampf auf Leben und Tod. Natürlich waren wir Menschen zunächst keine ernstzunehmenden Gegner für Drachen. Ganz klar, dass ein Mensch der furchtbaren Kraft und der majestätischen Größe eines Drachen nicht viel entgegenzusetzen hatte. Und doch gelang es den Menschen irgendwie. Wenn Sie und ich uns nun zusammen auf den Weg machen, diesen fantastischen, aber größtenteils vergessenen Teil der Menschheitsgeschichte zu erkunden, werden wir entdecken, was die Menschheit einzigartig macht - den menschlichen Geist, der unbezwingbar ist und jeden mit den Generationen vor uns verbindet. Dass der Sieg über diese wilden Bestien am Ende kein Triumph für die Menschheit wurde und wir Grund haben, ihre Rückkehr zu fürchten, steht auf einem anderen Blatt.

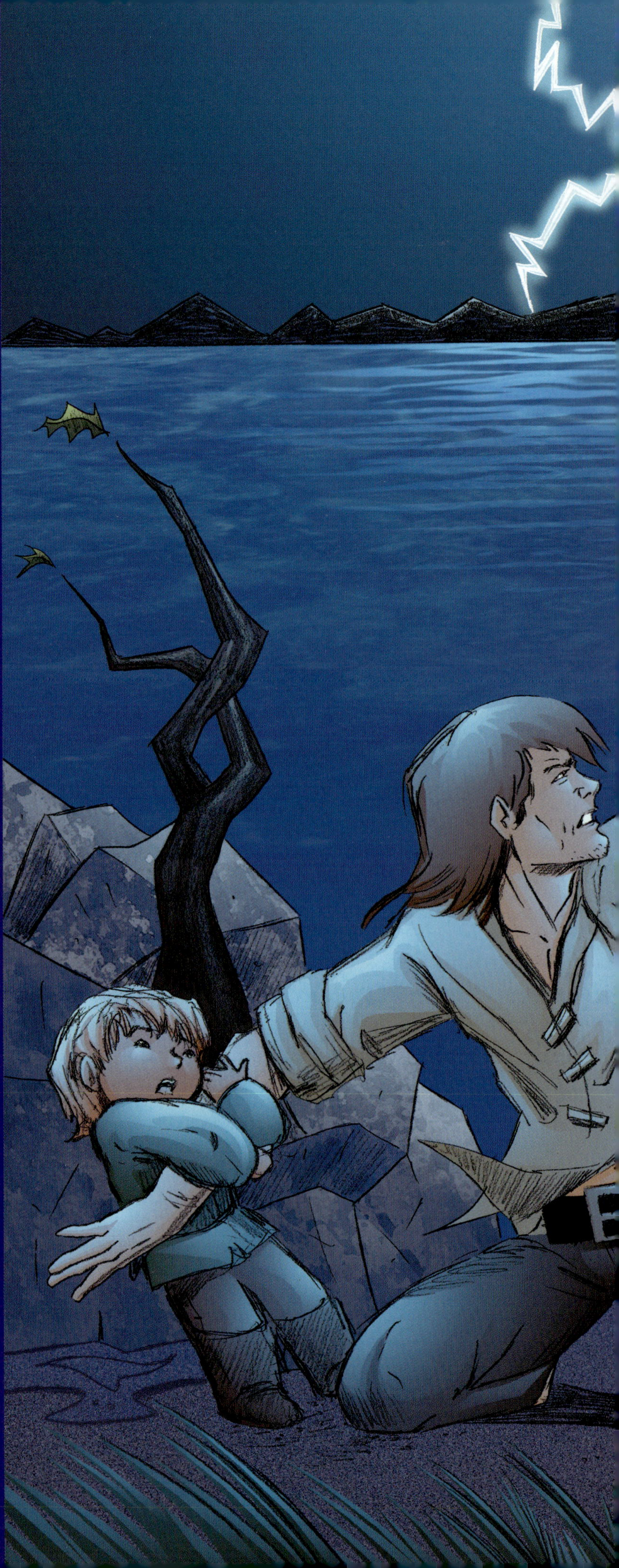

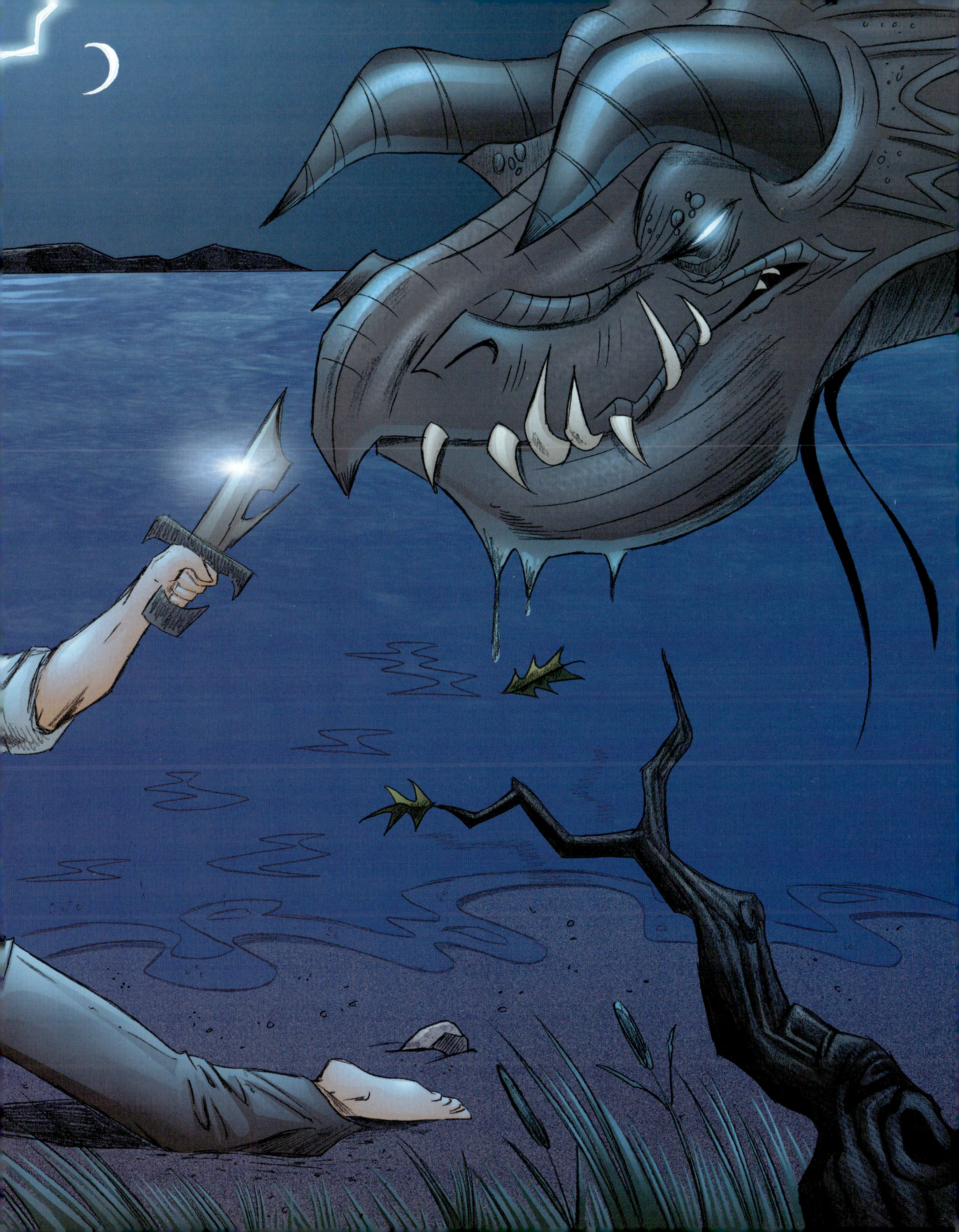

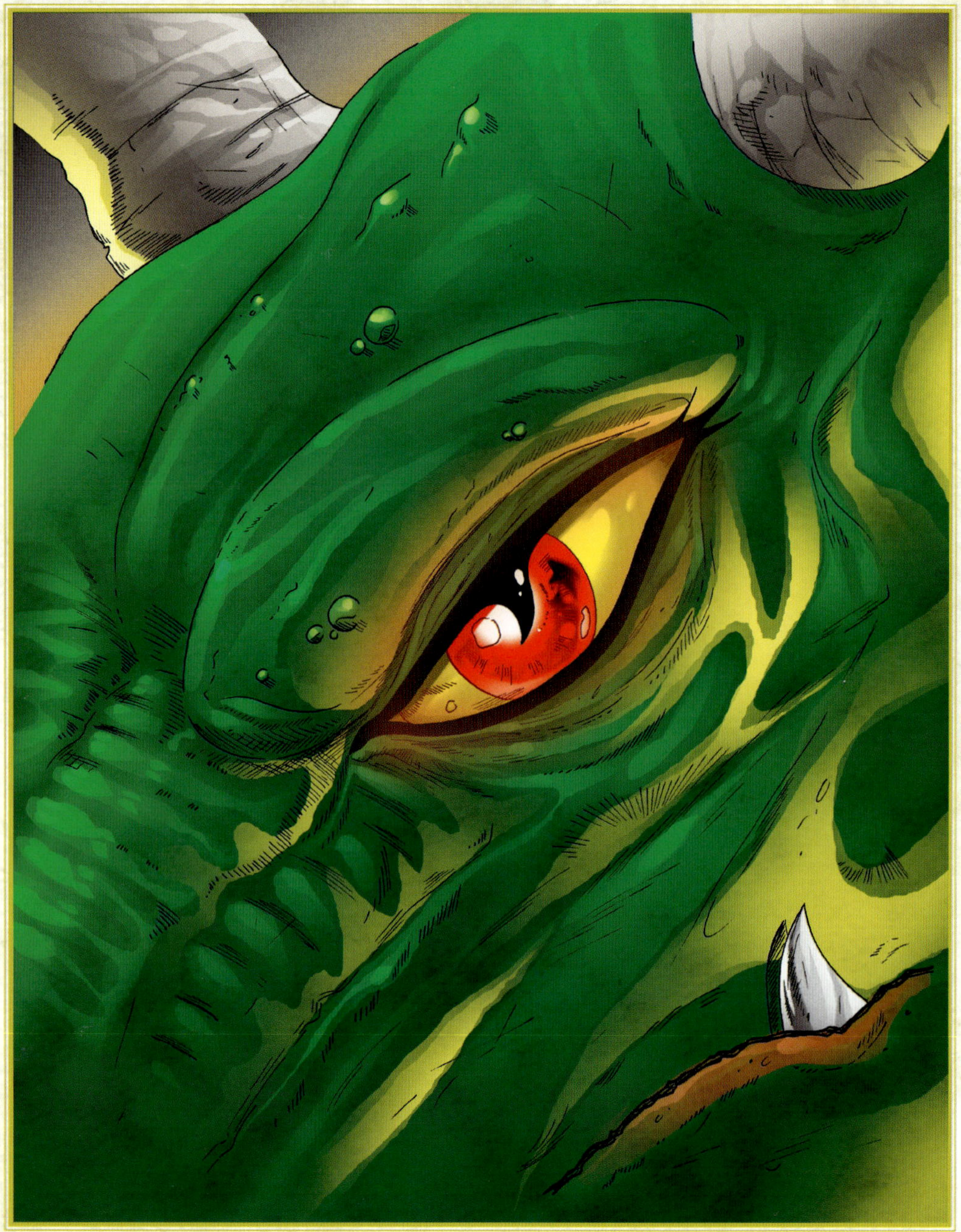

DAS AUGE DES DRACHEN

Wenn wir uns nun ins Reich der Drachen begeben, muss ich Sie vorher warnen: Sehen Sie einem Drachen niemals direkt ins Auge. Ebenso wie Schlangen sind auch Drachen fähig, ihre Beute mit einem Blick zu hypnotisieren – besonders, wenn diese Beute ein Mensch ist. Ein Drachenauge aus der Nähe ist meist das letzte, was ein Mensch dann erblickt.

Doch wenn Sie als Künstler Ihren Zeichenblock zur Hand nehmen, können Sie sich kein Mitleid mit den armen menschlichen Wesen erlauben – oder Ihrem Instinkt folgen und fliehen. Als Künstler müssen Sie stärker sein als Ihre Gefühle. Sie müssen lernen, das Wesentliche dieser schrecklichen Bestien mit dem Stift einzufangen. Lassen Sie die furchtbare Kraft in Ihre Zeichnung fließen. Aber vermeiden Sie es, lange auf den Drachen zu starren.

SO SEHEN DRACHEN DIE WELT

Untertags können Drachen nicht besonders gut sehen, doch nachts funktionieren ihre Augen exzellent. Dieser Gesichtssinn der Drachen beruht auf ihrer Fähigkeit, die Wärmestrahlung eines Körpers mit den Augen wahrzunehmen. Bewegungen erkennen Drachen weitaus weniger gut als angenommen – es macht also keinen großen Unterschied, ob man sich bewegt oder nicht. Die einzige Chance einem Drachen zu entgehen, hat man, wenn die eigene Körpertemperatur ganz genau mit der Wärme der Umgebung übereinstimmt. Weicht die Körperwärme eines Menschen nur ein wenig von der Umgebung ab, sieht der Drache den Unterschied sofort und schnappt sich seine Beute.

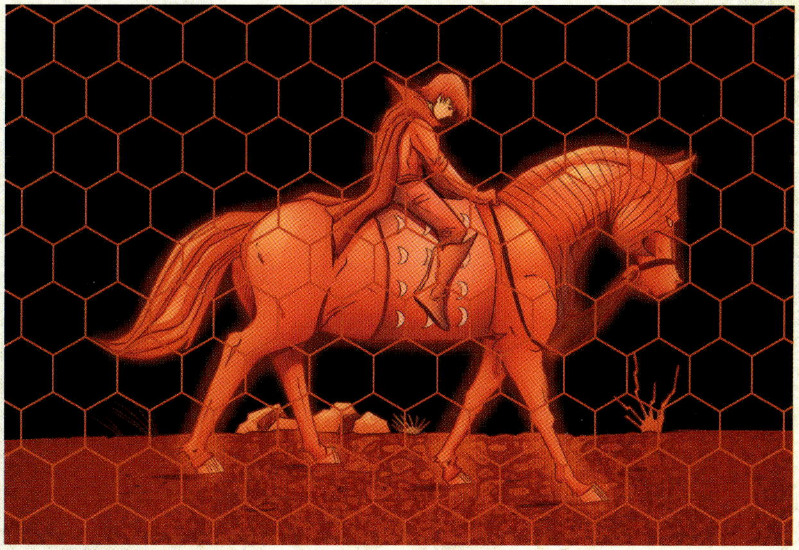

DER DRACHENSCHÄDEL

Ein Drachenschädel ist ein spannendes Stück Arbeit. Zu dem komplex gestalteten Schädelknochen mit Stufen, Vorsprüngen, Kanten und Höhlen gehören nicht nur die bedrohlichen Hörner, sondern auch die mächtigen Ober- und Unterkieferknochen mit den rasiermesserscharfen Zähnen. Versuchen Sie gar nicht erst, all die aufregend zerklüfteten Partien auf einmal zu zeichnen. Sie erhalten ein wesentlich besseres Ergebnis, wenn Sie sich zunächst nur auf die Grundformen des Kopfes konzentrieren. Haben Sie diese zeichnerische Basis gemeistert und eine feste Vorstellung vom Schädel gewonnen, wird jeder Drachenkopf leichter zu zeichnen sein, denn er liegt knochig direkt unter der Haut und bestimmt das Aussehen und die Gesichtszüge.

Sehen wir uns also jetzt den Drachenschädel genauer an. Wenn Sie den Kopf eines Drachen zeichnen wollen, beginnen Sie mit dem Umriss des Schädels. Trotz der Extravaganz seiner Erscheinung ist ein Drachen im Kern einfach ein Tier. Versuchen Sie seinen Schädel also wie das zu sehen, was er ist - den Schädel eines Tieres.

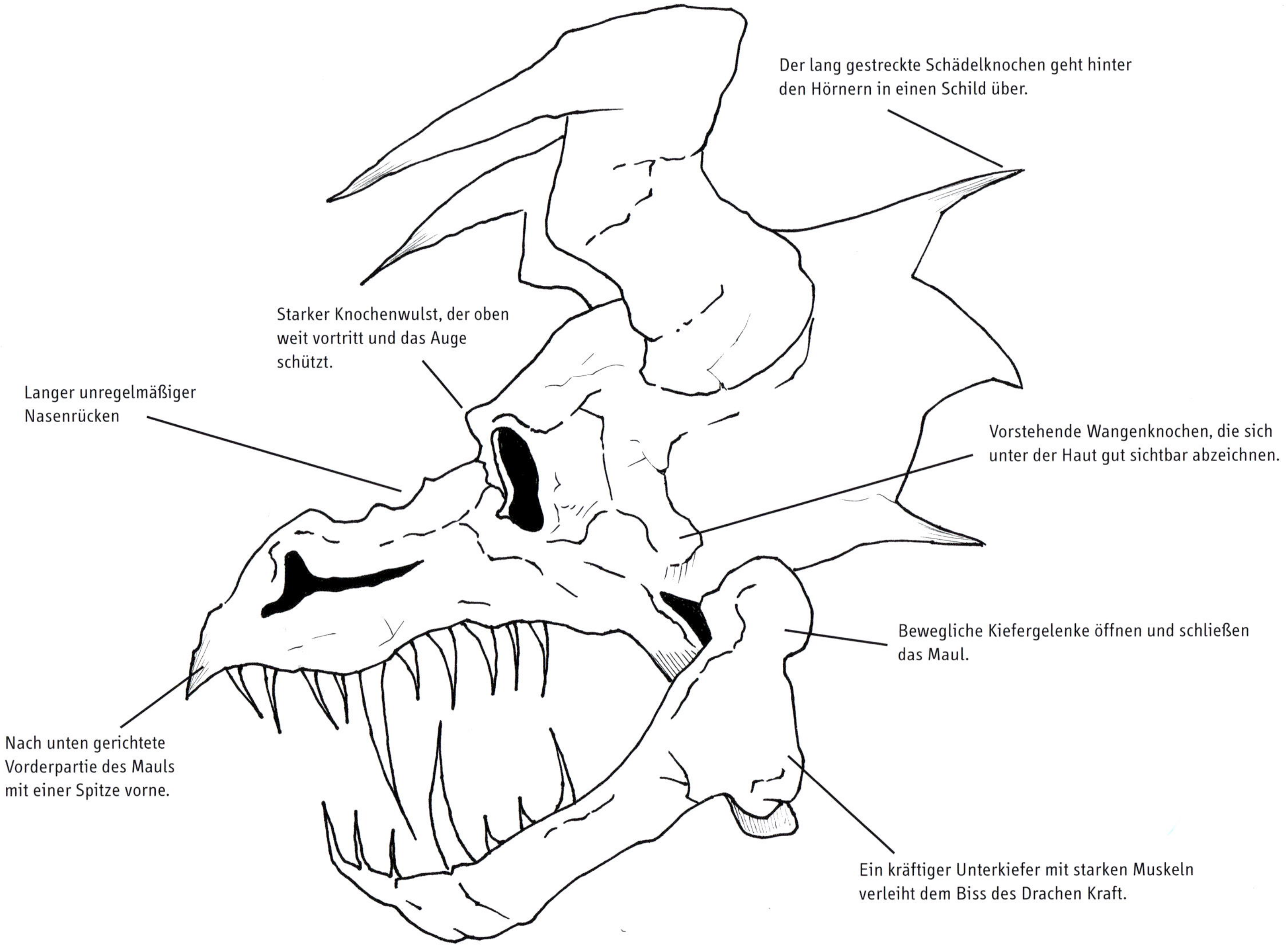

Ein Drache kann seine Kiefer sehr, sehr weit öffnen – eine traurige Wahrheit.

DER WEG DES FEUERS

Obwohl wir uns alle Details der Entstehung eines Feuerstoßes erst auf Seite 32 genauer ansehen, gibt es wichtige Grundvoraussetzungen, die mit dem Bau des Drachenschädels zusammenhängen: Die hoch brennbare Feuerflüssigkeit wird durch einen einzigen schmalen Kanal in der Kehle des Drachen nach oben gepresst. Erst durch die Enge des Kanals erreicht die Flüssigkeit hohe Geschwindigkeiten und ihre zerstörerische Kraft. Natürlich kann der Drache Flammen auch durch seine Nasenlöcher blasen, jedoch geht das nur bei geschlossenem Maul. Dann nämlich verteilt sich die brennbare Feuerflüssigkeit in zwei kleinere Nasengänge. Sobald der Flammenstoß erlischt, rinnt der Anteil der Flüssigkeit, der nicht verwendet wurde, zurück in die Nasengänge, damit dem Drachen weitere Reserven zur Verfügung stehen.

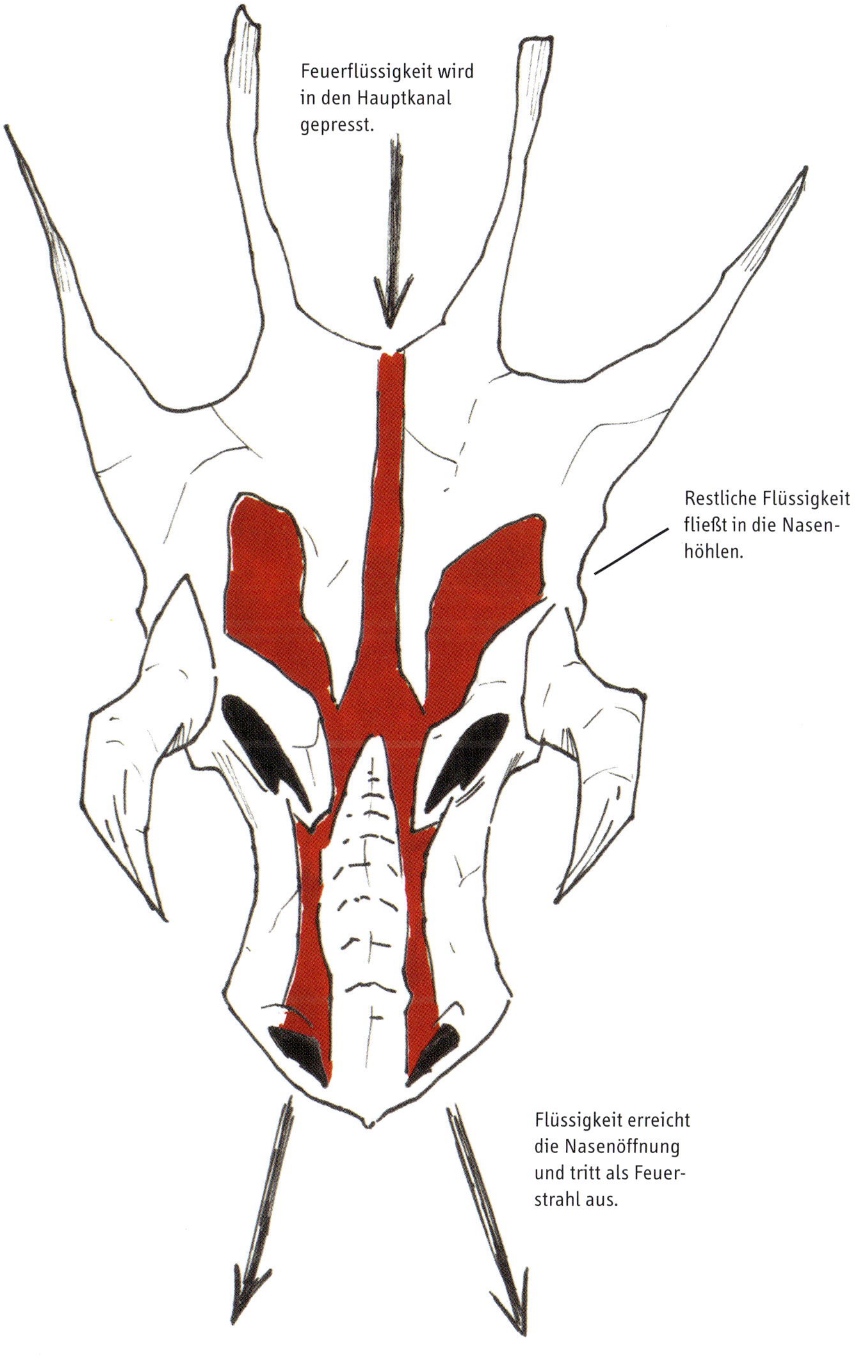

PORTRÄT EINES DRACHEN

Sobald Sie sich mit der grundlegenden Bauweise der Knochen und der Gesamtstruktur eines Drachenkopfes vertraut gemacht haben, können Sie ihn mit einer Schicht eng anliegender Haut überziehen. Nach und nach kommen so die scharfkantigen Falten, das schroffe Nasenbein und die ledrige Haut zum Vorschein, die zusammen den mürrischen Charakter des Drachen unterstreichen.

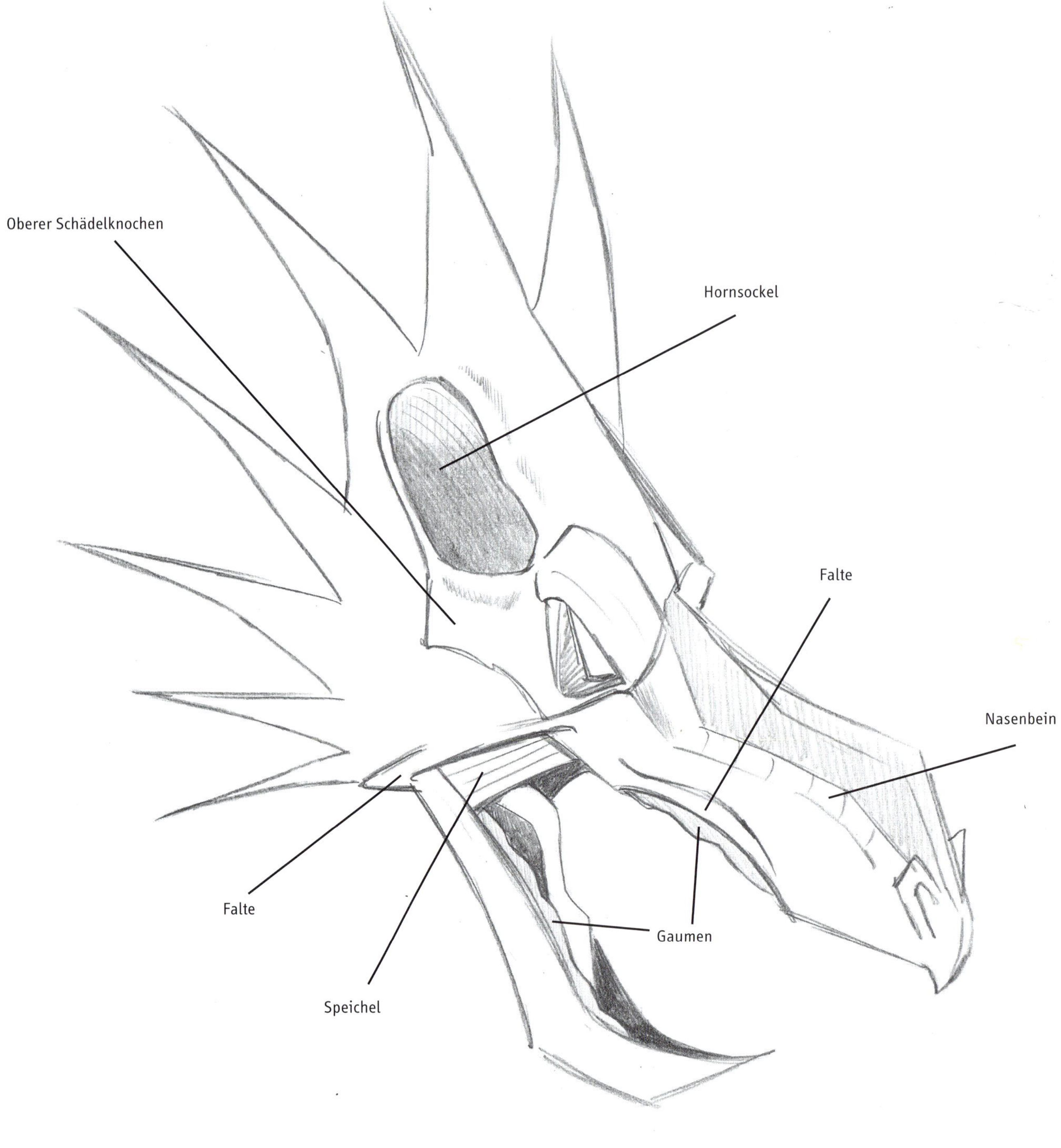

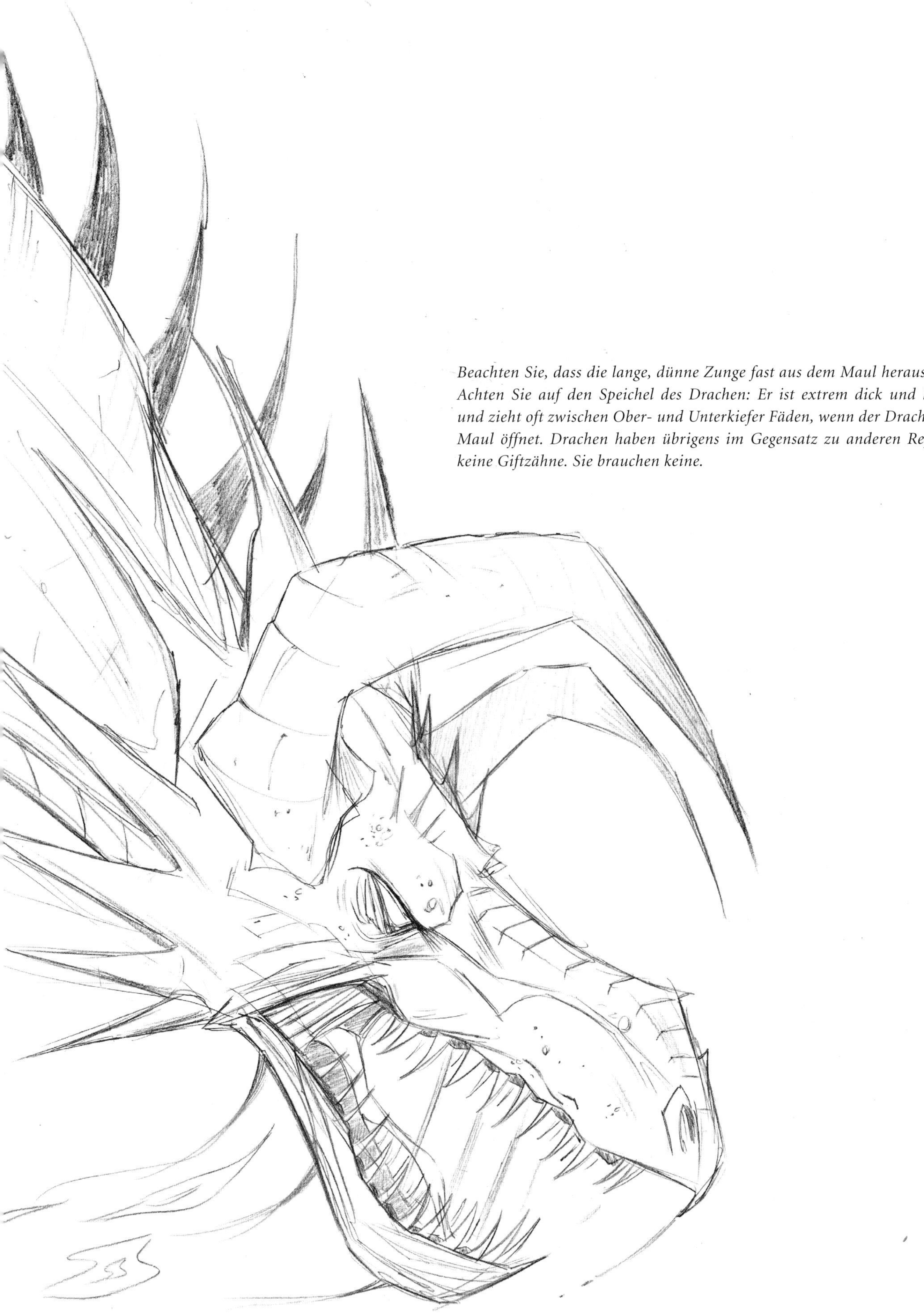

Beachten Sie, dass die lange, dünne Zunge fast aus dem Maul heraushängt. Achten Sie auf den Speichel des Drachen: Er ist extrem dick und klebrig und zieht oft zwischen Ober- und Unterkiefer Fäden, wenn der Drachen das Maul öffnet. Drachen haben übrigens im Gegensatz zu anderen Reptilien keine Giftzähne. Sie brauchen keine.

AUGE IN AUGE: FRONTANSICHT

Wer ernst zu nehmende Fantasy-Illustrationen anfertigen möchte, muss sich zu allererst mit seinen Gestalten anfreunden. Wenn Sie eine packende Szene darstellen möchten, sollten Sie in der Lage sein, einen Drachen aus jedem Winkel zu zeichnen, nicht nur von der Seite. Wer sein Objekt nicht von allen Seiten zeigen kann, stößt schnell an seine Grenzen. Deshalb erkläre ich Ihnen, wie man Drachen aus allen möglichen spannenden Blickwinkeln darstellen kann. Diese Motive sind nicht nur so zum Üben da; sie alle zeigen interessante Drachendarstellungen, die Sie sehr gut in eigenen Bildern verwenden können. Durch die Schritt-für-Schritt-Anleitungen haben Sie Gelegenheit, die einzelnen Bilder gründlich zu studieren und können sich die Motive von Grund auf erarbeiten.

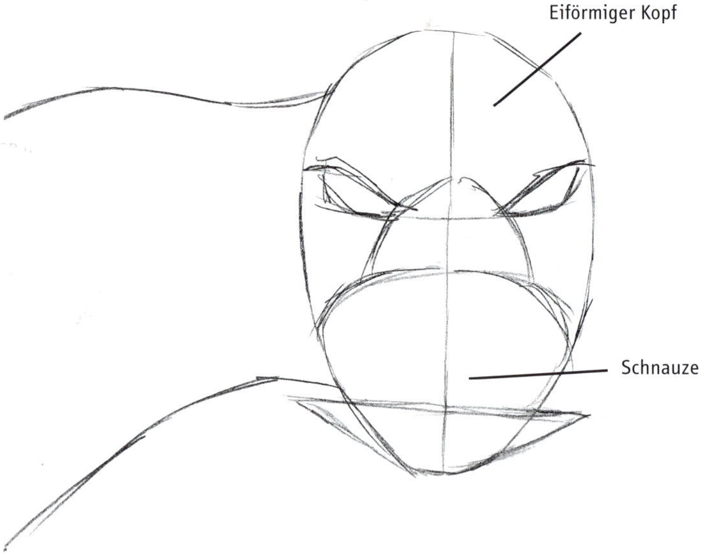

Der Blick eines Drachen ist 100% gerade, er flackert nicht und weicht niemals aus. Um diesen Blick in der Zeichnung zu verwirklichen, müssen Sie zunächst zwei genaue Hilfslinien zeichnen. Die senkrechte sollte den Kopf in zwei exakt gleiche Hälften teilen. Die Augen liegen auf der waagrechten Linie. Die Umrisse des Kopfes müssen symmetrisch sein.

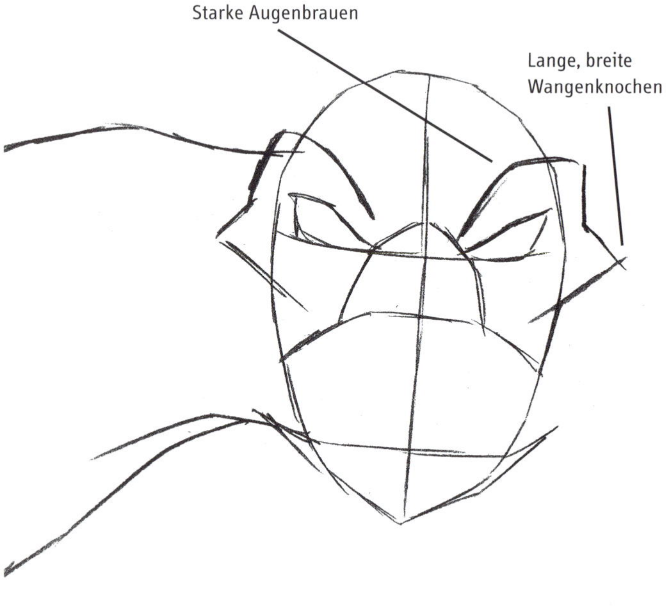

Zeichnen Sie die Knochenstruktur rund um die Augen ein.

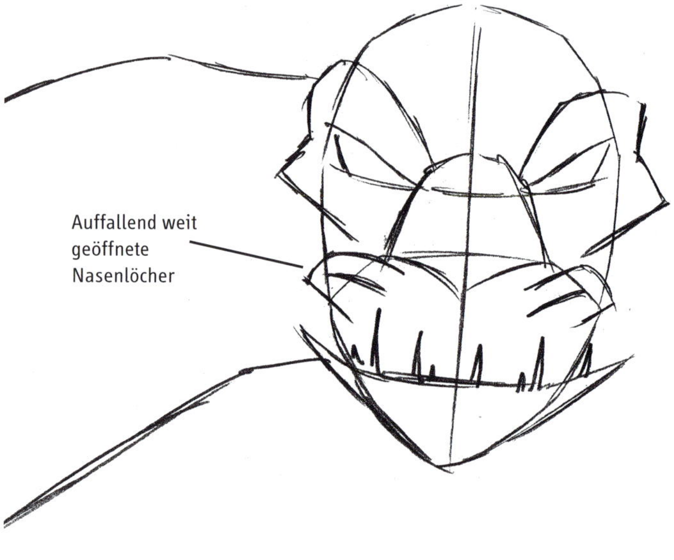

Beim Gestalten der Schnauze an die Einkerbung in der Mitte denken.

Während bei Dinosauriern die Plattern oder Dornen des Rückenkamms meist breit und mehreckig sind, haben Drachen gefährlich scharfe Zacken. Übrigens: Die Nase beginnt zwischen den Augen.

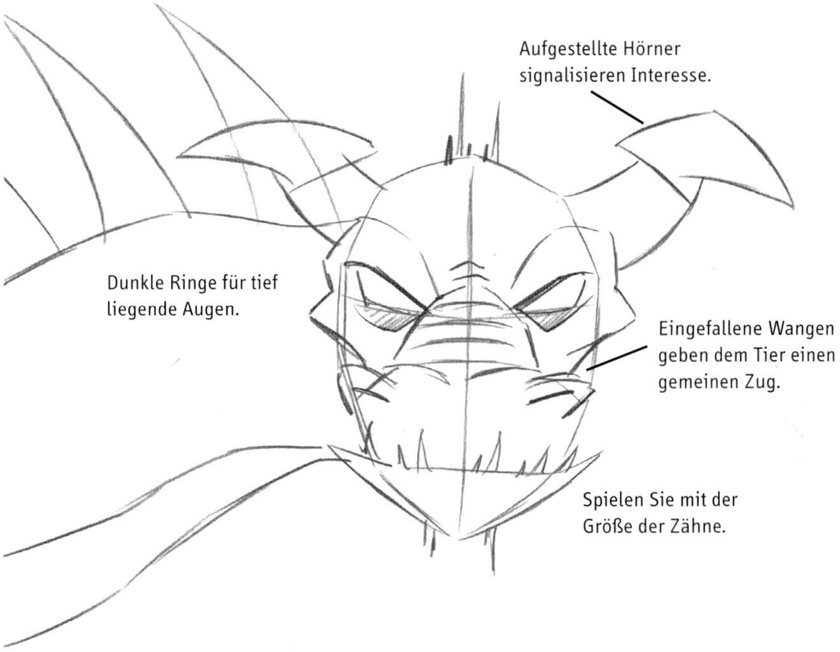

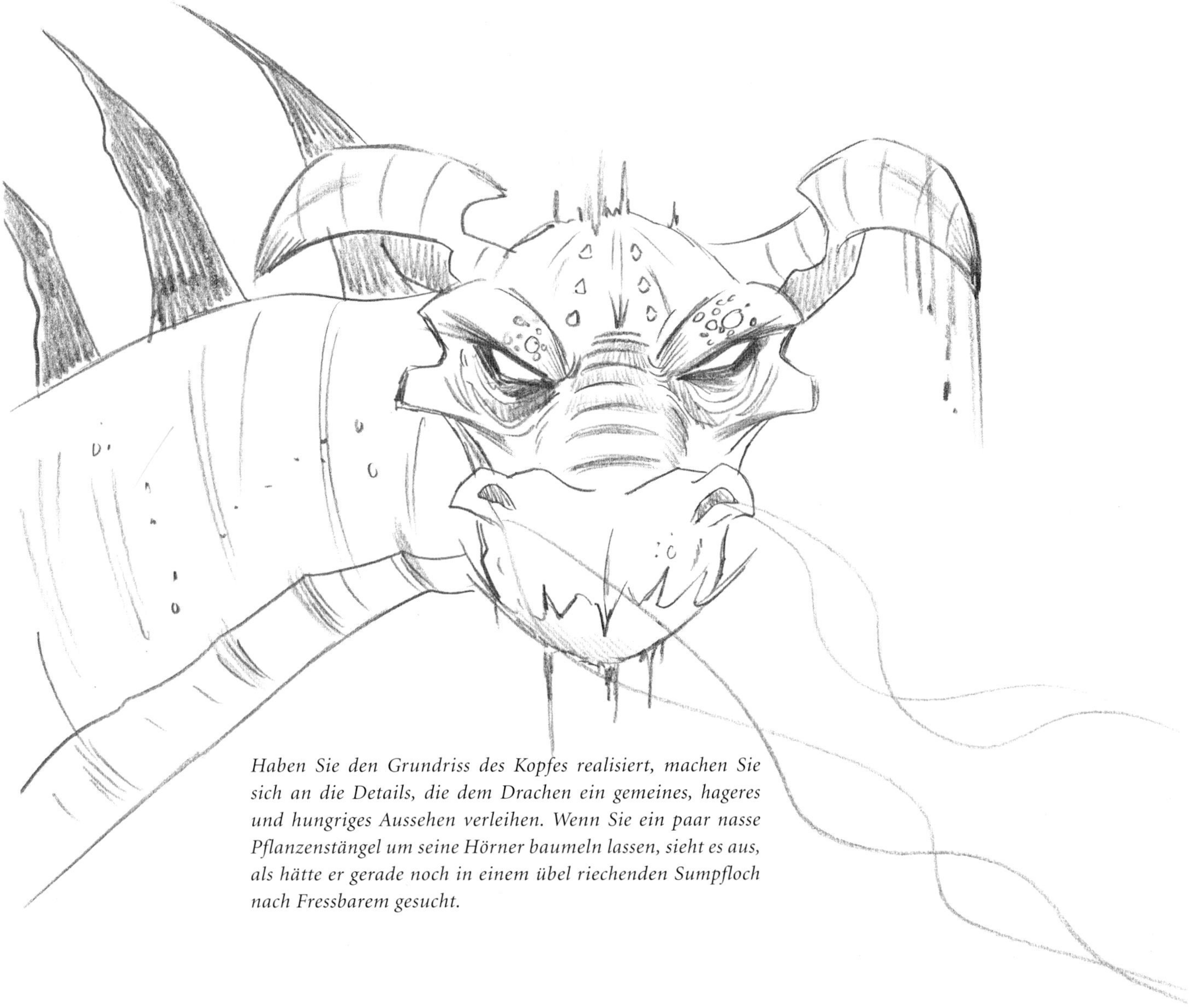

Haben Sie den Grundriss des Kopfes realisiert, machen Sie sich an die Details, die dem Drachen ein gemeines, hageres und hungriges Aussehen verleihen. Wenn Sie ein paar nasse Pflanzenstängel um seine Hörner baumeln lassen, sieht es aus, als hätte er gerade noch in einem übel riechenden Sumpfloch nach Fressbarem gesucht.

DER BÖSE BLICK

Dies ist ein ausgesprochen bösartiger Blick. Der gesenkte Kopf betont die düster-brütende Stimmung dieses Drachen, der nur drauf lauert, dass sich irgendwo etwas regt. Bei zu Boden gerichteter Nase lugt sein finsterer Blick nur ein wenig unter den schweren Augenlidern hervor. Wer genau hinsieht, erkennt, dass die Pupille vom Rand des Oberlides abgeschnitten wird.

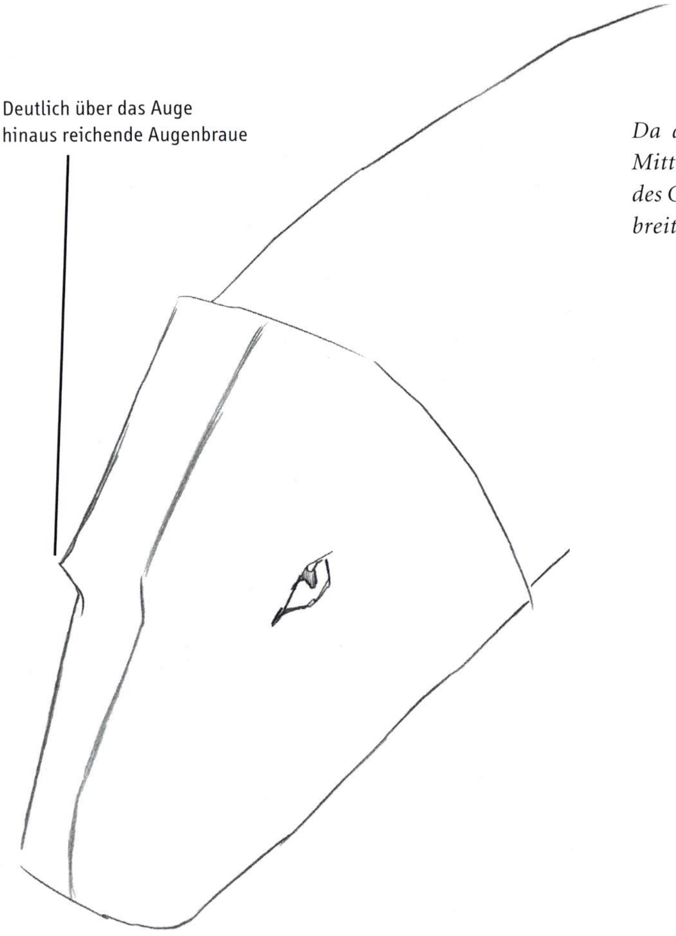

Da dies hier eher eine Dreiviertelansicht ist, verschiebt sich die Mittellinie des Kopfes nach links und wir sehen das hintere Viertel des Gesichts nicht. Achten Sie auf den Hinterkopf: Er ist fast genauso breit wie der Hals, auf dem er sitzt.

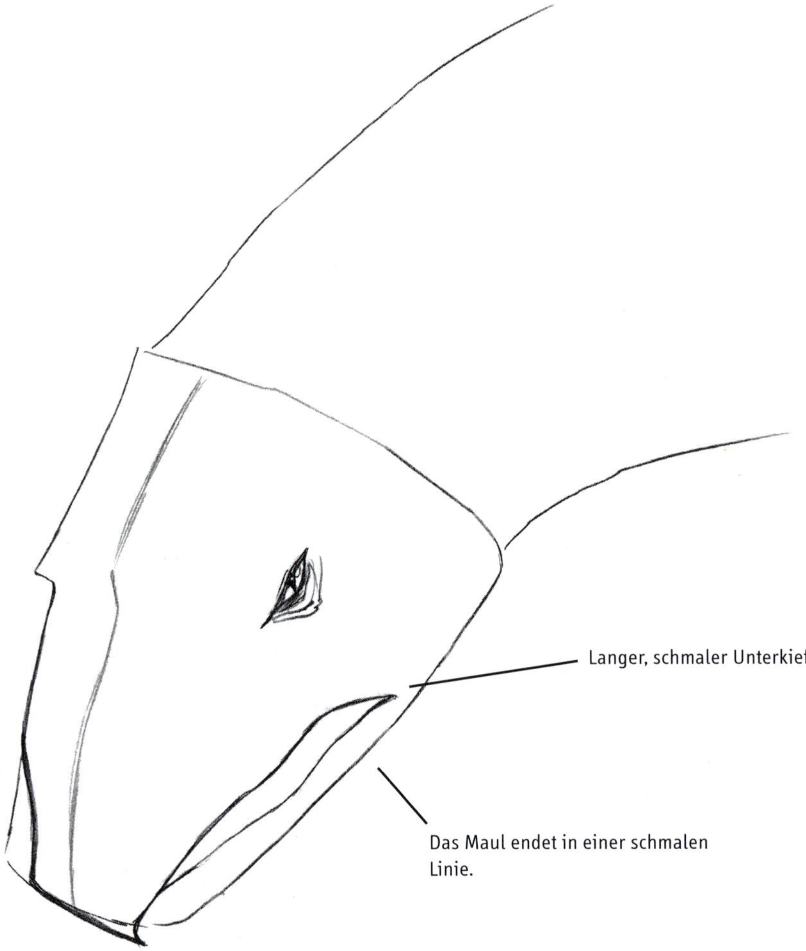

Sind die Grundzüge des Kopfes realisiert, machen Sie sich daran, das Maul auszuarbeiten. Zeichnen Sie auch schon die ersten Falten unter dem Auge ein.

Auffallende Borsten

Borsten sind eines der wichtigsten Mittel des Drachenporträts. Diese Hautfortsätze sind nicht so prominent wie Stacheln oder Dornen, aber sie lassen die Drachenhaut noch abstoßender erscheinen, wenn Sie bestimmte Stellen mit ihnen betonen.

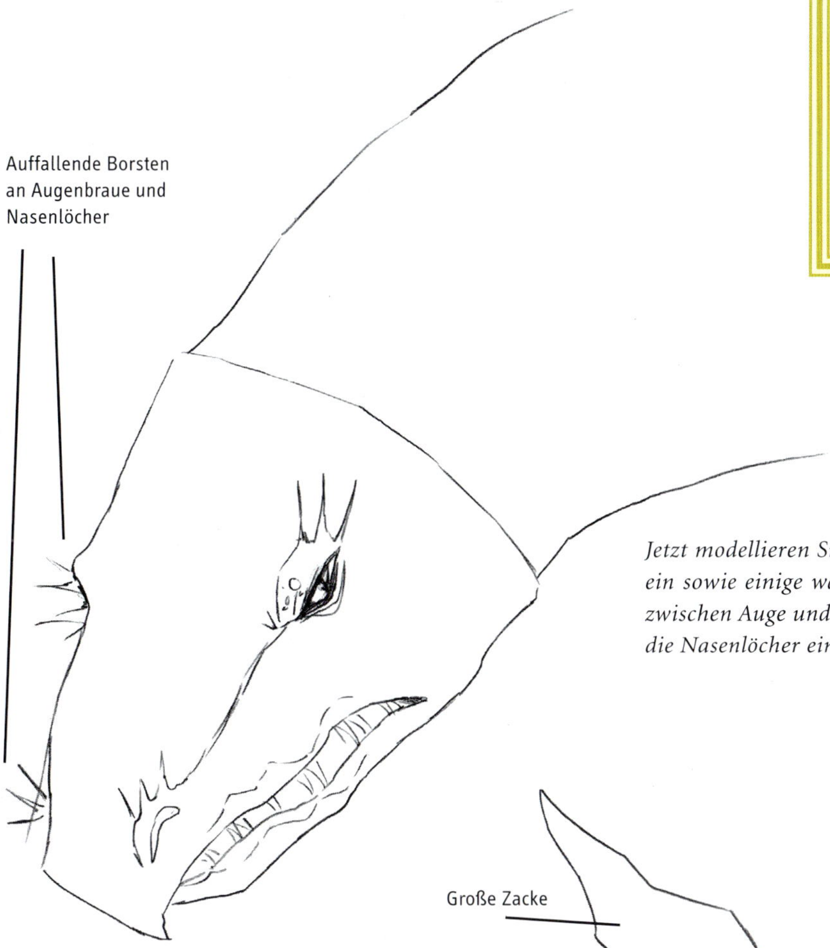

Jetzt modellieren Sie das Auge weiter: Zeichnen Sie auch hier Borsten ein sowie einige warzenartige Erhebungen. Deuten Sie die Linie, die zwischen Auge und Nasenlöchern verläuft, an und lassen Sie auch um die Nasenlöcher ein paar Borsten wachsen.

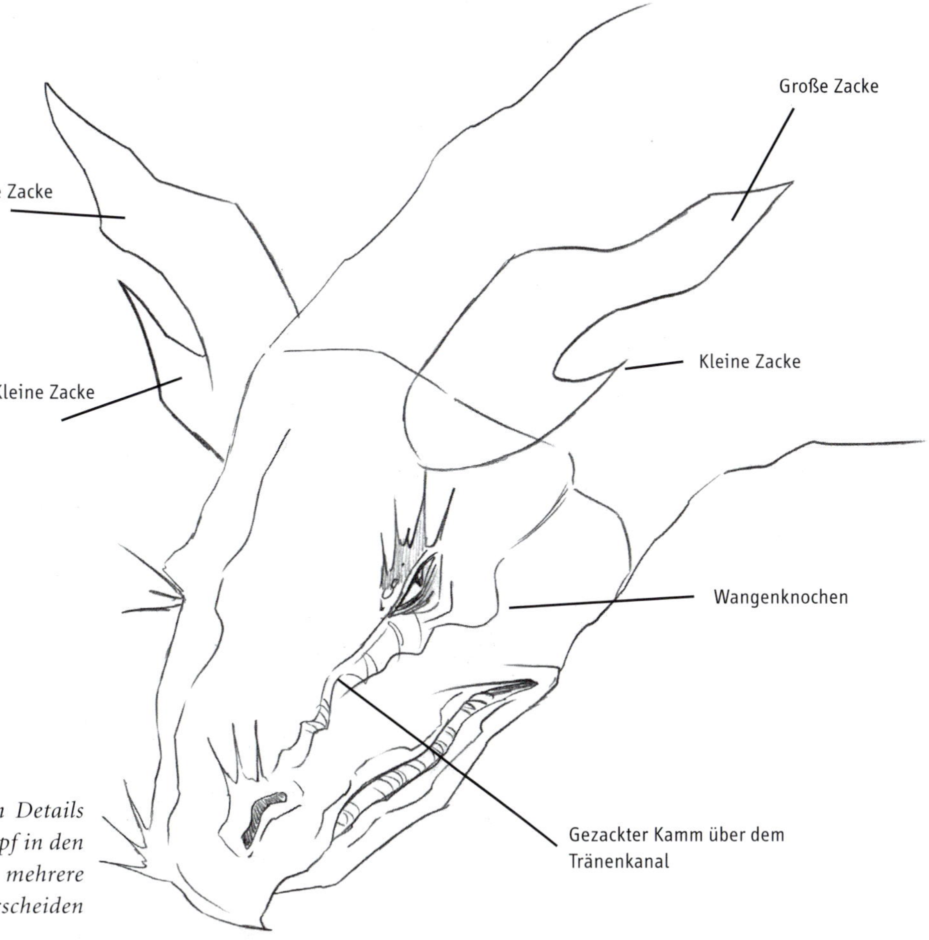

In diesem Stadium beschäftigen Sie sich mit den Details und den Hörnern, die dort sitzen, wo der Hinterkopf in den Nacken übergeht. Beachten Sie, dass die Hörner mehrere Zacken haben können, die sich in der Größe unterscheiden sollen. (Mehr zu Hörnern auf Seite 28.)

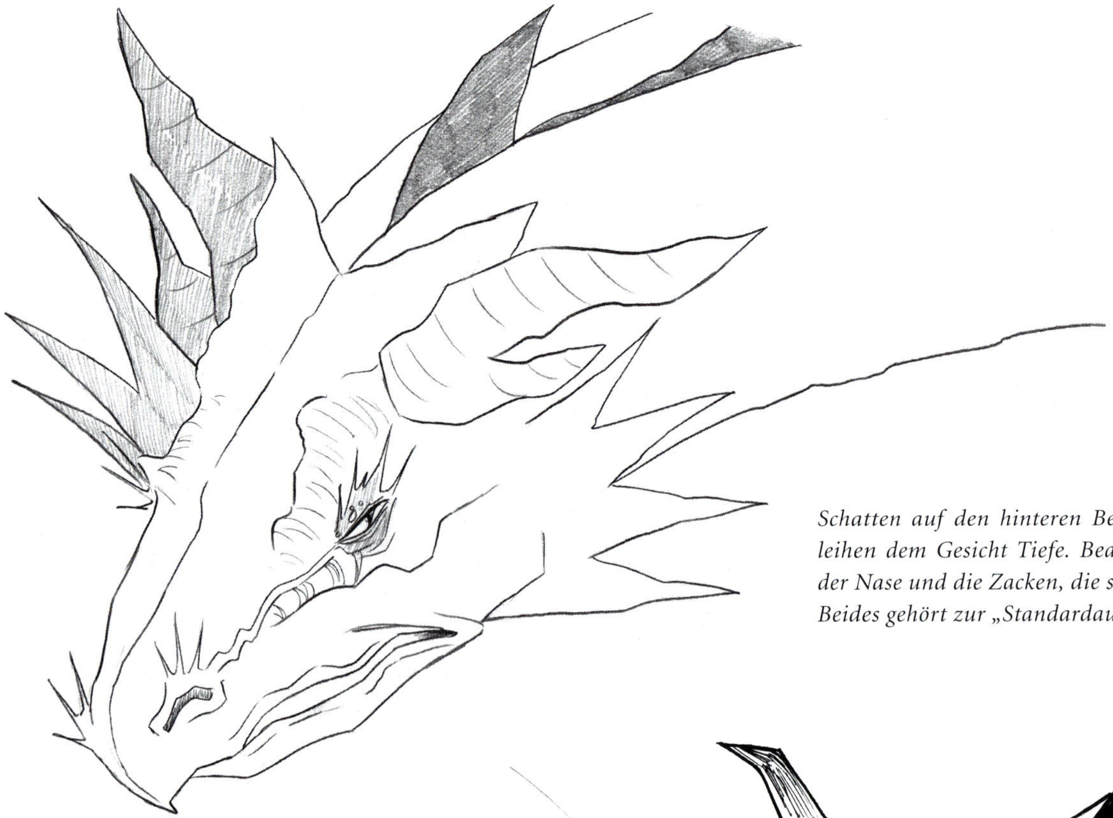

Schatten auf den hinteren Bereichen des Drachenkopfes verleihen dem Gesicht Tiefe. Beachten Sie die Hornfortsätze auf der Nase und die Zacken, die sich den Nacken hinunter ziehen. Beides gehört zur „Standardausrüstung" eines Drachen.

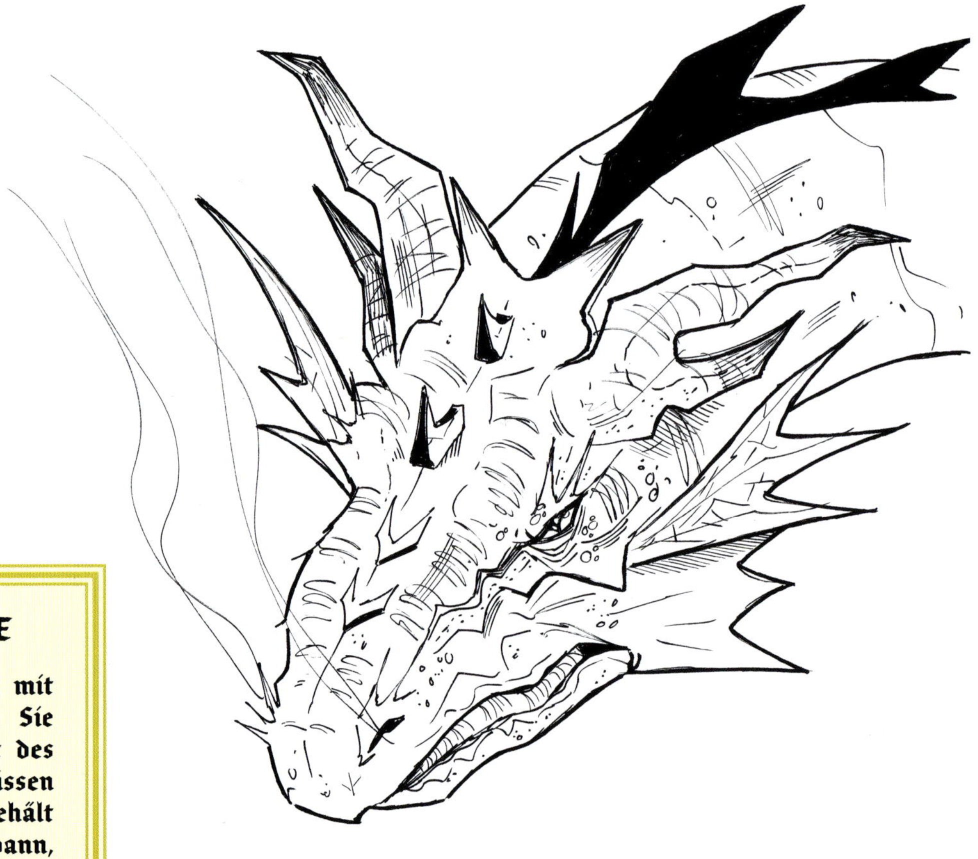

Finish mit Tusche

Um eine fertige Bleistiftzeichnung mit Tusche zu überarbeiten, tuschen Sie die Umrisse dunkler als den Rest des Motivs. Nicht alle Tuschelinien müssen hart und scharf ausfallen. Tusche behält ihren expressiven Ausdruck auch dann, wenn Sie sie mit raschen Strichen setzen - ähnlich wie bei einer Bleistiftskizze.

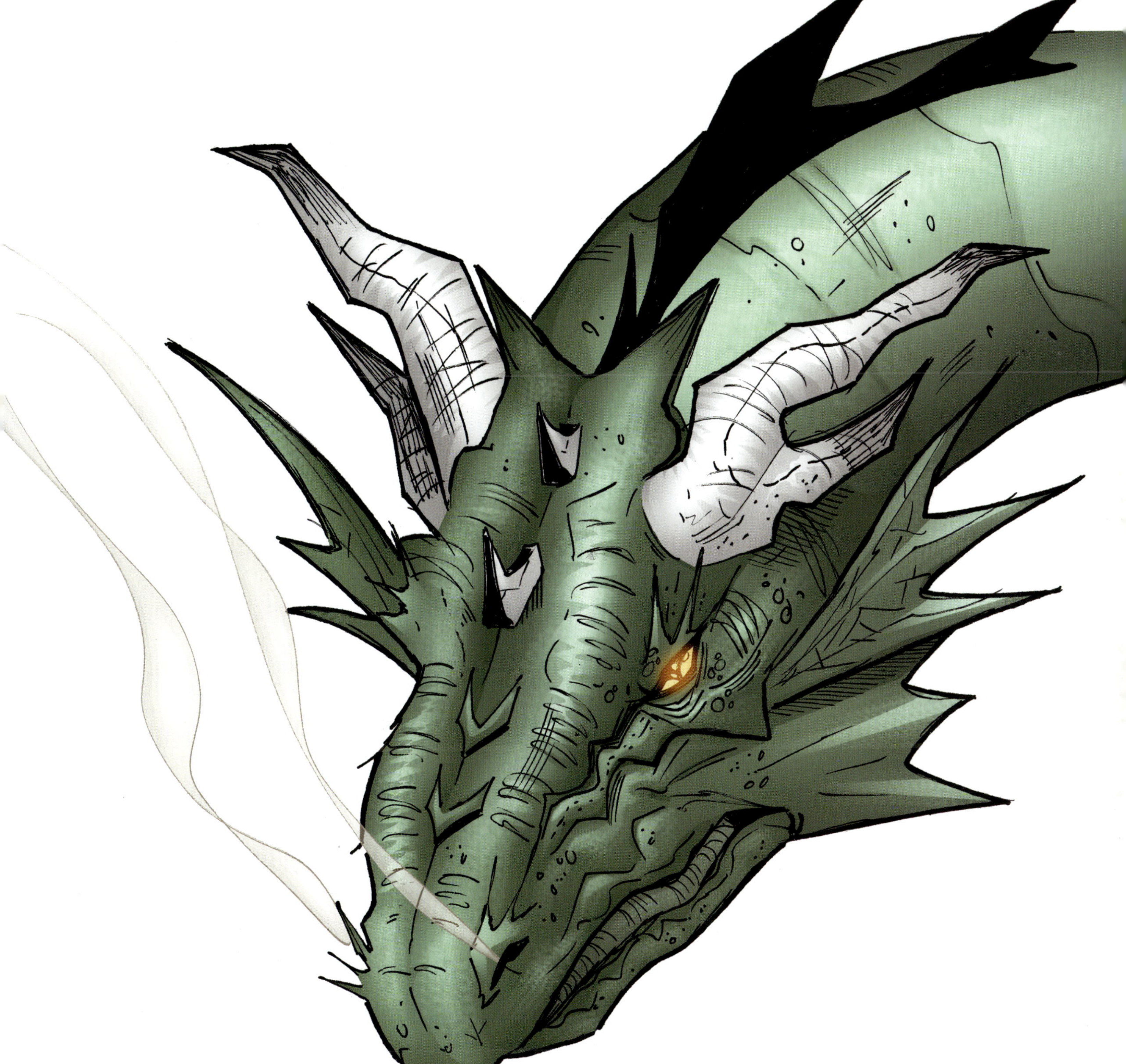

Dicke Tuschelinien wie diese rufen nach Farbe!

ACHTUNG, DRACHE!

Oft waren die Männer einer Dorfgemeinschaft tagelang auf der Jagd, ehe sie Beute machen und ins Dorf zurückkehren konnten. Tauchte dann ein herumstreifender Drache in der Nähe des Dorfes auf, versuchte man die Jäger zu warnen. Wenn sie das Signalhorn hörten, blieben sie wie angewurzelt stehen und lauschten. Sollten sie der Warnung folgen? Das würde bedeuten, mit leeren Händen ins Dorf zurückzukehren. Oder sollten sie die Jagd fortsetzen?

Tapfer haben sie sich oft für die Jagd entschieden. So blieben letztendlich die Leute im Dorf doch hungrig - der Drache aber hatte einen vollen Bauch …

Ein Drache konnte stundelang ganz still stehen und geduldig auf seine Beute warten. Einige schliefen sogar im Stehen. Wenn ein Drache sich lange nicht bewegt hatte, hoffte so mancher Jäger, dass er eingenickt war: Vorsichtig versuchte er sich am Drachen vorbei zu stehlen oder sich rasch über eine Brücke in Sicherheit zu bringen. Das war meist sein letzter Fehler.

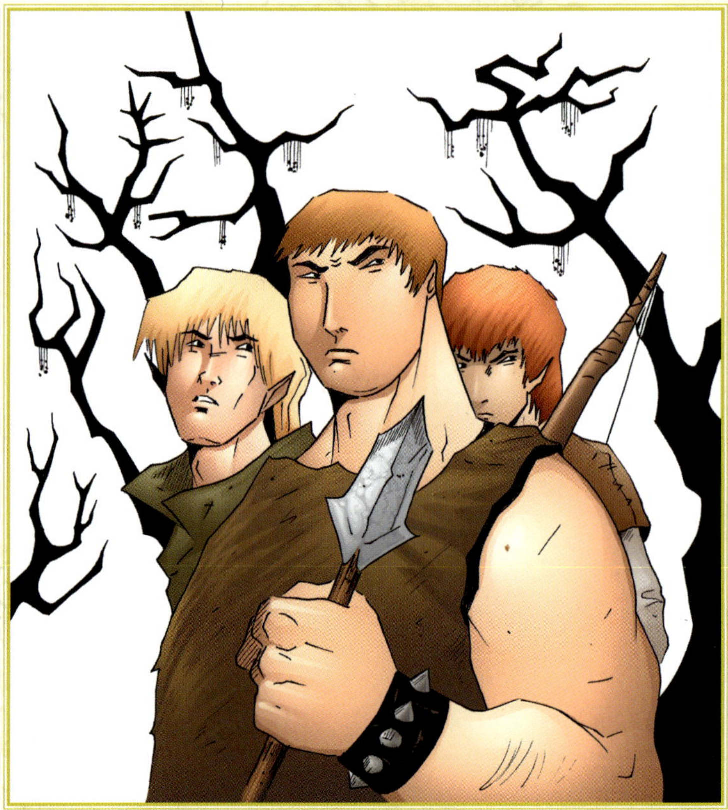

WENN DRACHEN ERSTARREN

Dank ihres langen Halses konnten Drachen sich hoch aufrichten und hatten so einen guten Blick auf die Umgebung. Und wie wir gerade gesehen haben, konnten sie in dieser Haltung schier endlos verharren. In dieser Haltung hat der Drache ein starkes Profil, und der Nacken bildet eine eindrucksvolle S-Kurve, die ebenso kraftvoll aussieht wie elegant. Zeichnen Sie einen Drachen nie mit gerade durchgedrücktem Nacken, denn dann wirkt das Tier steif, statt schlangenartig gespannt. Ein Drache, der aufmerksam Wache hält, hält seinen Kopf parallel zum Boden. Beachten Sie auch die lang gezogene, flache Stirn, die ausgewachsene Drachen mit Krokodilen gemeinsam haben (obwohl zwischen den beiden keinerlei genetische Verwandtschaft besteht). Nur Drachenbabys haben eine hohe Stirne.

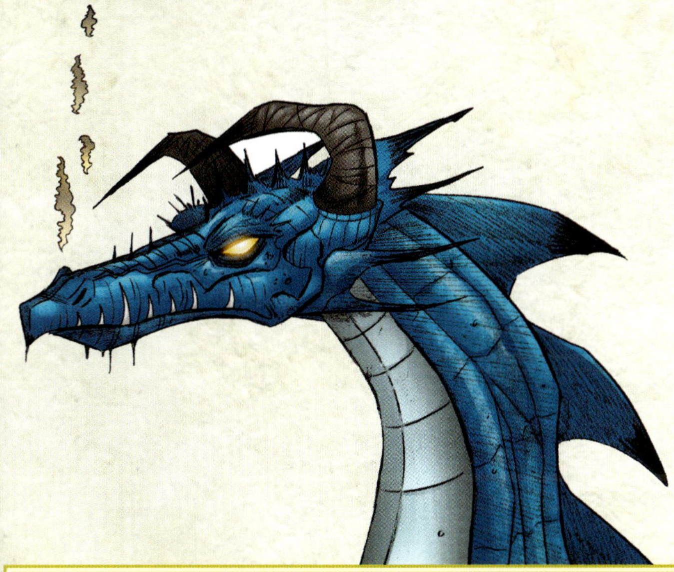

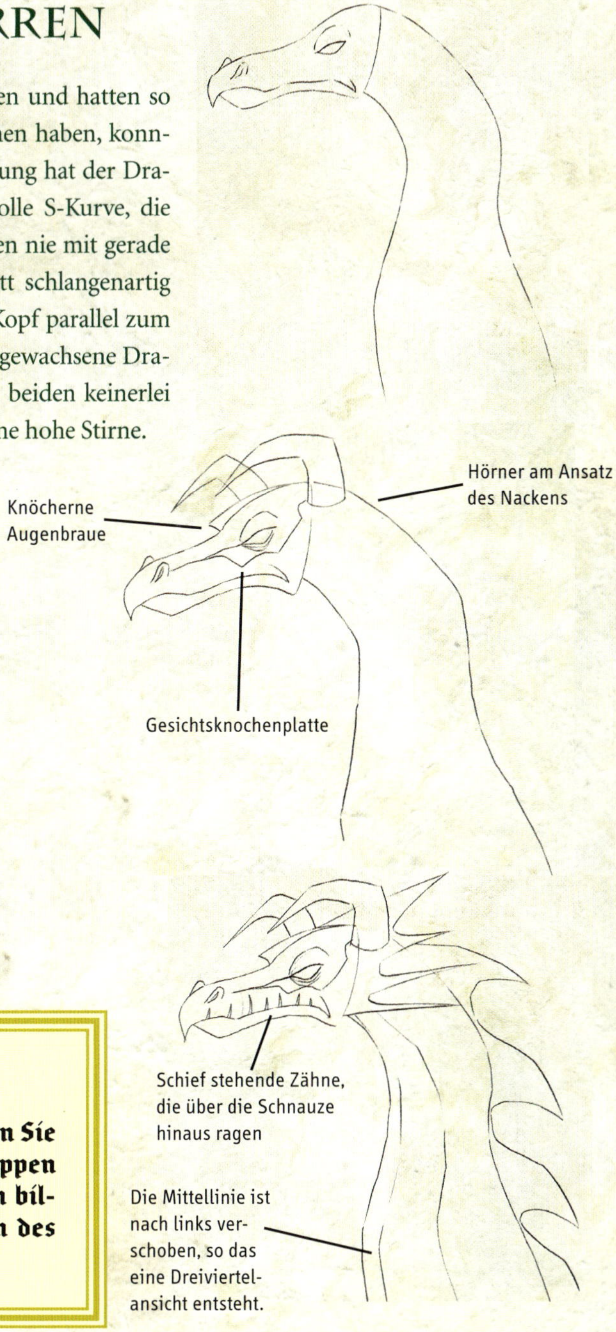

LICHT UND SCHATTEN

Wenn Sie die Zeichnung oben in Ruhe betrachten, können Sie die Farbgebung studieren. Die scharfen Ecken der Schuppen sind dunkel ausgearbeitet, hellere Stellen und Schatten bilden die mittleren Partien. Die großen inneren Flächen des Körpers sind nur leicht farbig.

GANZ ENTSPANNT ...

Ist ein Drache ganz locker und entspannt, senkt er den Kopf. Die Nase sinkt etwas nach unten, und die Haut am Hals wirft Falten. Drachen können in dieser Haltung ganz gut schlafen. Manchen schlafen sogar mit offenen Augen.

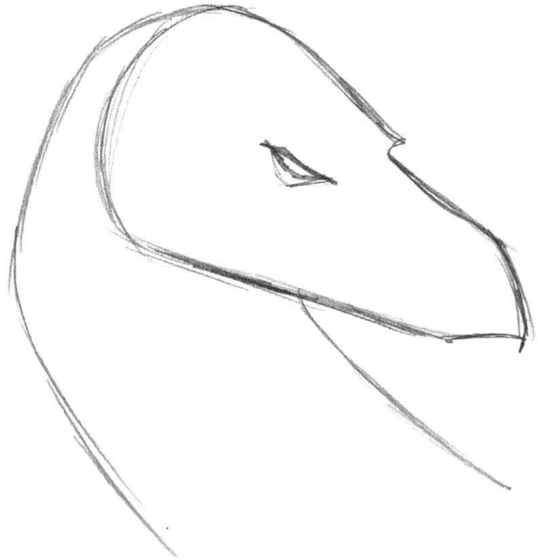

Je kleiner der Winkel zwischen Kopf und Hals ist, desto mehr Spannung hat das Motiv. Denken Sie daran, während Sie die Grundform des Drachenkopfes zeichnen, die im Grunde aus einem Dreieck für den Kopf und einer zylindrischen Form für den Hals besteht.

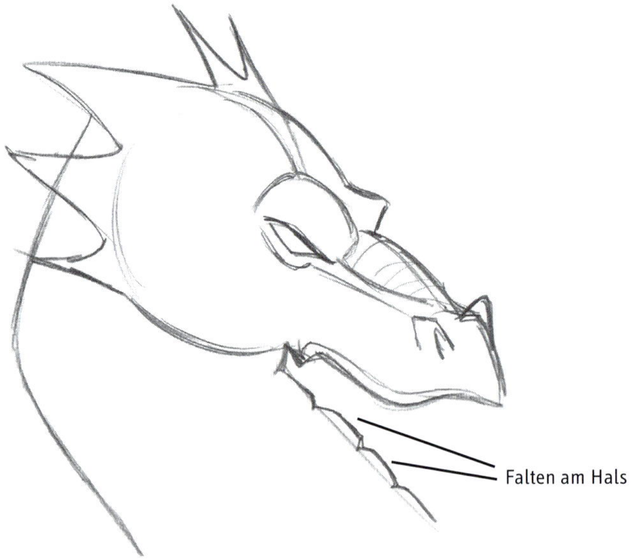

Zeichnen Sie nun die ersten Rillen auf der Schnauze ein und die Falten vorne am Hals. Versuchen Sie jetzt auch die Schnauze möglichst detailliert auszuarbeiten. Sie hat keine einfache Form.

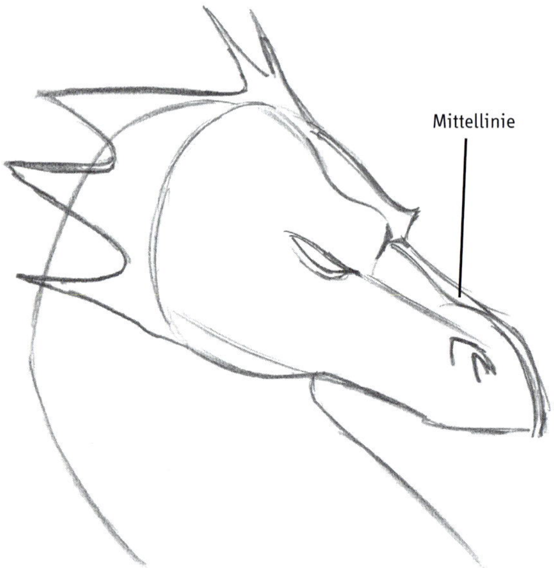

Markieren Sie die Mittellinie, die etwas nach hinten verschoben ist, da wir das Gesicht des Drachen in einer Dreiviertelansicht sehen. Zeichnen Sie die ersten Details der Schnauze ein und die Gesichtsknochenplatten hinten und oben.

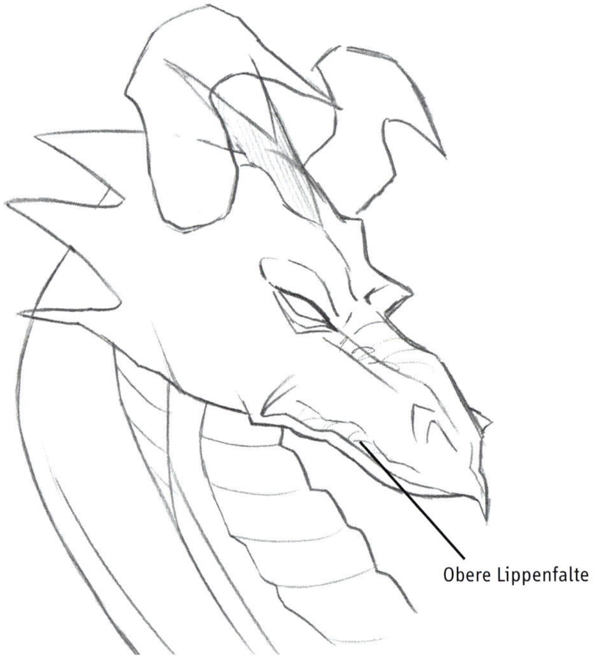

Skizzieren Sie die Hörner in der richtigen Position und beginnen Sie mit der reptilienartigen Hautoberfläche am Hals.

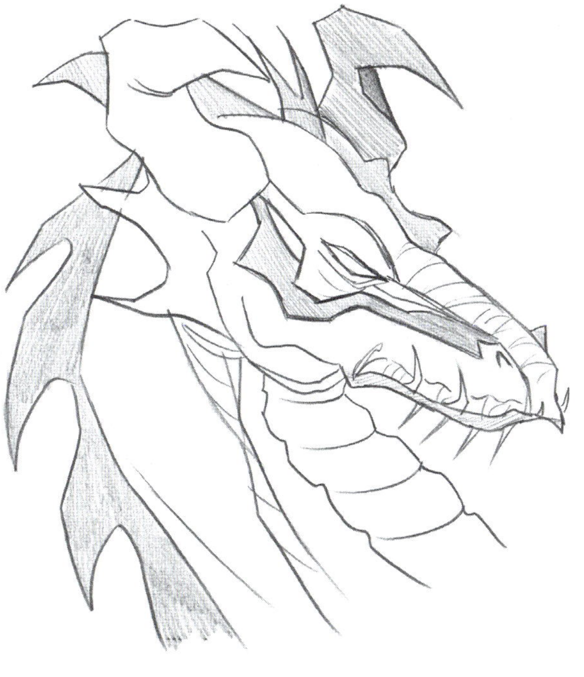

Mit mehreren Knochenplatten im Gesicht wirkt der Drache grimmiger. Hier habe ich eine zweite Platte (dunkel schraffiert) unter die Wangenknochen gelegt.

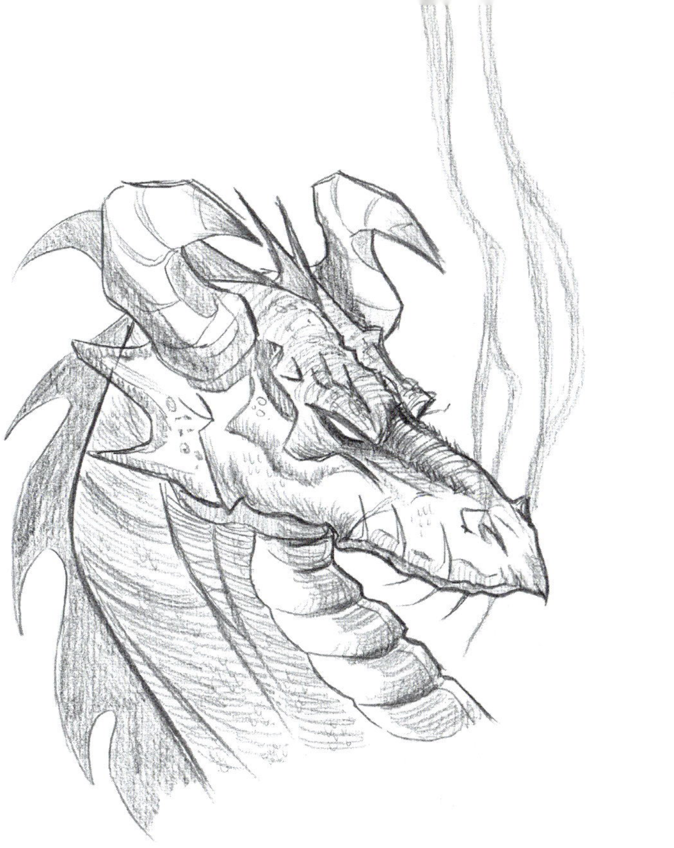

Mit intensiven Schraffuren und kräftigen Linien wird das Drachenporträt dramatischer und dreidimensional. Der Rauch, der aus den Nüstern steigt, erinnert uns daran, wie gefährlich ein Drache ist – auch wenn er döst.

Wichtige Details eines Drachenkopfes

Achten Sie immer darauf, dass Ihnen diese beiden wichtigsten Stellen an einem Drachenkopf gut gelingen: Die großen Linien der Schnauzenform und die Gesichtsknochenplatten. Die grüne Linie läuft ganz gerade vom Auge bis zum Nasenloch. Sie können sie auch bis zur Augenbraue verlängern. Die Gesichtsknochenplatte (rot) beginnt meist direkt unterhalb der Hörner und zieht sich ums Auge bis zum Wangenknochen. Von dort läuft sie parallel zur grünen Linie weiter.

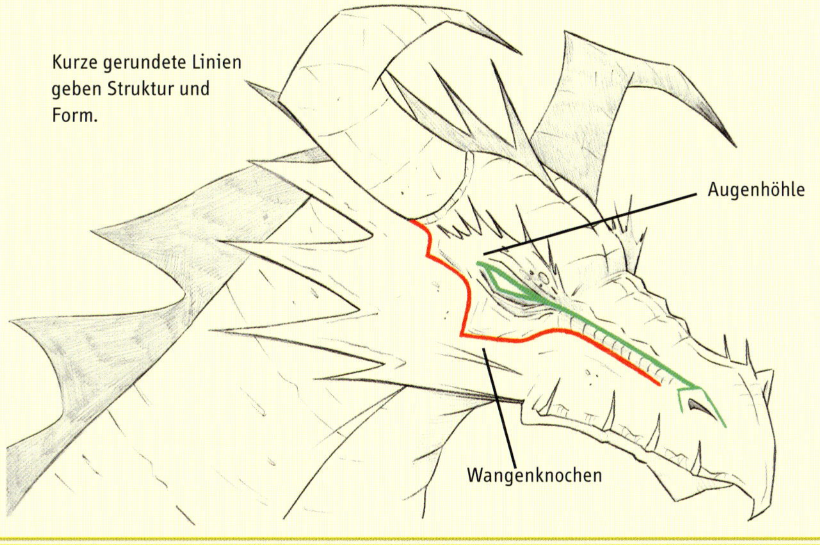

HÄUFIGE DRACHEN

Es gibt viele verschiedene Drachen. Wissenschaftler, die sich auf diese uralte Tierart spezialisiert haben („Dragonophile"), unterscheiden Drachen nach besonders auffallenden Merkmalen wie einem schmalen hohen Schwanz, langen Kiefern, hängenden Rückenplatten usw. Laien fällt es dagegen leichter, Drachen nach der Form ihrer Hörner zu unterscheiden. Für Anfänger ist es am einfachsten, zunächst die Silhouetten zu betrachten und sich ganz auf den Umriss zu konzentrieren. So lernen auch wir die wichtigsten Drachenarten im Profil kennen und vergleichen diese anschließend mit den detaillierten Zeichnungen auf der rechten Seite.

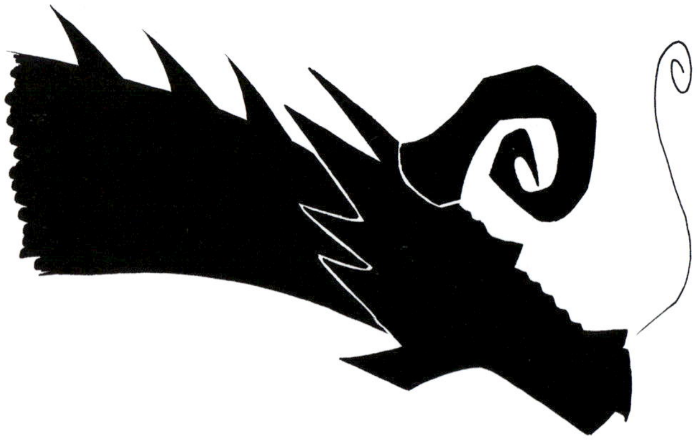

SPIRALHÖRNER

Die Hörner des Spiralhorn-Drachen sind nach innen gedreht und weisen immer noch vorne.

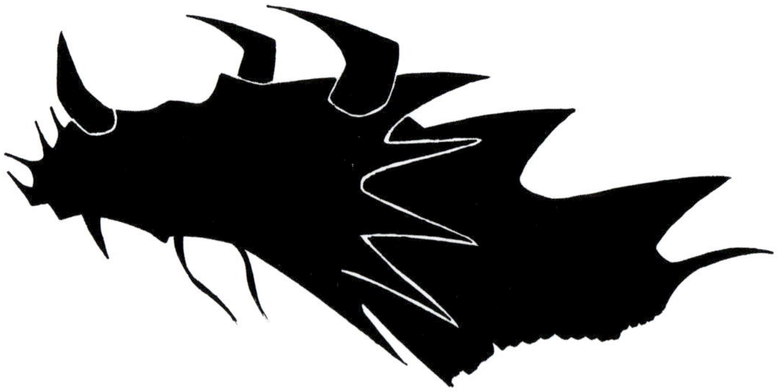

KRUMMHÖRNER

Dieser seltene Drache mit dem gekrümmten Nasenhorn lebt in den nördlichsten Gebirgsregionen. Es sind gute Eltern, die für ihre Jungen einen Wintervorrat an Menschen anlegen.

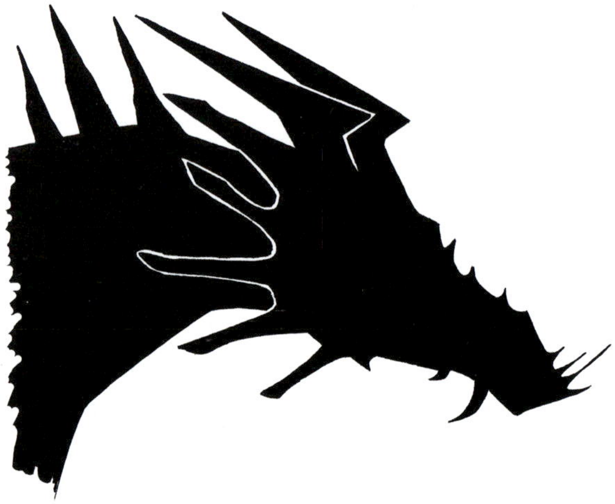

LANGHÖRNER

Die Langhörner sind flinker als der mächtige Krummhorn-Drache. Sie bevölkern die tief gelegenen Ebenen in großer Zahl. Die langen zackigen Hörner stehen weit über den Kopf hinaus. Während der Brutzeit bewachen Langhörner ihre Jungen Tag und Nacht.

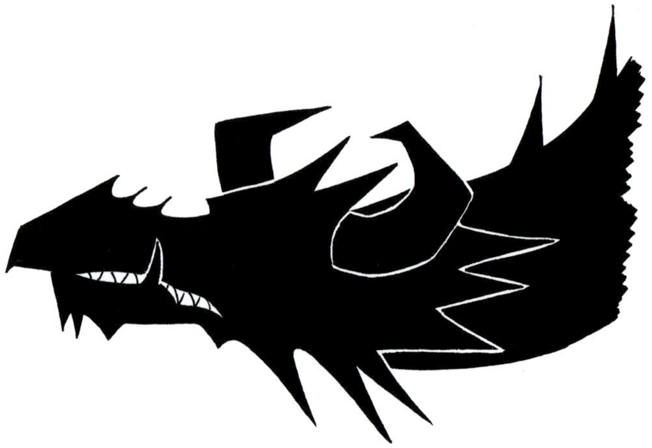

SICHELHÖRNER

Hier sind die Hörner nach oben gebogen und erinnern an die Sichel des Mondes. Sichelhorn-Drachen sind ausgesprochen hinterhältig und jagen nur bei Nacht.

SPIRALHÖRNER

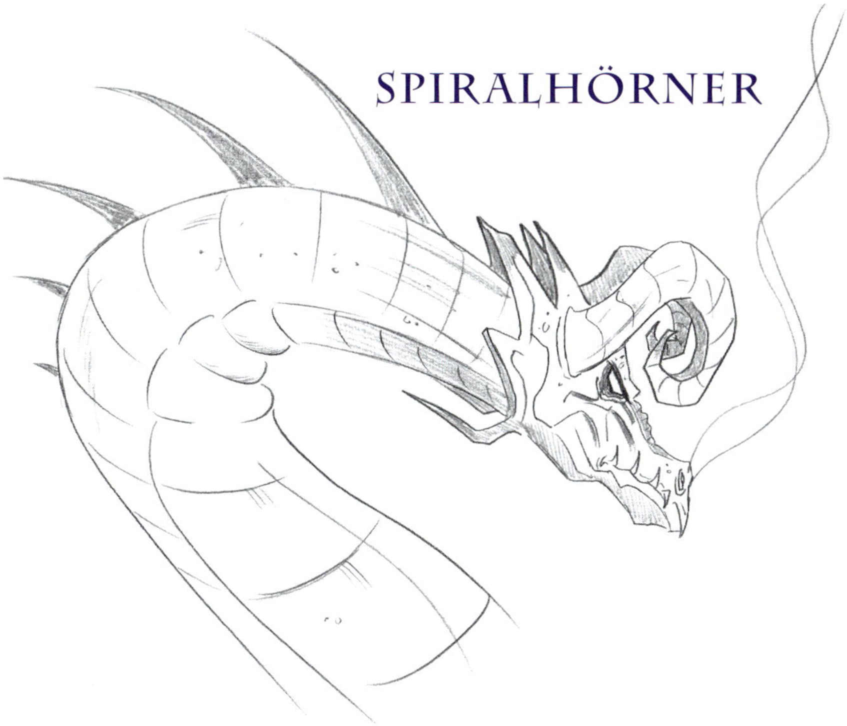

KRUMM-HÖRNER

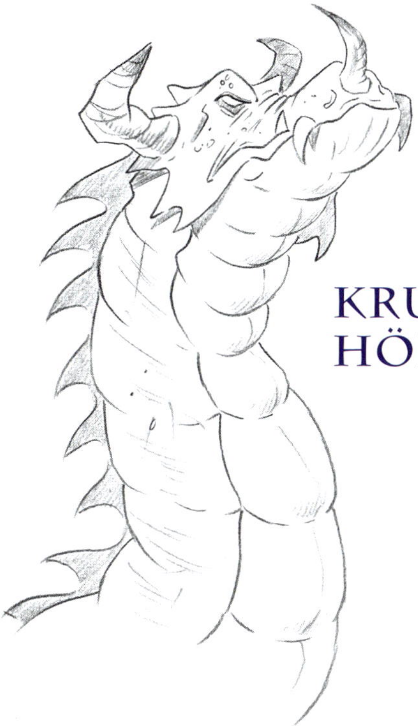

LANG-HÖRNER

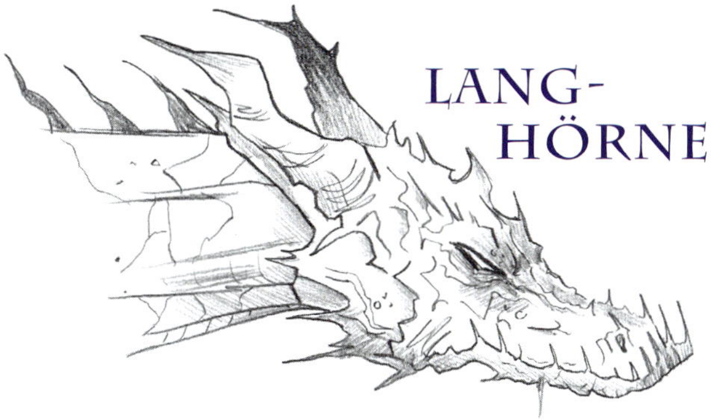

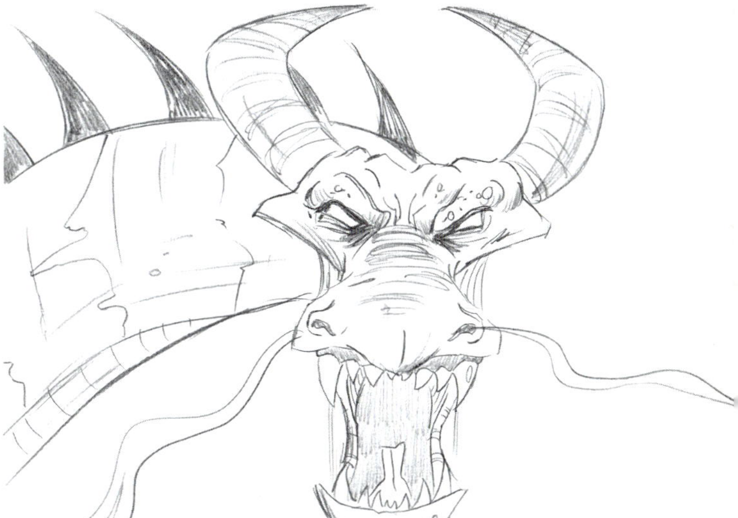

SICHELHÖRNER

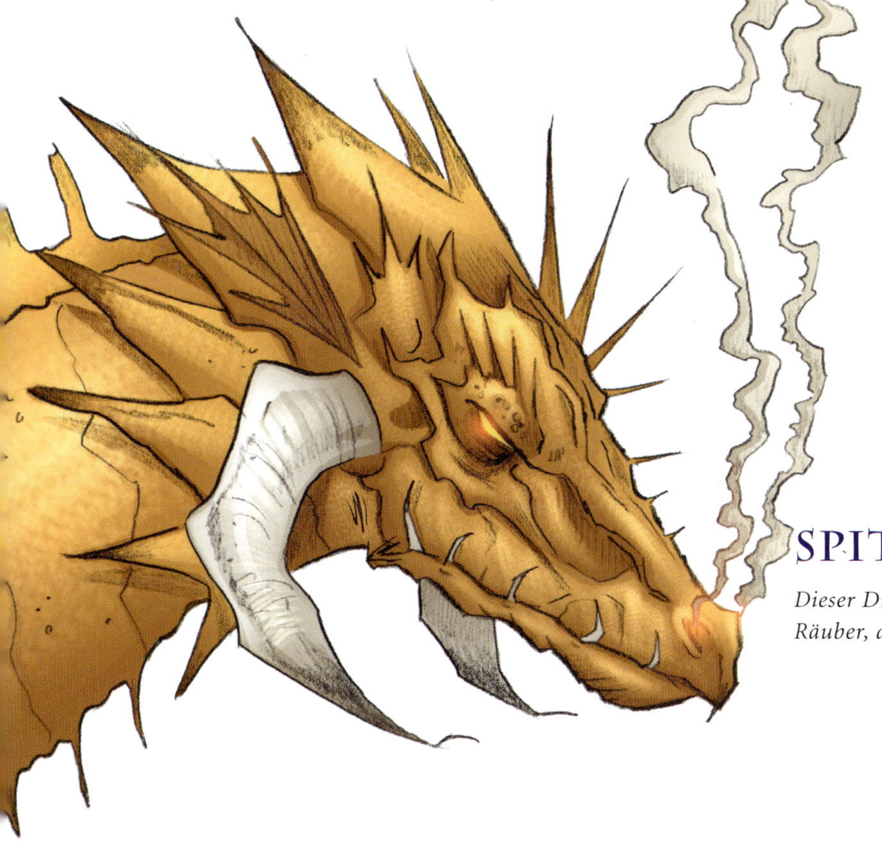

SPITZHÖRNER

Dieser Drache fehlt auf der linken Seite. Er ist ein flinker und gewandter Räuber, der sich von den Eiern anderer Drachen ernährt.

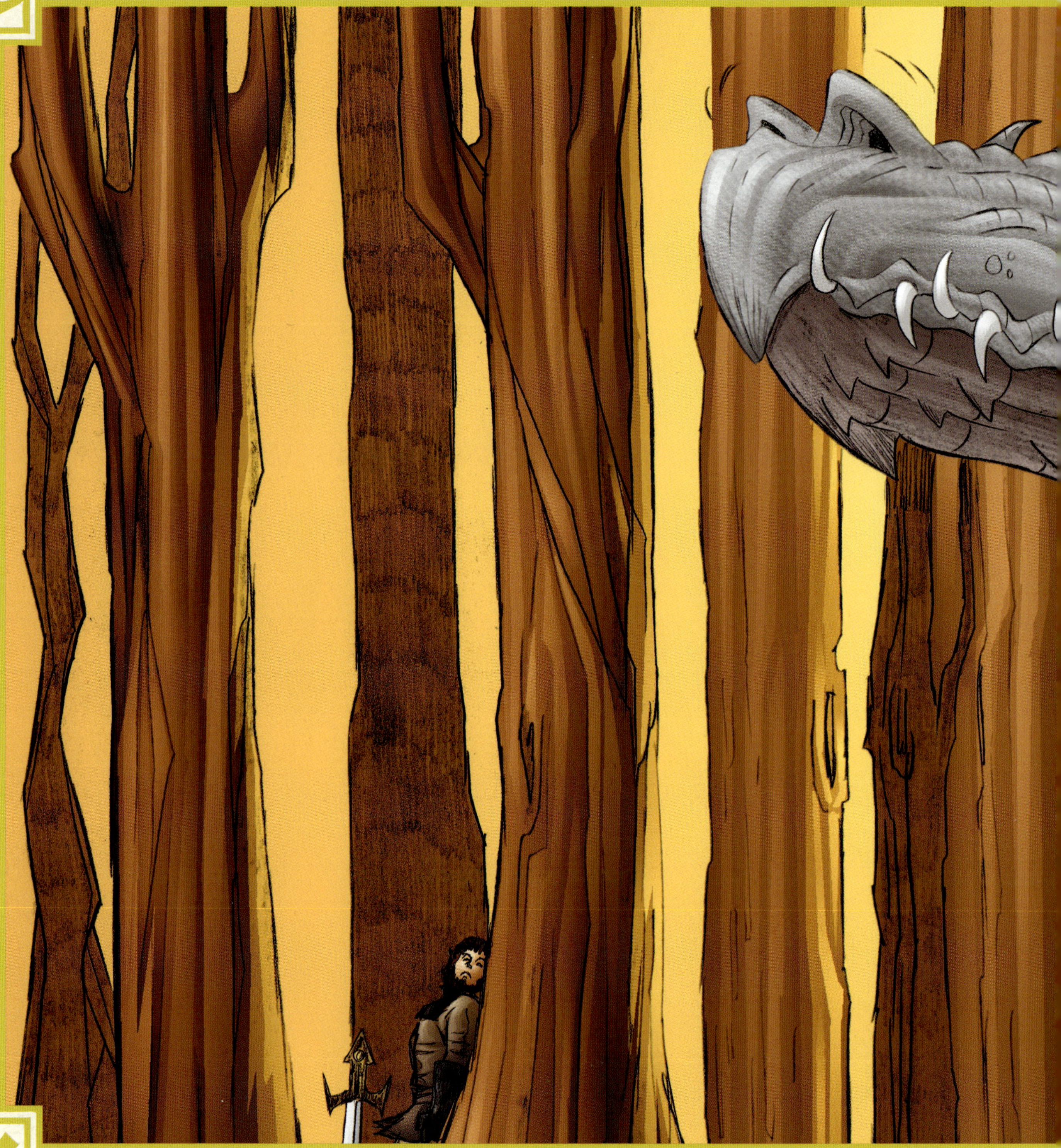

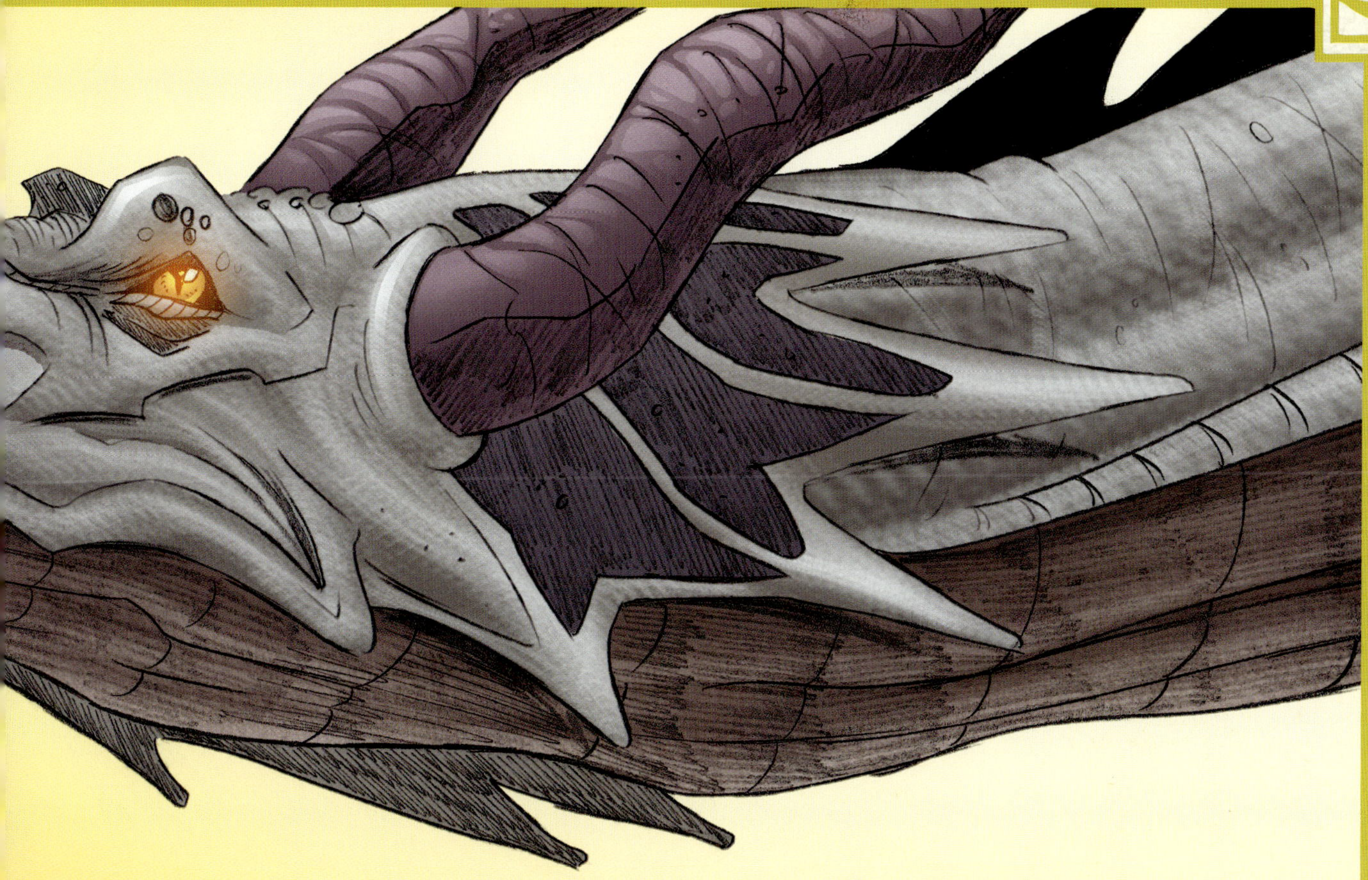

EIN FAST UNGLAUBLICHER GERUCHSSINN

Während Drachen nachts ganz hervorragend sehen, sind sie tagsüber fast blind. So mancher hat schon gehofft, diese Schwäche ausnützen zu können. Leider handelt es sich nur um eine trügerische Schwäche, denn unglücklicherweise können Drachen ihr schwaches Sehvermögen bei Tag mit einem Geruchssinn ausgleichen, der im gesamten Tierreich seinesgleichen sucht. So hervorragend ist dieser Sinn, dass schon eine leichte Brise einen schlafenden Drachen wecken kann, wenn sie den Geruch einer Beute trägt, die sieben Meilen entfernt gegen den Wind steht. Sich vor einem Drachen zu verstecken, ist also keine gute Idee. Aber so sind wir Menschen: Die Hoffnung stirbt zuletzt.

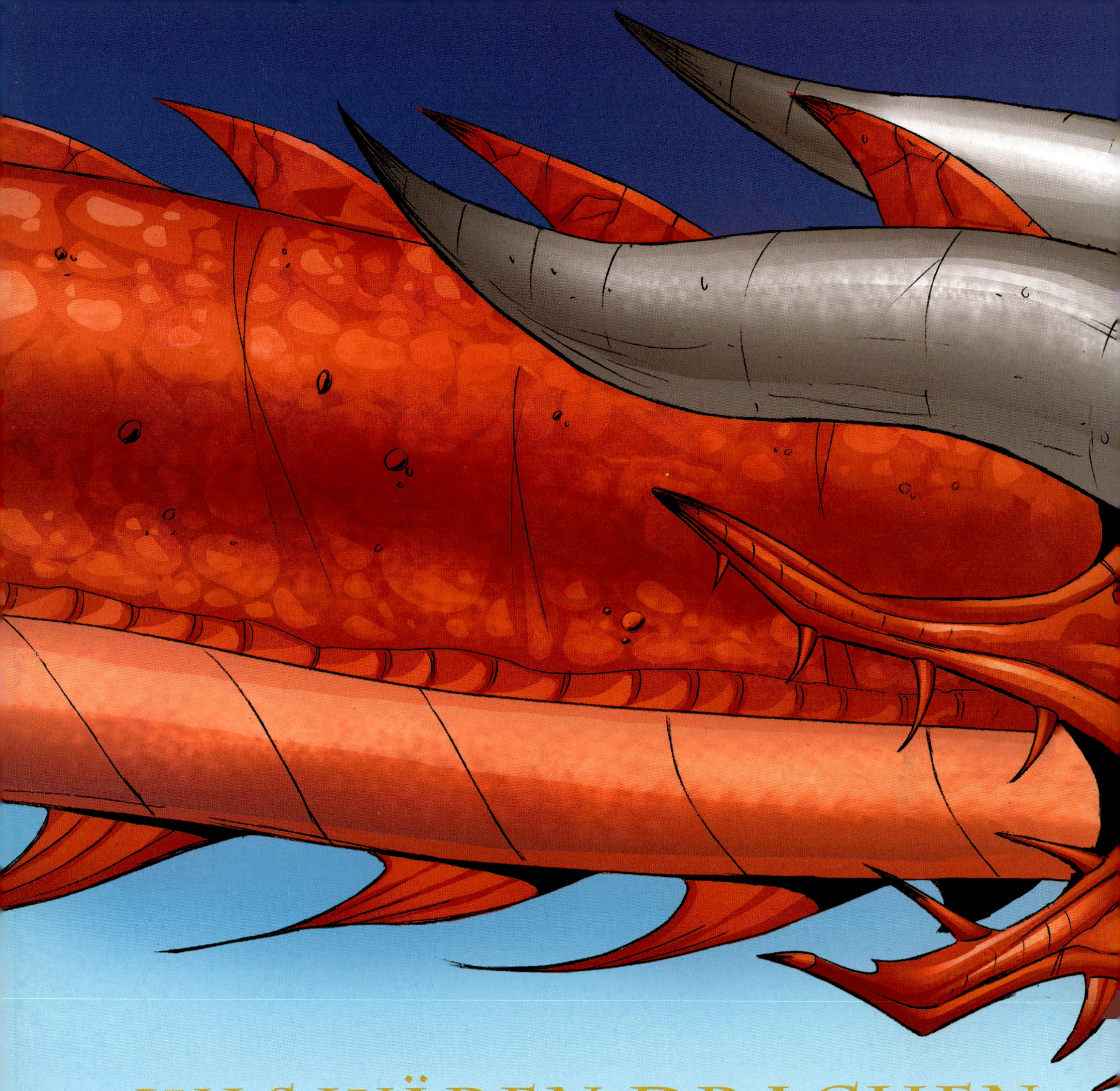

WAS WÄREN DRACHEN OHNE FEUER?

Wenn es eine Drachen-Eigenschaft gibt, die jeder kennt und die wir auch zu Recht bei jedem Drachen vermuten, so ist es die Fähigkeit, Feuer zu speien. Aber ein Drache ist nicht einfach eine Bestie, aus der Feuermassen herausquellen. Im Gegenteil: Ein Drache ist ein wahrer Herrscher über das Feuer und kann die Flammen nutzen wie ein Künstler. So webt er mit jedem Flammenstoß ein feuriges Netz und wirft es nach der wertvollsten Beute auf unserem Planeten aus: dem Menschen.

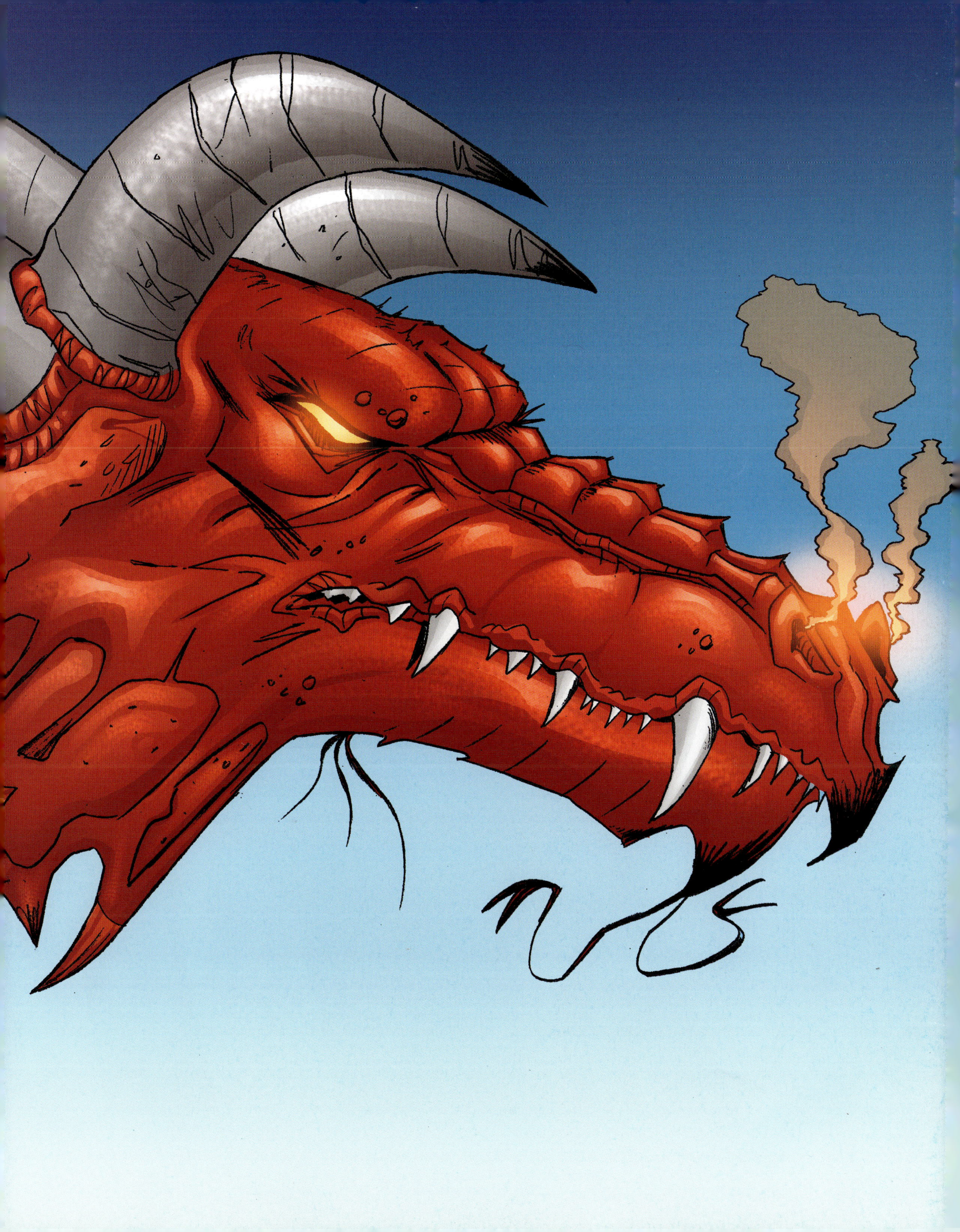

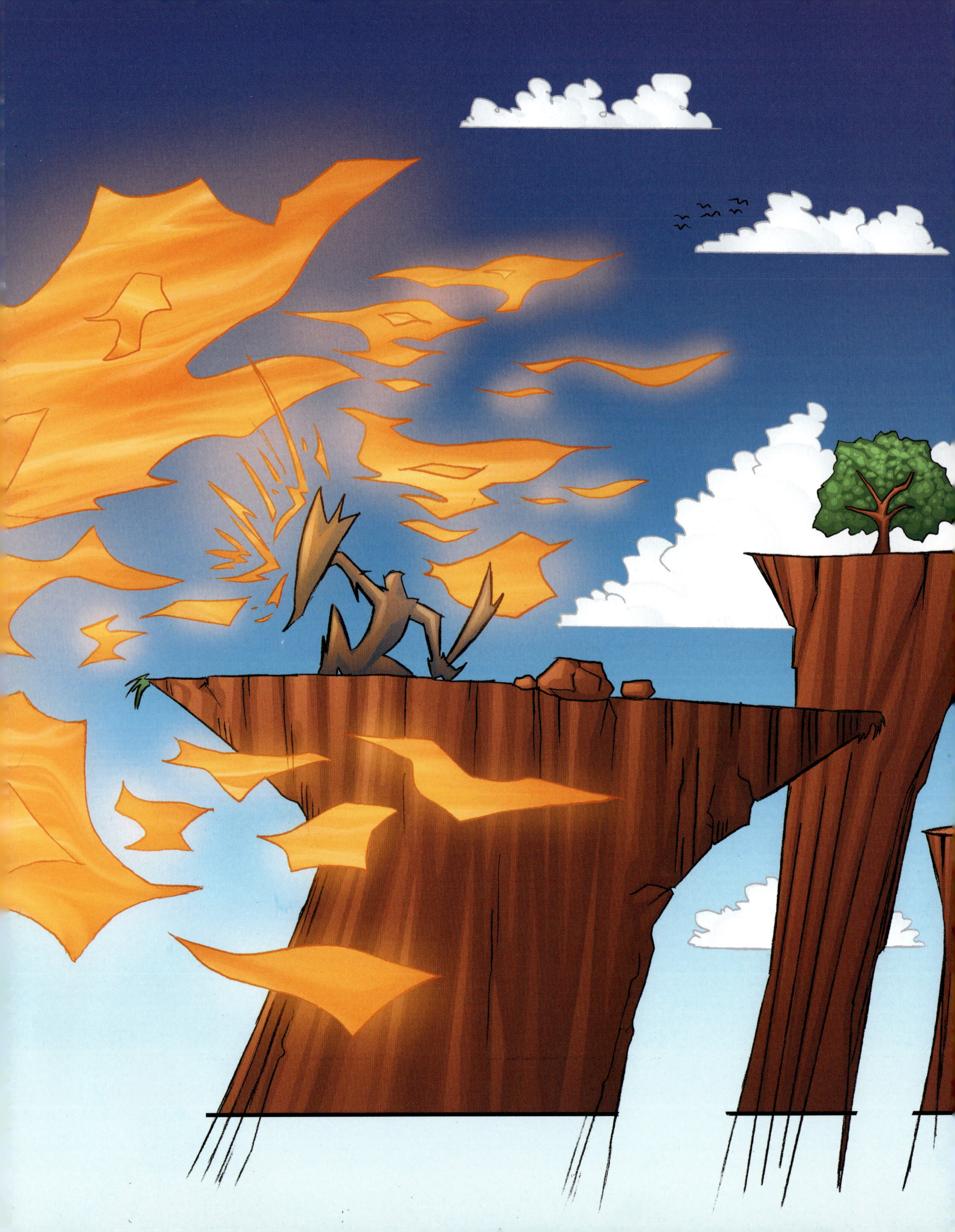

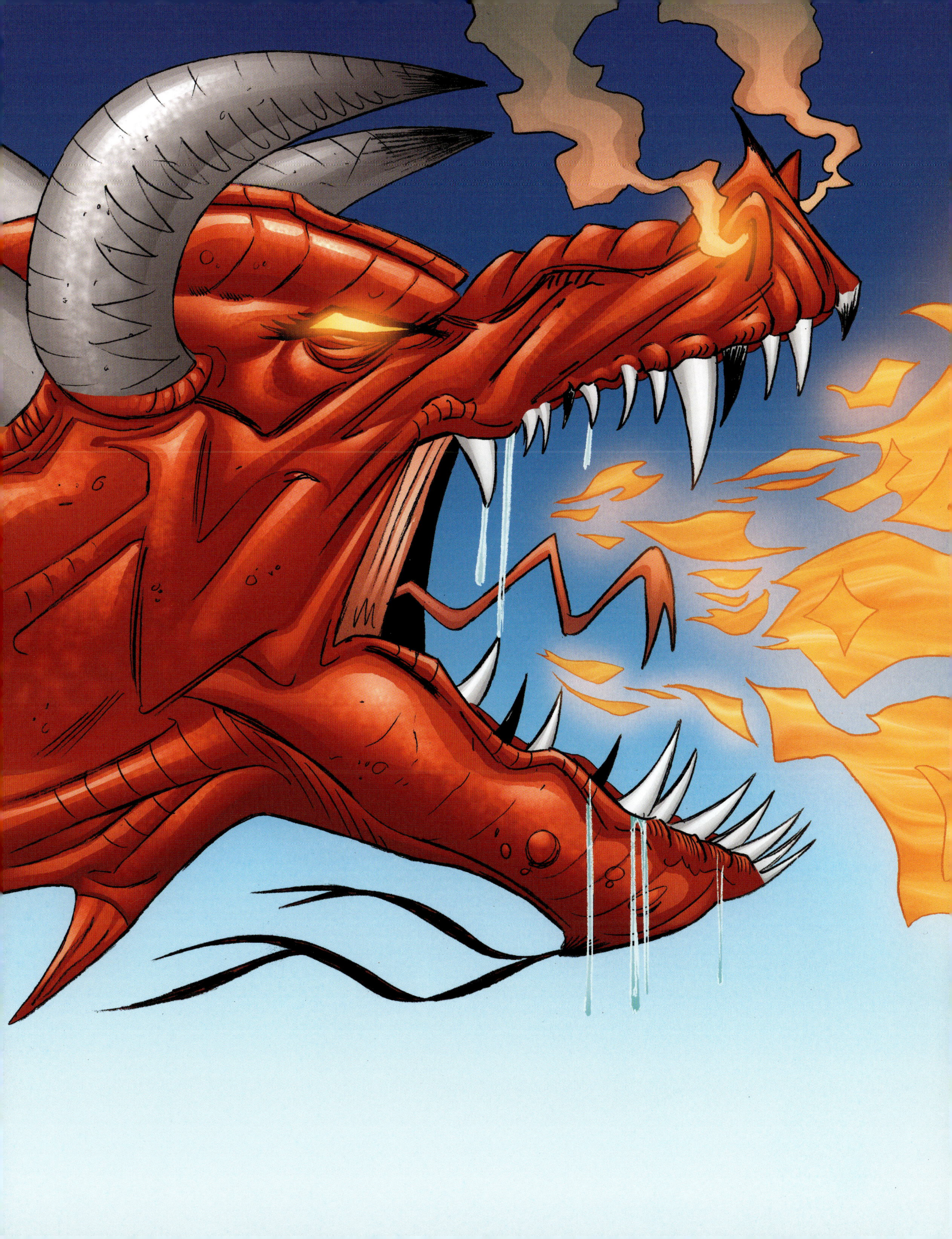

DER FEUER-MECHANISMUS

Speit ein Drache Feuer, so verbrennt seine Kehle nicht, weil das Feuer zunächst als Flüssigkeit aus dem Bauch nach oben steigt. Erst im Maul des Drachen entzündet sie sich. Die Feuerflüssigkeit wird in einem speziellen Feuerorgan, das oberhalb der Eingeweide liegt, gebildet und gesammelt. Von dort gelangt sie nach oben in den Rachen. Hier vermischt sie sich mit einer zweiten Flüssigkeit, die von einer Hilfsdrüse im oberen Bereich des Drachenmauls abgesondert wird. Es bedarf nur eines Tropfens aus dieser Drüse, um ein ganzes Dorf in Schutt und Asche zu legen.

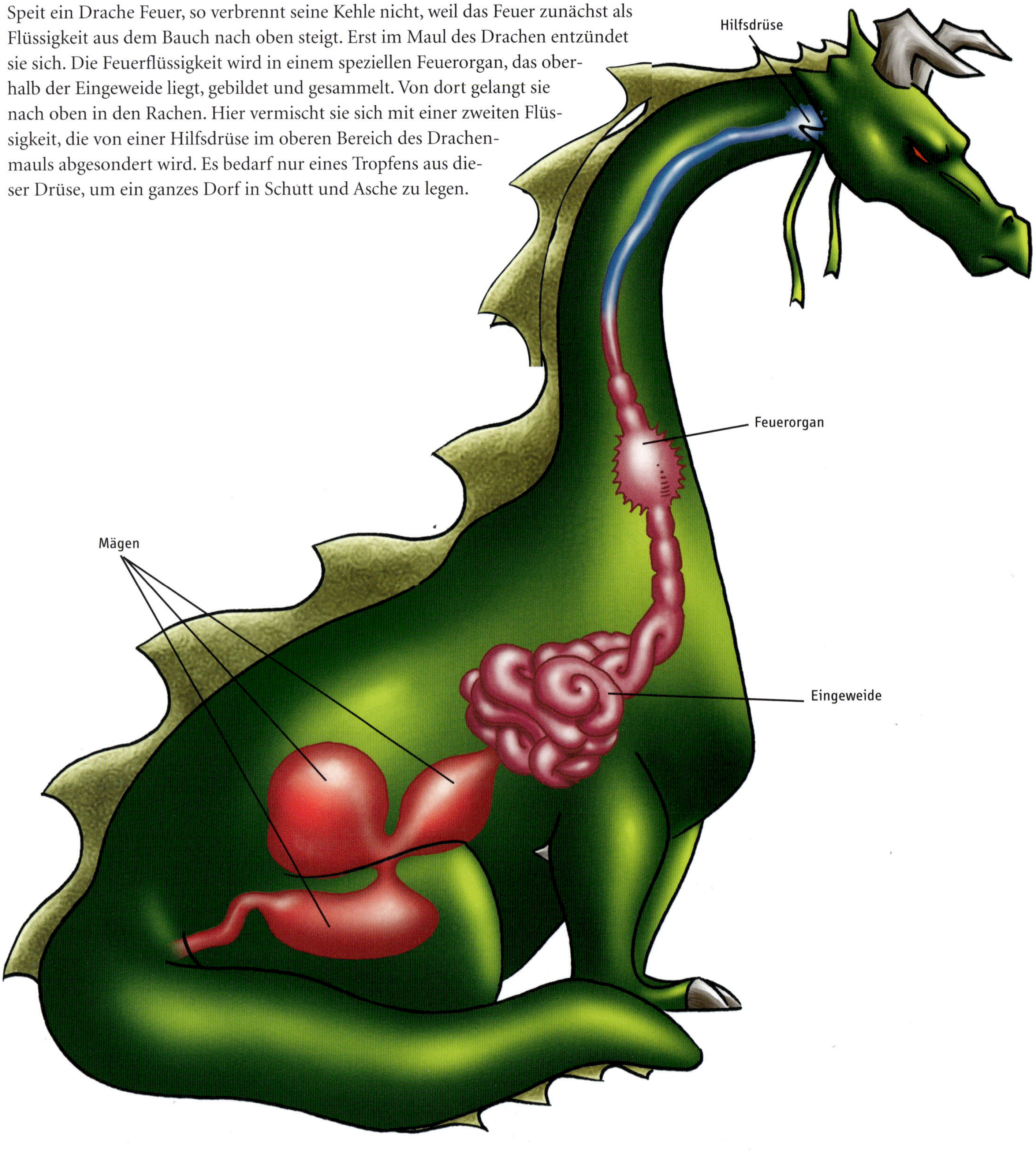

DAS KOSTBARE FEUER

Wenn ein Drache in Zorn gerät, verbrennt er seine Umgebung mit Stumpf und Stiel. Dazu speit er Feuer in nicht enden wollenden Schwaden. Ist sein Ziel aber ein Opfer, das sich bewegt, wie zum Beispiel ein Ritter, der versucht, auf einem Pferd zu fliehen, dann verfolgt er ihn mit wohl dosierten Flammenstößen. So bewahrt er das kostbare innere Feuer und verschwendet es nicht sinnlos.

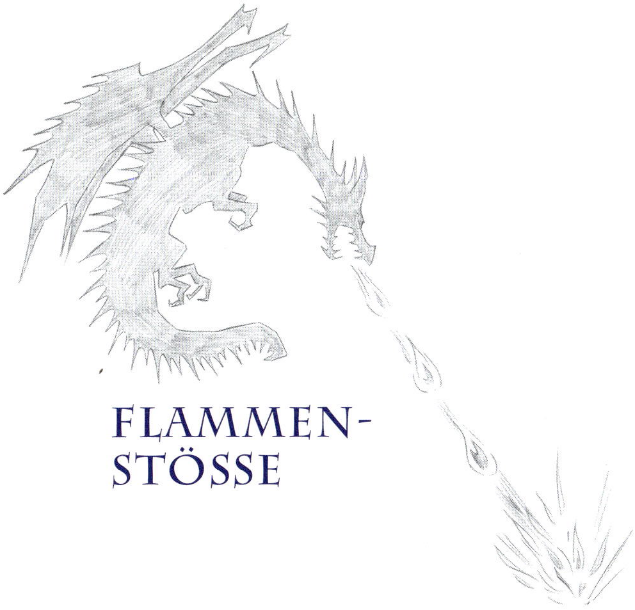

FLAMMEN-STÖSSE

FEUERSCHWADEN

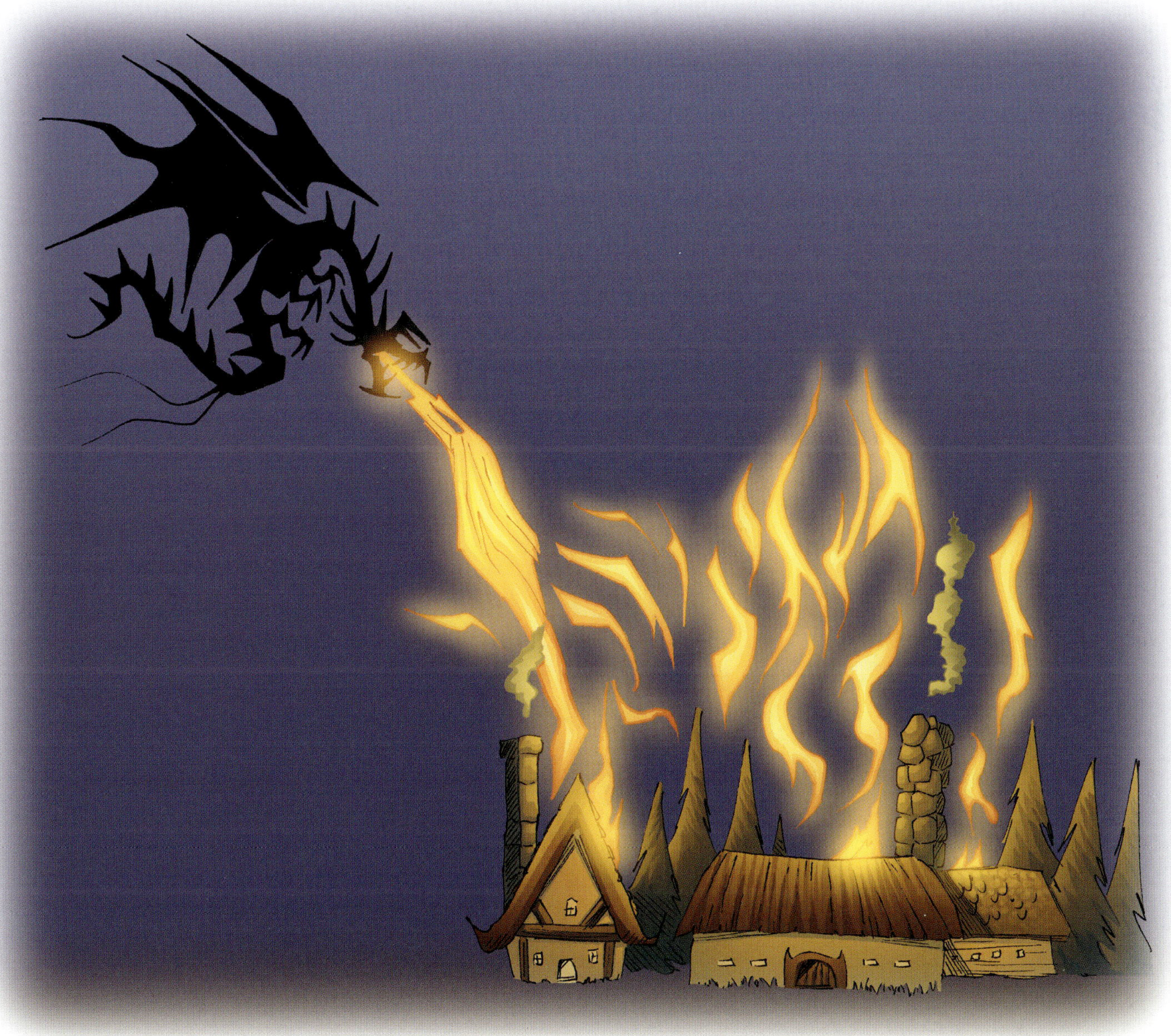

DIE FLAMMEN BEHERRSCHEN

Im nächsten Kapitel werde ich erklären, wie sich das Feuerspeien auf den Körper eines Drachen auswirkt. Doch an dieser Stelle möchte ich einen anderen Aspekt vertiefen. Ich will Ihnen zeigen, wie ein Drache sein Feuer kontrolliert. Ein Drache beherrscht sein Feuer ebenso wie ein menschlicher Handwerksmeister sein Material; sei es Eisen, Holz oder Metall. Der Drache setzt Feuer ein wie eine Peitsche. Wenn er seinen Kopf von einer Seite zur anderen schwingt, formt er auf diese Weise einen Ring aus Flammen. Er ist in der Lage, ein ganzes Schloss in einen feurigen Ring zu hüllen und das Gebäude in wenigen Augenblicken in Flammen aufgehen zu lassen. Drachen lieben es, mit ihrem Feuer zu spielen. Wie andere Tiere die Hörner oder ihr Geweih gebrauchen, um ihre Kraft zu testen, um halb im Spiel und halb im Ernst auszukämpfen, wer der Stärkere ist, benutzen Drachen ihre Feuerflammen und trainieren so ihre Fähigkeit, das Feuer zu kontrollieren. Je mehr Kreise aus Feuer ein Drache machen kann und je länger seine Flammenzungen werden, umso besser beherrscht er seine Waffe. Männliche Drachen führen ihre Künste in der Zeit der Werbung auch gerne einem Weibchen vor, für das sie in Liebe entbrannt sind.

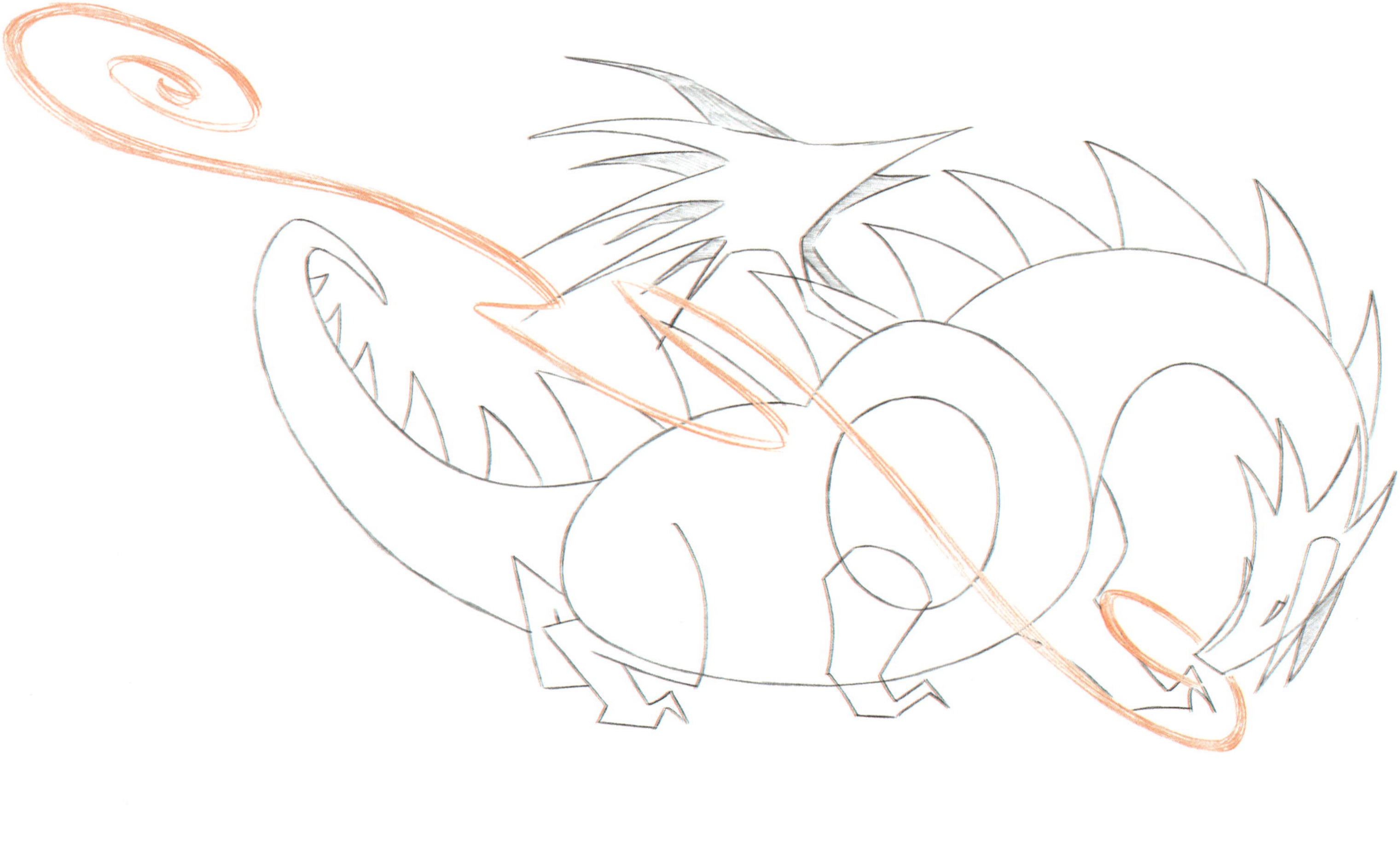

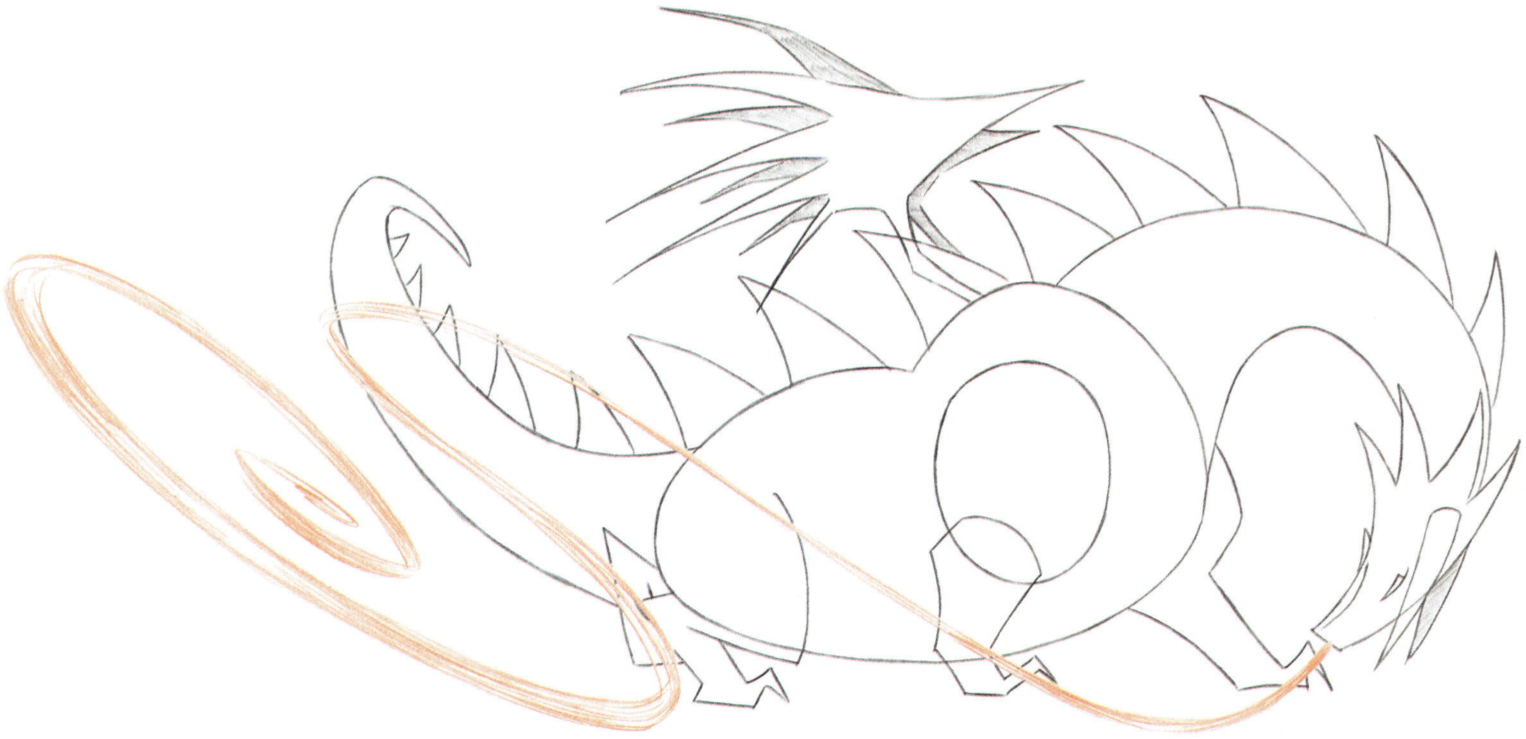

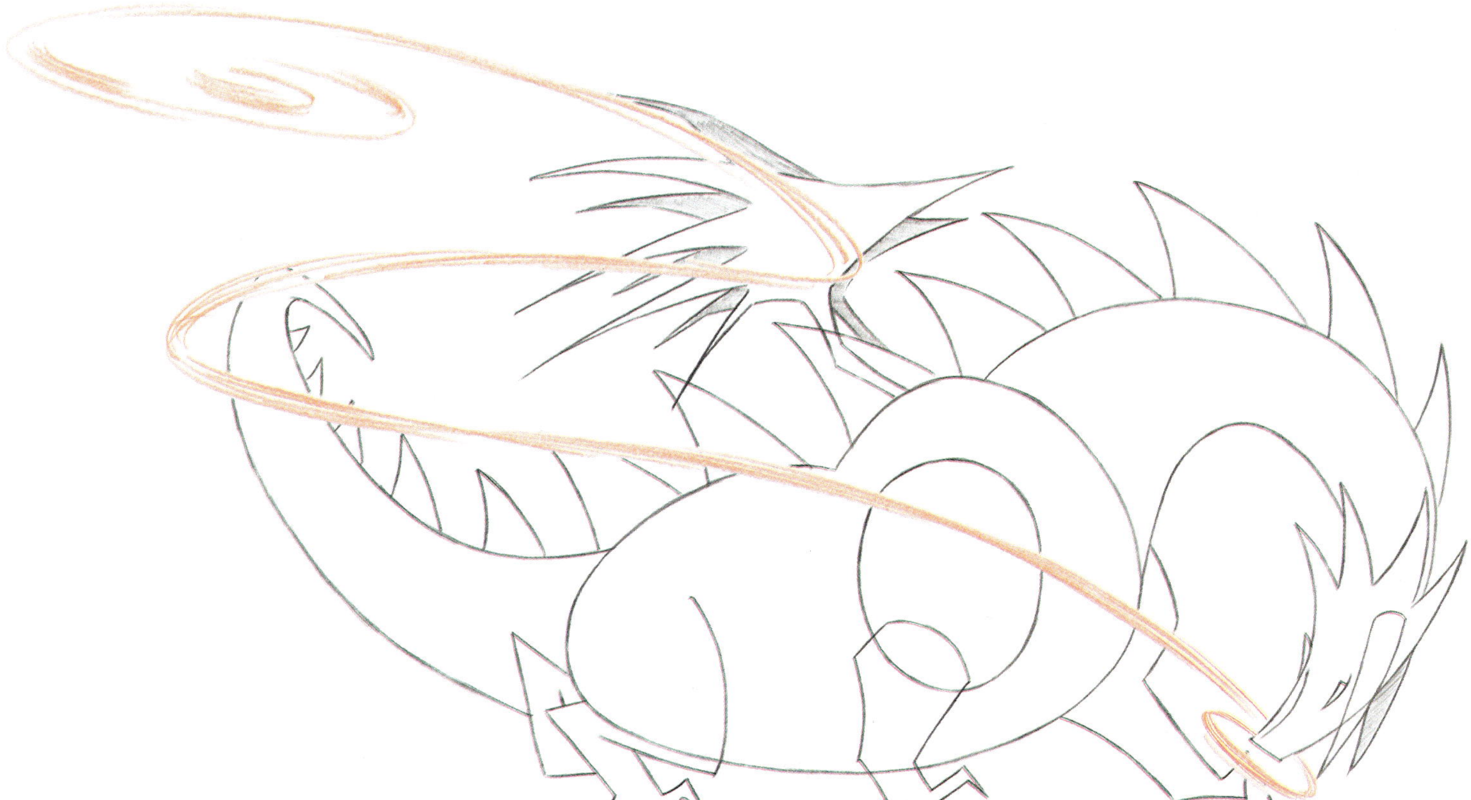

Feuer und Flammen in Farbe zeichnen

Wenn Sie eine Farbzeichnung mit Flammen und Feuer anfertigen, wählen Sie für das Feuer am besten unterschiedliche Rottöne. Zeichnen Sie einzelne Flammen in Rot, Magenta oder Orange.

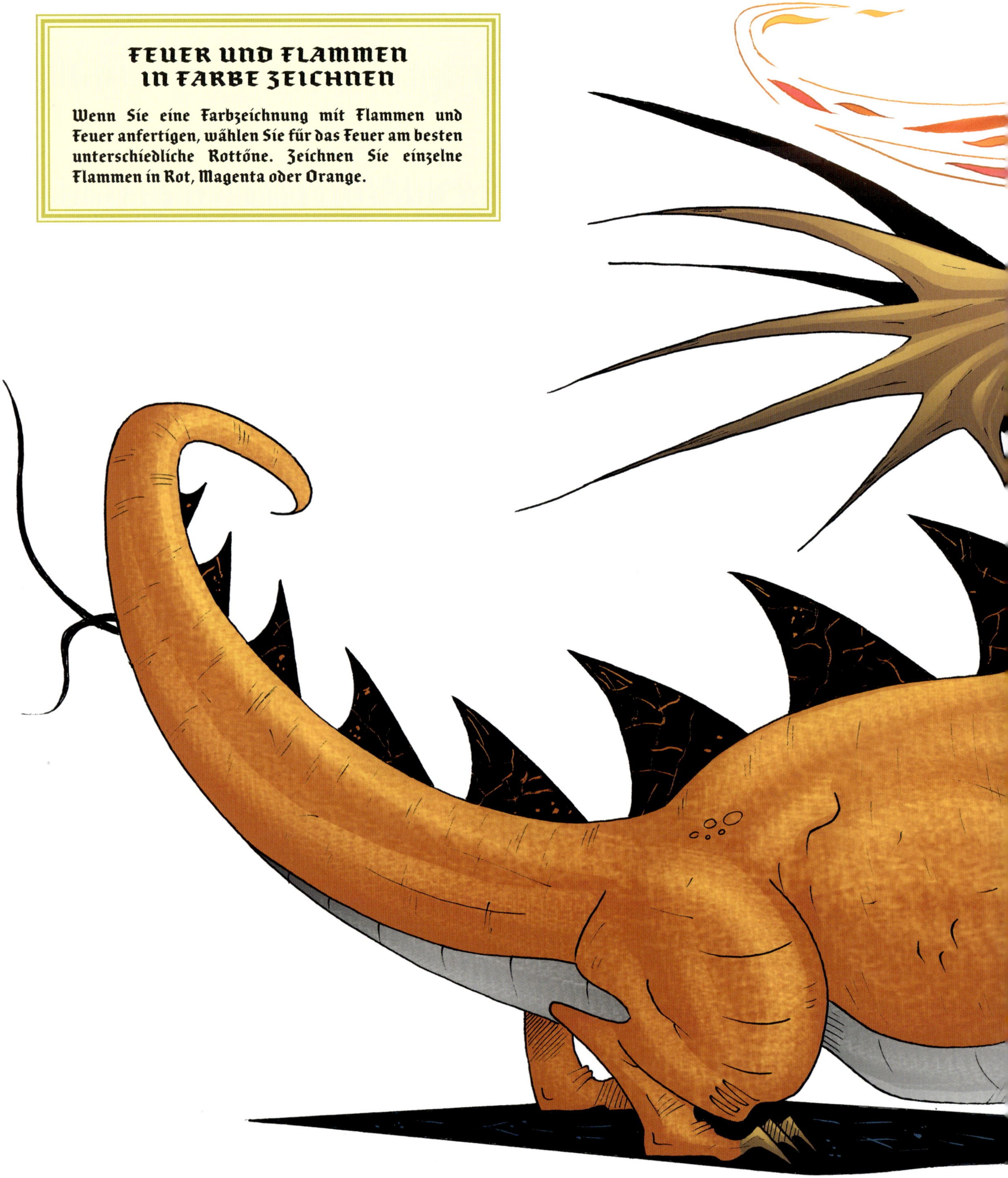

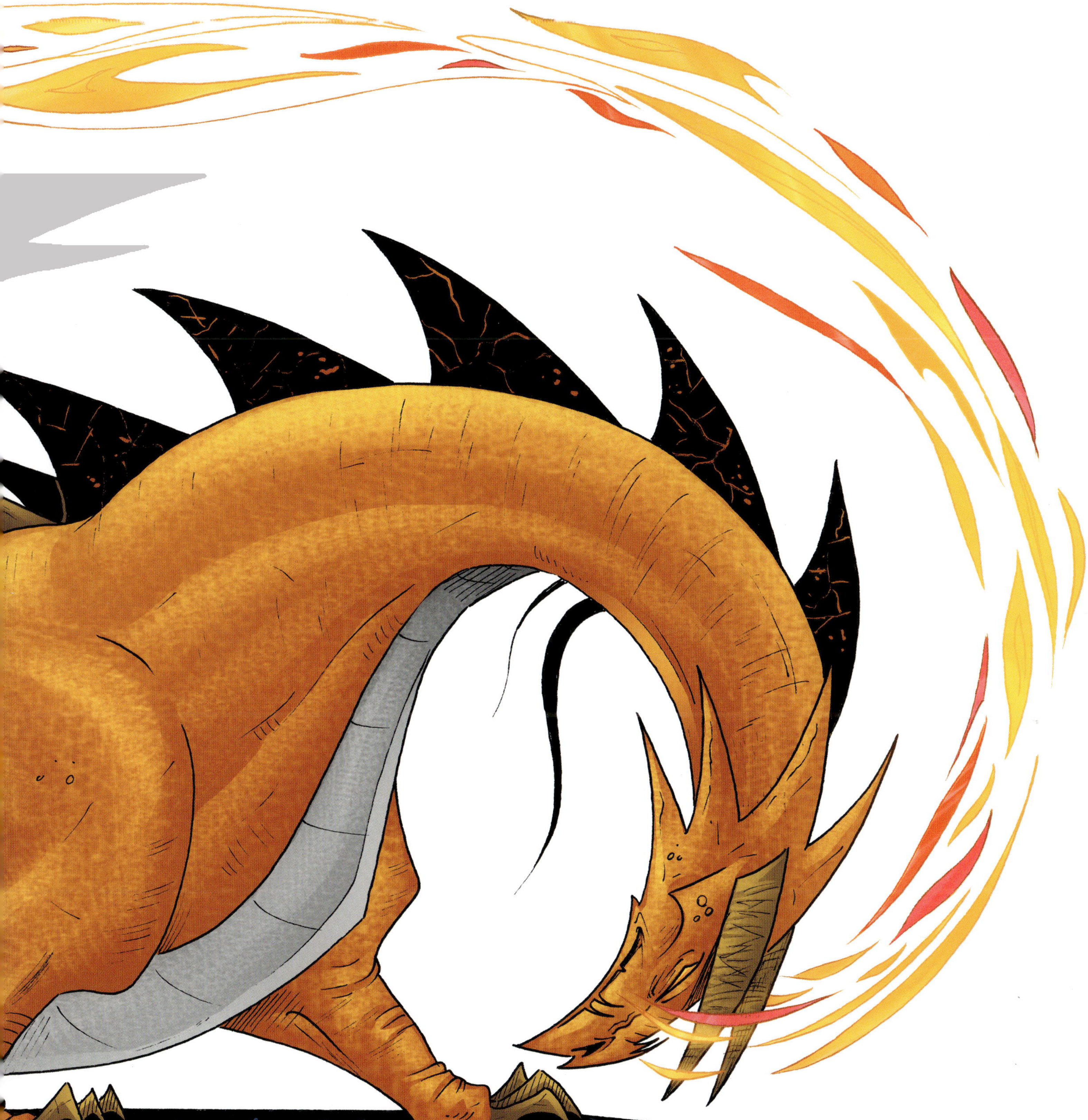

II

DER DRACHE UND SEIN KÖRPER

Drachen sind faszinierende Tiere, die rohe Kraft mit höchster Eleganz verbinden. Auf dem Boden wirken sie plump und unbeholfen, obwohl Hals und Schwanz sie perfekt in Balance halten. Doch ein fliegender Drache eilt mit der Kraft und Balance eines Olympiaschwimmers durch die Luft.

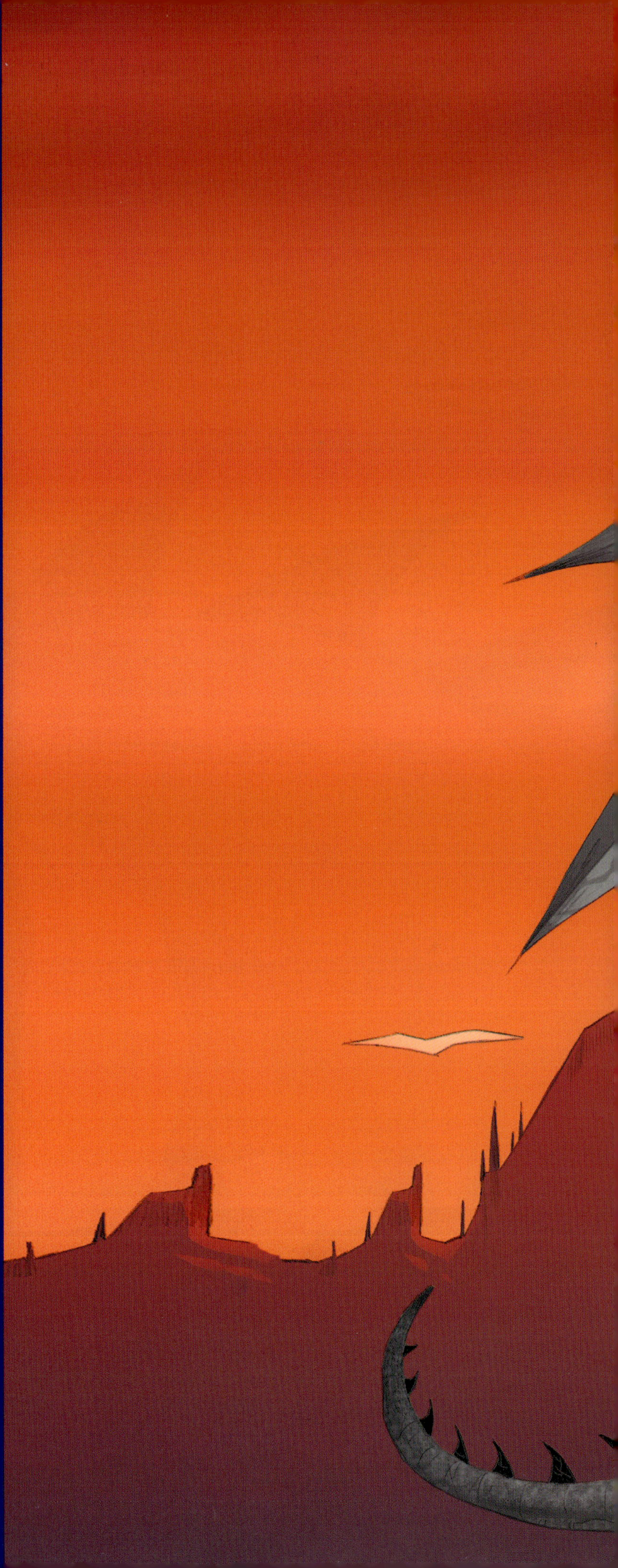

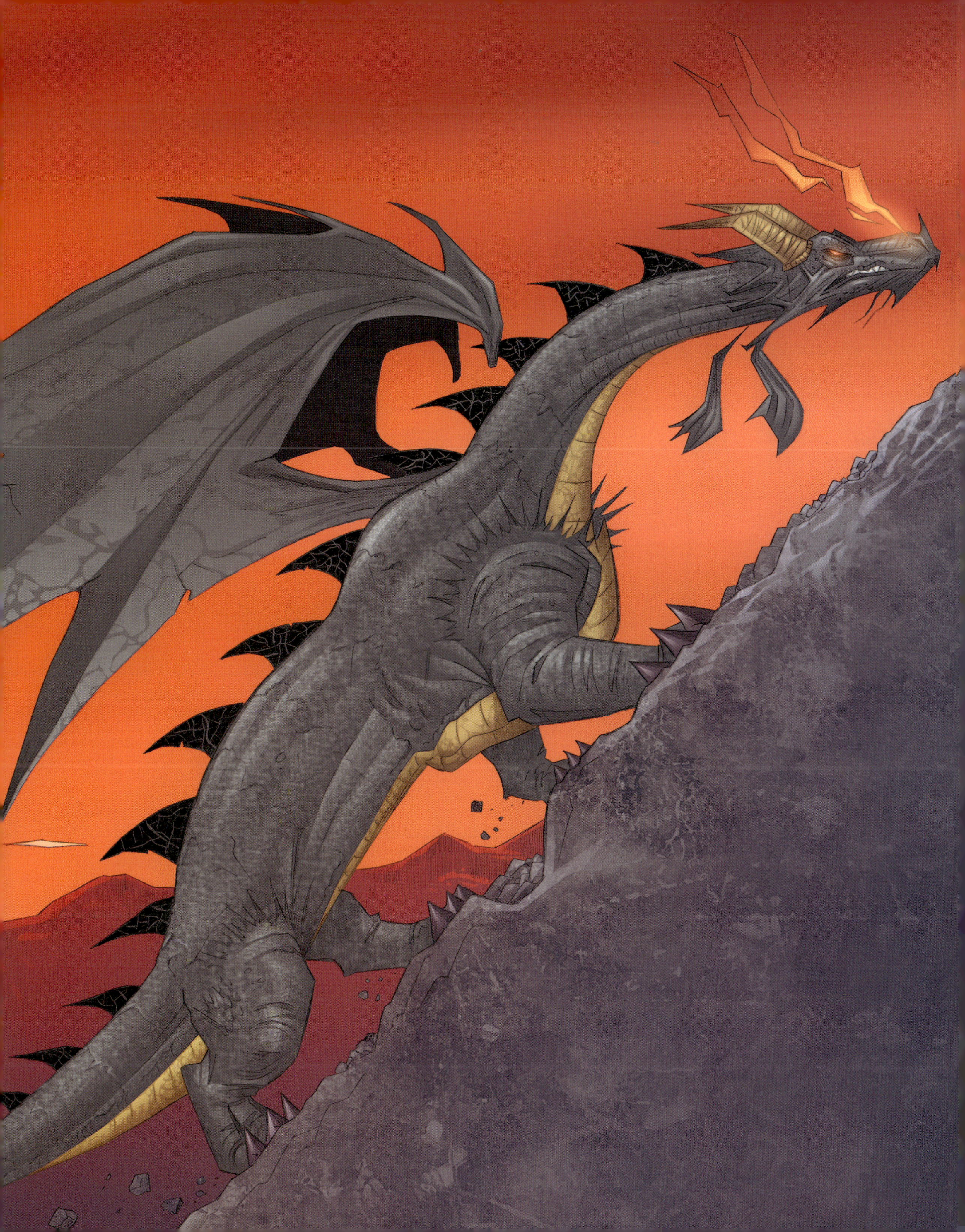

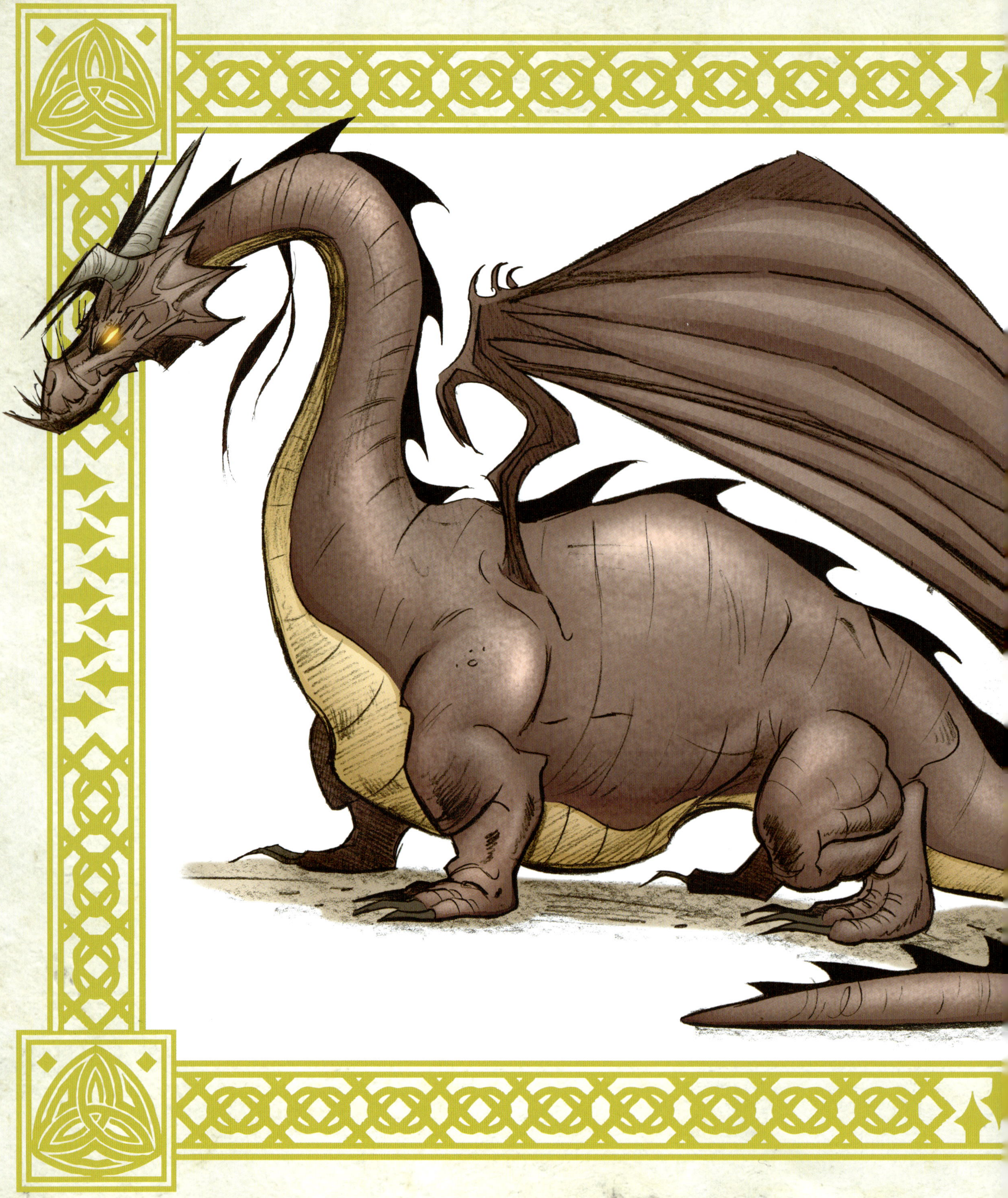

DER DRACHENKÖRPER – EIN WUNDERWERK DER NATUR

Der Brustkorb eines Drachen ist groß und kräftig. Ebenso kraftvoll ist auch die gesamte Schulterpartie gebaut. Dagegen sind Taille und Hüfte relativ schmal und athletisch. Der Schwanz dient nicht nur dazu, das Gleichgewicht im Fliegen zu halten, er ist auch eine enorm effektive Waffe. Die Beine sind dick mit Muskeln bepackt – und das müssen sie auch sein, denn ein Drache kann bis zu zwölf Tonnen wiegen. Trotzdem sind zweifellos der Bau und die Muskulatur des Halses die ungewöhnlichste Leistung der Natur. Sie verleihen dem Hals eines Drachen große Beweglichkeit, atemberaubende Schnelligkeit und dabei äußerste Präzision. Wie eine Schlange kann der Drache seinen Hals plötzlich nach vorne strecken, eine Beute packen und wieder zurück schnellen. Dies alles dauert kaum eine Hundertstelsekunde. Damit ist der Drache schneller als der Lidschlag eines menschlichen Auges.

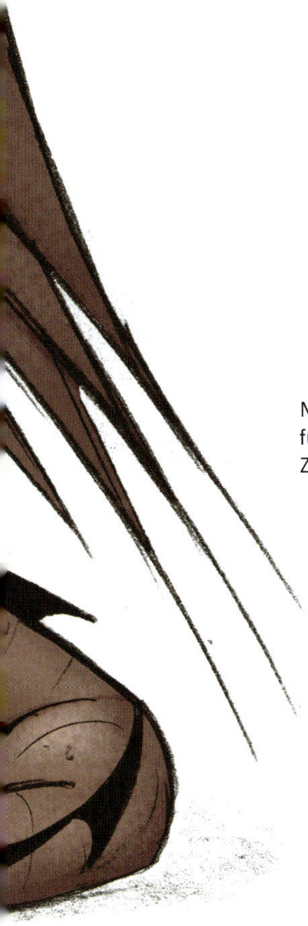

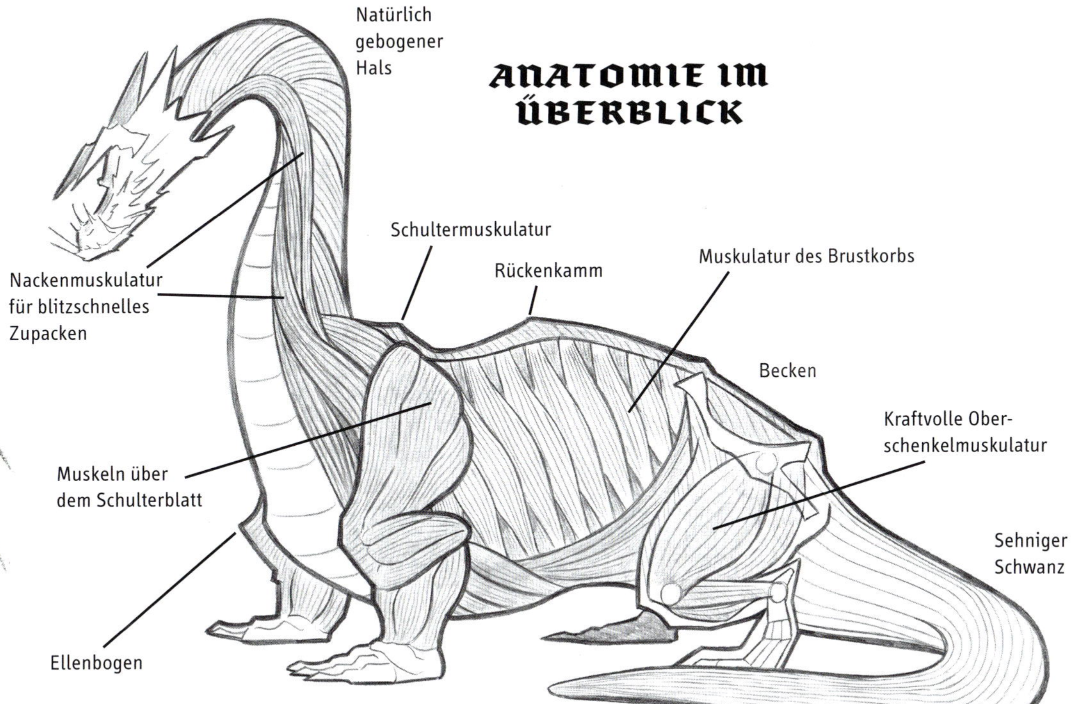

EIN BLICK INS INNERE

Drachen haben eine besonders lange Wirbelsäule. Wie sie sich auch drehen und wenden – niemals wird das Rückgrat grob abgeknickt. Es schwingt harmonisch mit jeder Bewegung mit und verleiht dieser gnadenlosen Bestie ihre fantastische Eleganz. Der Brustkasten ist selbst für dieses gewaltige Lebewesen überdimensional groß, dafür finden wir zwischen den untersten Rippen und dem Becken keinerlei Knochen mehr, was die extrem schlanke Taillen- und Hüftpartie erklärt.

Viele Menschen, die sich neu mit Drachen befassen, sind fest davon überzeugt, dass diese faszinierenden Geschöpfe eng mit den Eidechsen verwandt sind. Doch in Wahrheit besteht eine große Ähnlichkeit zu den Säugetieren (wie Hunden, Katzen oder Pferden), obwohl andererseits Schwanz, Füße, Nacken, Wirbelsäule und vor allem der Kopf ganz eindeutig die Merkmale von Reptilien aufweisen. Drachen lassen sich also nicht ohne weiteres einer biologischen Gattung zuordnen, was zu ihrer einzigartigen Faszination beiträgt.

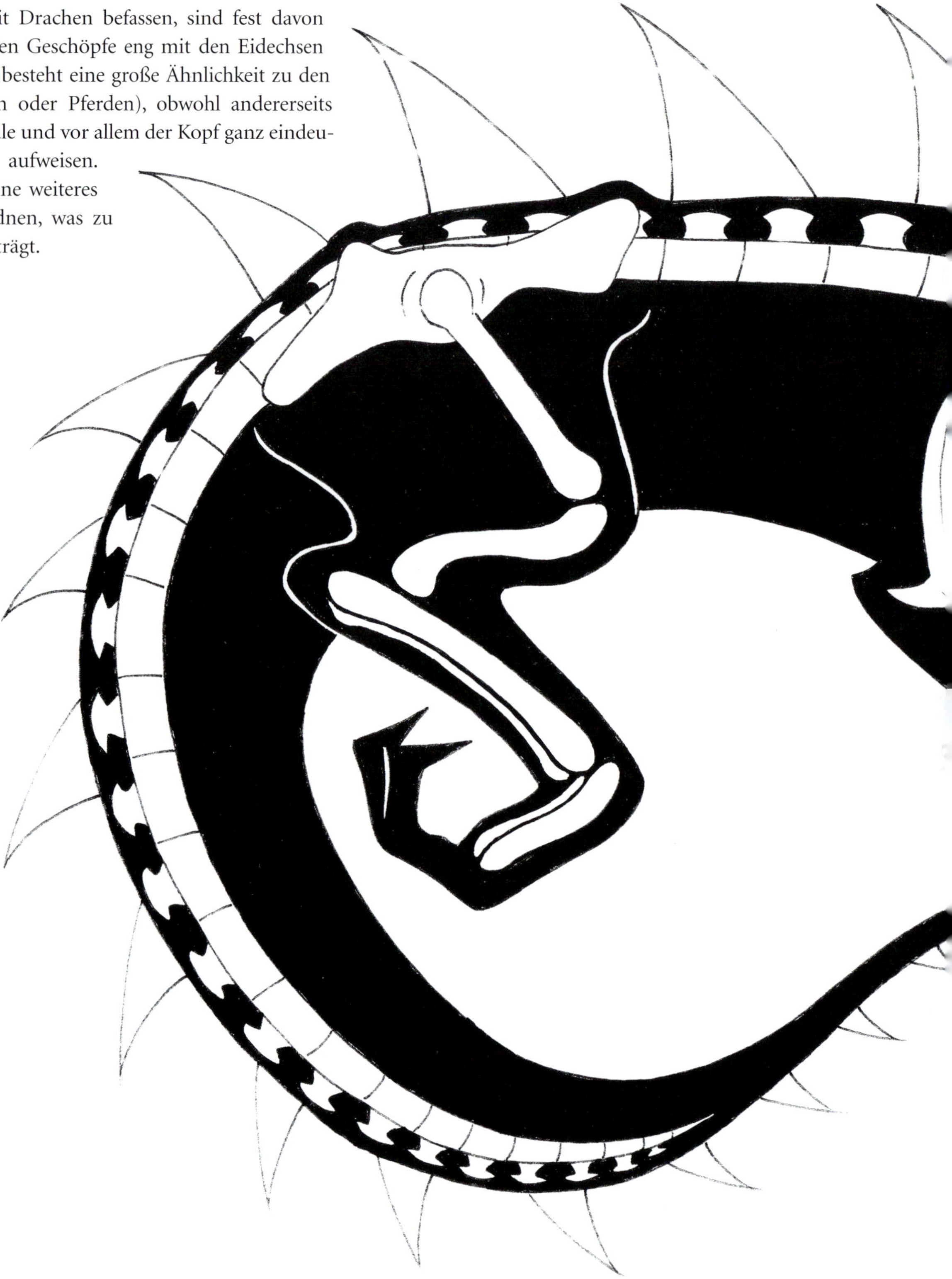

Bei uns Menschen befinden sich die Schulterblätter am Rücken. Ebenso wie bei fast allen anderen vierfüßigen Lebewesen liegen die Schulterblätter beim Drachen seitlich neben dem Brustkasten. *Beachten Sie bitte, dass die Rückenwirbel unterhalb des Schultergürtels wesentlich größer sind als oberhalb. Sie sind für den deutlichen Buckel verantwortlich, der über dem obersten Nackenwirbel des Drachen gut zu sehen ist. Der große spornartige Fortsatz an der Brust ist möglicherweise der Rest eines Gehäuses, in das Drachen in früherer Zeit ihren Kopf einziehen konnten - wie Schildkröten. Jedoch erlauben Funde noch keine sicheren Rückschlüsse.*

Und noch ein letzter Hinweis: Oftmals werden Drachen wie ein T. Rex mit Flügeln gezeichnet. Denken Sie also bitte daran, dass Drachen nicht wie die alten Raubsaurier winzige und nutzlose Ärmchen haben, sondern lange und kraftvolle Arme!

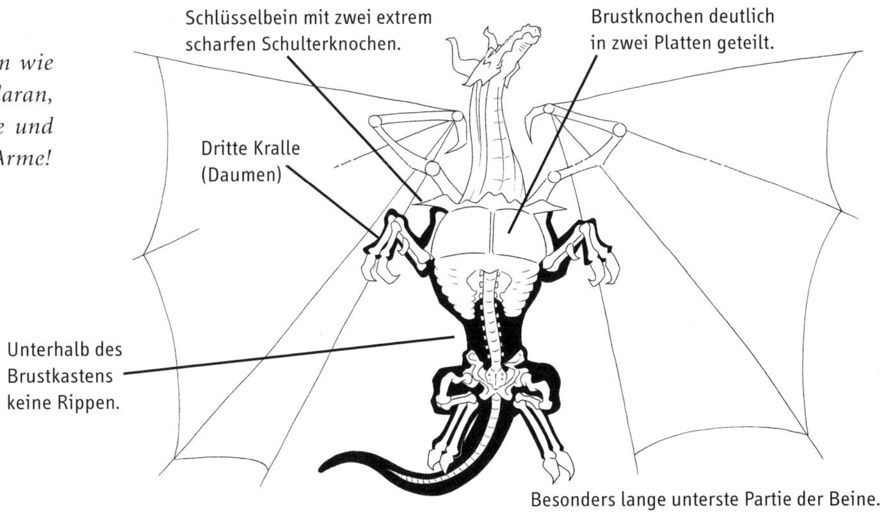

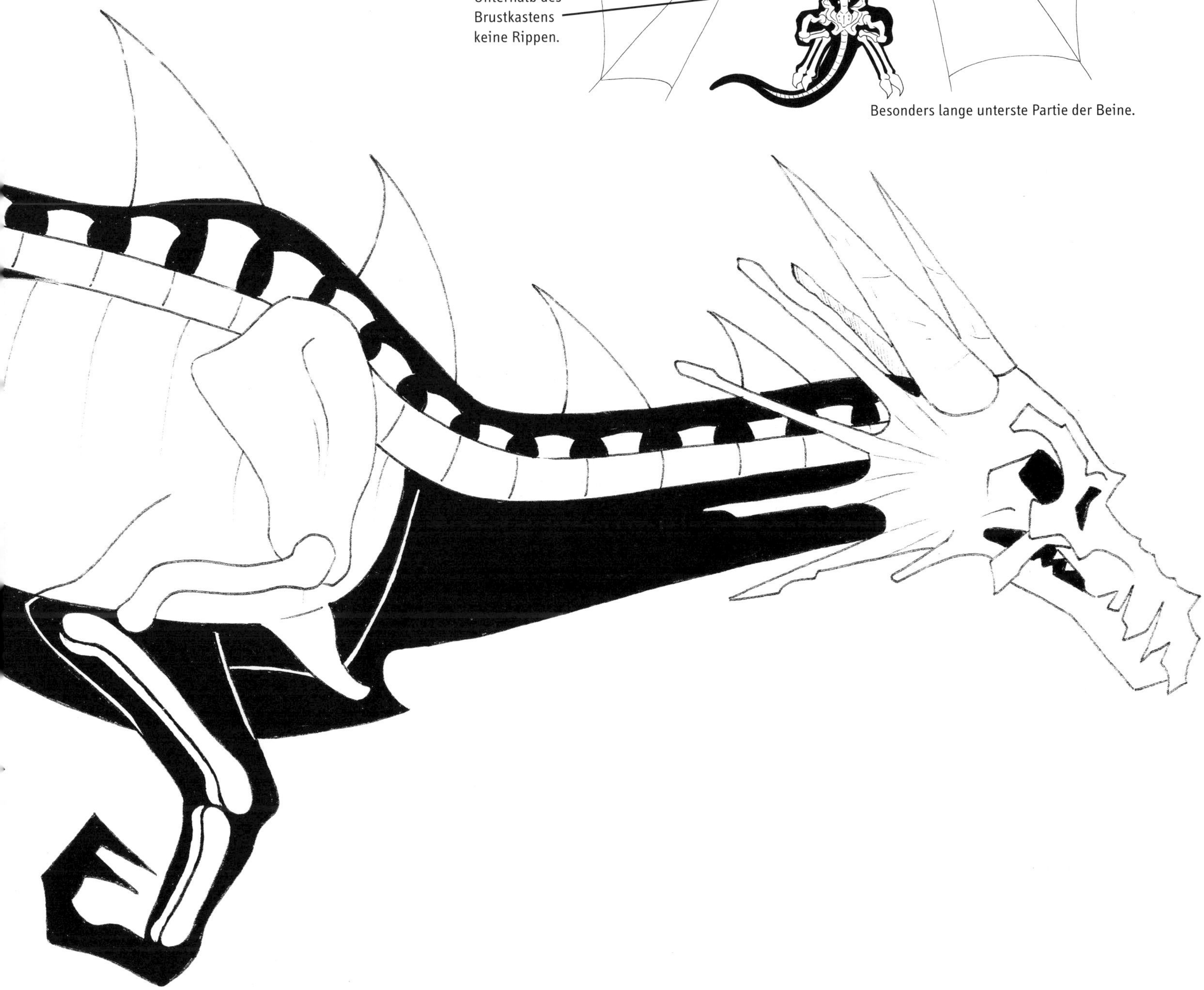

RÜCKENKAMM

Die dreieckigen Platten des Kamms ziehen sich über den ganzen Rücken. Der Rückenkamm beginnt am Nacken, streckt sich am Rücken zu ganzer Höhe und wird zum Schwanz hin immer flacher und kleiner. Sie können zwischen mehreren Formen wählen. Anfänger sind meist damit zufrieden, die Platten als einfache Dreiecke zu gestalten, die oft ein wenig an eine kleine Parade gleichmäßiger Pyramiden erinnern, was nicht sonderlich viel hermacht. Um dem Rückenkamm ein dynamisches Ansehen zu geben, müssen Sie die Platten ein wenig *kippen*. Zeichnen Sie sie so, dass sie sich in Richtung Schwanzspitze neigen. Sehen Sie, dass dieser kleine Trick ausreicht, damit der Rückenkamm aussieht, als würde er „im Wind wehen"? Obwohl es, wie gesagt, viele ganz unterschiedliche Möglichkeiten gibt, diesen Teil eines Drachen zu gestalten, sind hier die vier bekanntesten dargestellt.

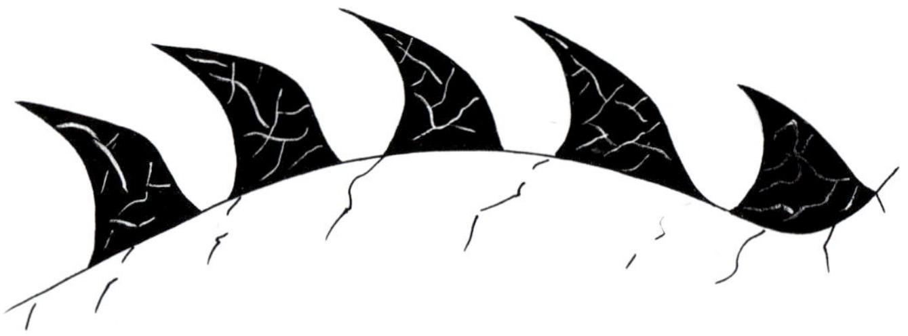

KLASSISCH

Dies ist die häufigste Form des Rückenkamms. Beachten Sie die Risse in der Haut am Rückenkamm, die hier besonders hart und trocken ist. (Mehr zur Drachenhaut auf Seite 48).

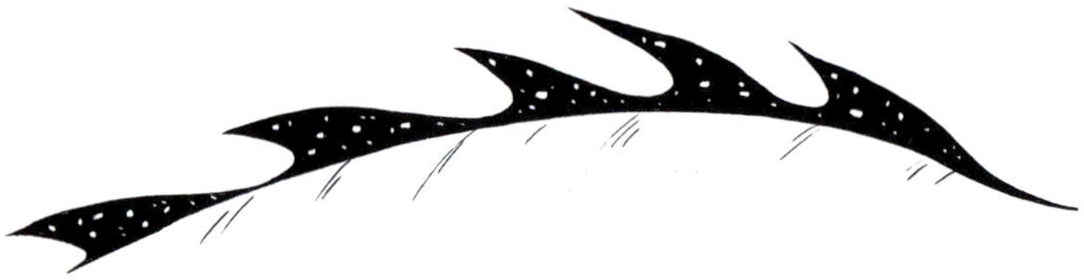

ANLIEGEND

Bei diesem Rückenkamm sind die einzelnen Platten unten verbunden. Sie sind auch etwas weicher und beweglicher als beim klassischen Rückenkamm.

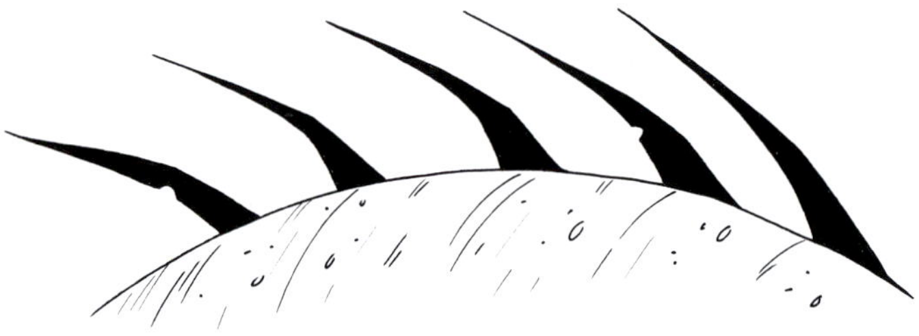

DÜNN UND SPITZ

Sehr dünn und rasiermesserscharf sind diese stachelartigen Dornen, die sich wie die Borsten eines Stachelschweins tief ins Fleisch bohren.

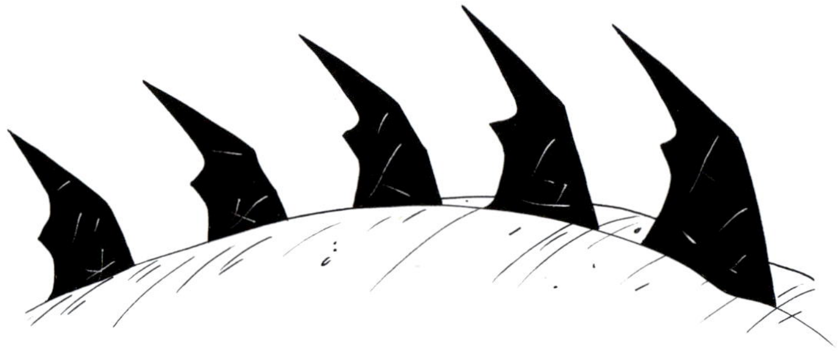

UNREGELMÄSSIG

Beim unregelmäßigen Rückenkamm stehen die einzelnen Platten unregelmäßig aus der Haut am Rücken hervor. Sie enden in einer harten Spitze.

DER SCHWANZ ALS WAFFE

Drachen können ein Opfer auf dreierlei Weise mit dem Schwanz verletzen oder töten. Der Schwanz kann einen mächtigen Hieb austeilen oder er kann kräftiger zupacken als eine Boa Constrictor. Er kann sich aber auch in eine besonders grausame Foltermaschine verwandeln: Wenn der Drachen einen unglücklichen Bauern oder Ritter erwischt, wird er ihn mit dem Schwanz umwickeln. Er erstickt ihn aber nicht einfach, sondern hebt ihn hoch in die Luft und schleudert ihn dann etwa ein halbes Dutzend Mal in schneller Folge zu Boden.

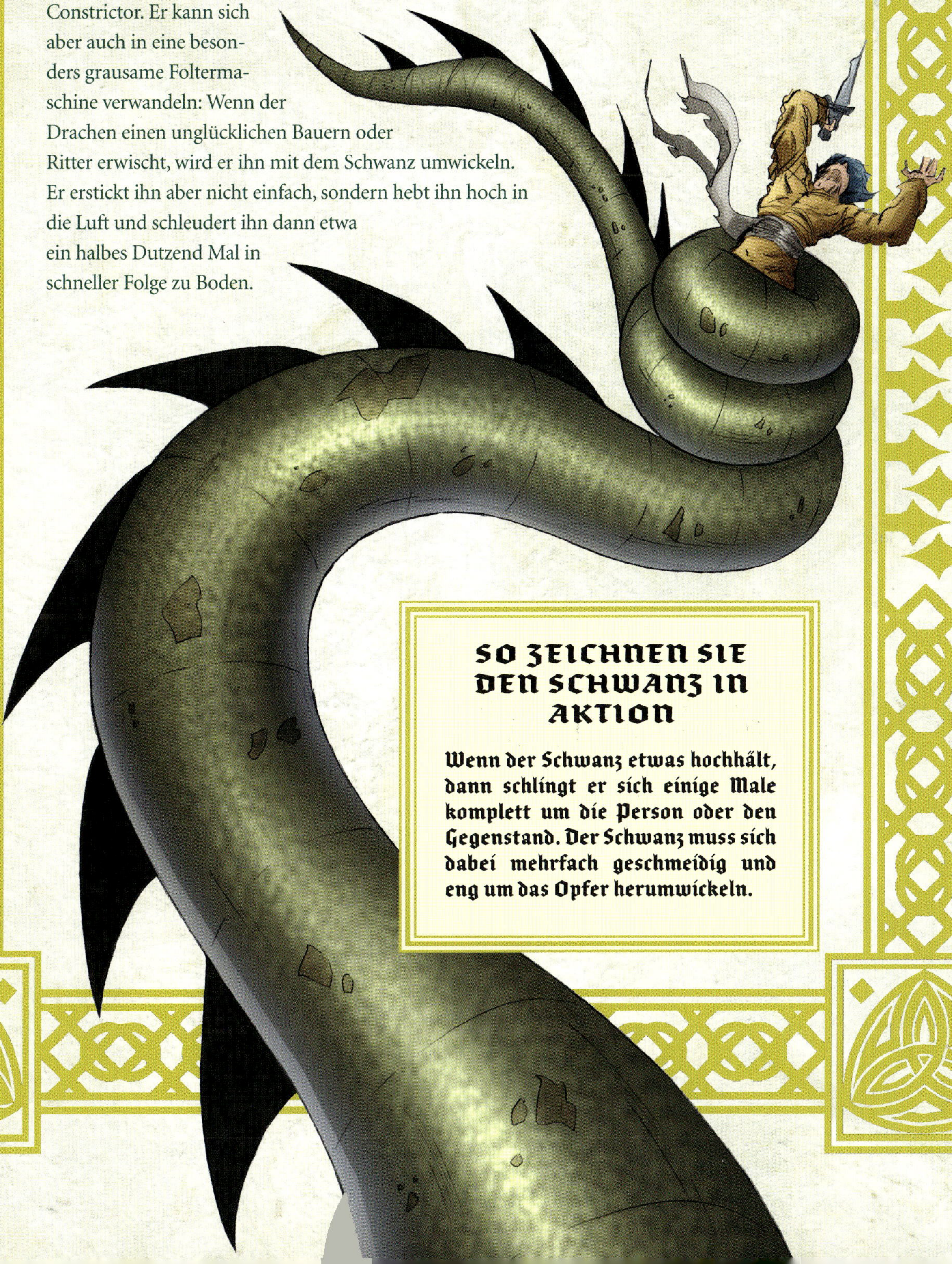

SO ZEICHNEN SIE DEN SCHWANZ IN AKTION

Wenn der Schwanz etwas hochhält, dann schlingt er sich einige Male komplett um die Person oder den Gegenstand. Der Schwanz muss sich dabei mehrfach geschmeidig und eng um das Opfer herumwickeln.

KLAUEN

Obwohl schon das Feuer und der Muskel bepackte Schwanz tödlich sind, steht dem Drachen noch eine weitere Waffe von tödlicher Effektivität zur Verfügung: Schon ein einziger Hieb mit der Krallen bewehrten Klaue kann ein Dutzend Krieger zerreißen – und der Drache muss sich dabei längst nicht so anstrengen wie beim Feuerspucken. Drachen können ihre Klauen so anmutig bewegen wie wir Menschen unsere Hände und Füße; die vielen Gelenke machen solche fein abgestimmten Bewegungen und Drehungen möglich.

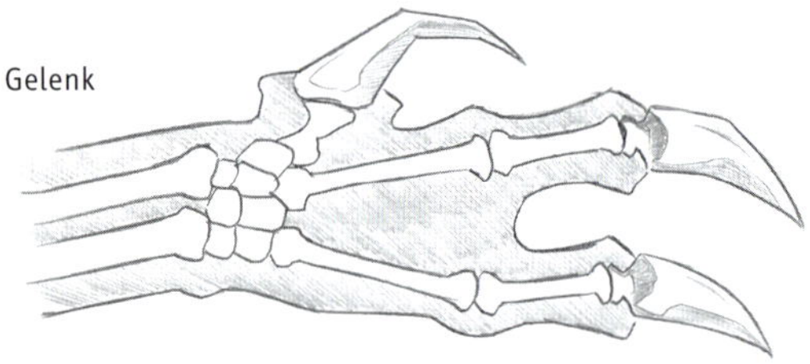

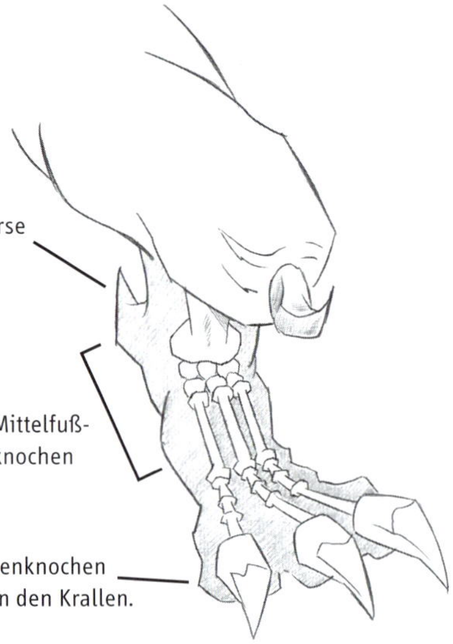

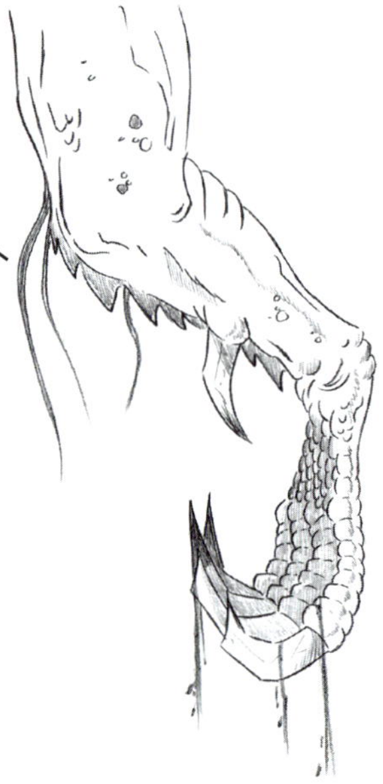

Manchen Drachen haben Hautfortsätze an den Klauen und tiefe Falten an der Innenseite.

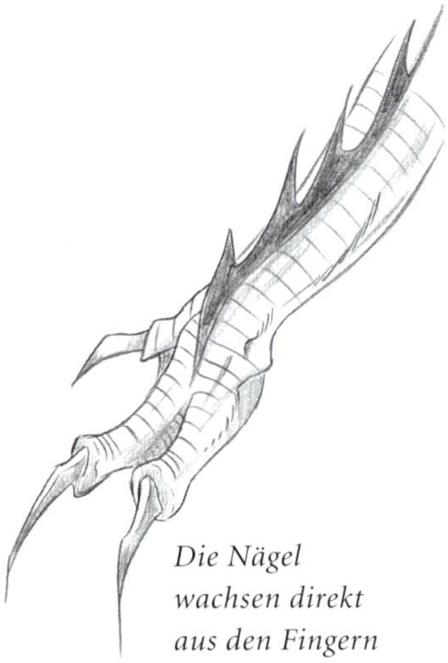

Die Nägel wachsen direkt aus den Fingern heraus.

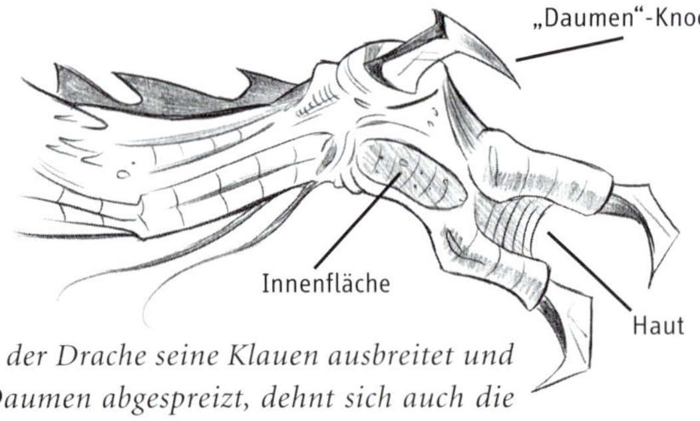

Wenn der Drache seine Klauen ausbreitet und den Daumen abgespreizt, dehnt sich auch die Haut zwischen den Fingergliedern.

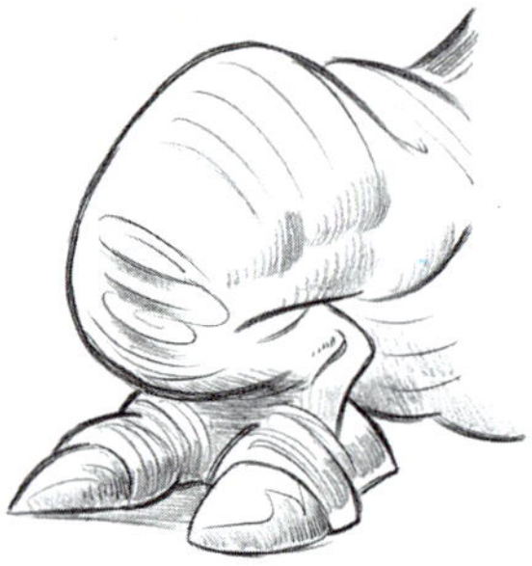

Bei großen schweren Drachen haben die Klauen nur zwei Fingerglieder, die nie durch Haut miteinander verbunden sind.

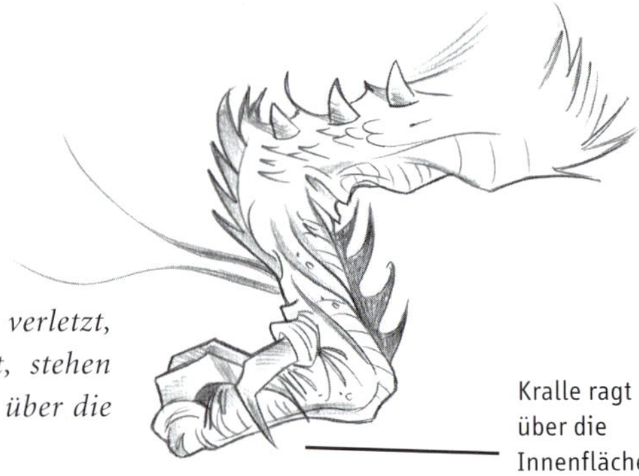

Damit sich der Drache nicht selbst verletzt, wenn er die Klaue zusammenzieht, stehen die langen, scharfen Drachenkrallen über die Innenflächen hinaus.

IN DEN KLAUEN DES TODES

Wenn Sie in eine mondlose Nacht hinauslauschen, können sie ein feines Kratzen hören, das bis zum Morgengrauen anhält. Endlos wetzen Drachen die Krallen an den Wänden ihrer Kalksteinhöhlen. Es ist ein bewusstes Ritual, das alle Menschen daran erinnern soll, dass die Gefahr immer hinter dem Horizont lauert und nie schläft. Der Drache ist eine einzige lebende und atmende Waffe. Jeder Teil seines Körpers ist für Kampf und Angriff gemacht. Manche Teile des Drachenkörpers wirken scheinbar harmlos wie die Klaue, die aber ganz plötzlich vorschnellen und sich für einen Menschen in einen Todeskäfig verwandeln kann. Doch dann genügt ein Ruf der Drachenmutter und das Kleine springt hastig fort und gibt sein Opfer frei.

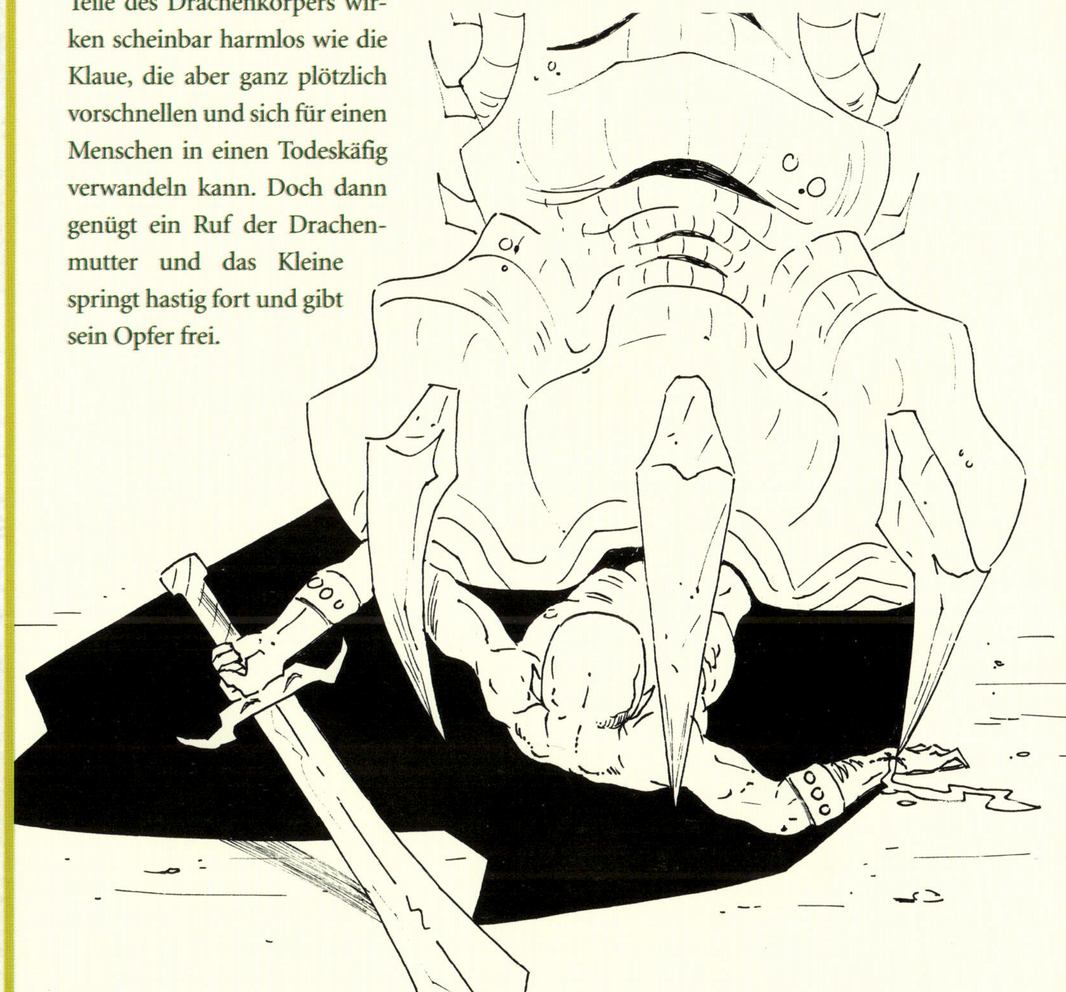

STRUKTUREN DER HAUT-OBERFLÄCHE

Wenn Sie die Grundform Ihres Drachen aufs Papier gebracht haben, ist das gut und schön. Es ist auch sehr hübsch, wenn alle Proportionen stimmen. Aber solange Sie nicht eine überzeugend real wirkende Oberflächen-Gestaltung der Haut des Drachentieres zustande bringen, wird Ihre Zeichnung keinen packenden, Feuer speienden Alptraum zeigen, kein Lebewesen, das die Erde erzittern lässt. Was genau ist mit Oberflächengestaltung in diesem Fall gemeint? Es sind die zerklüftete, von Wind und Wetter gegerbte Haut, die Warzen, kleinen Stacheln, Runzeln, Falten, die Muskelpartien der Bauchseite und Vieles mehr. All diese Details formen das Aussehen des Drachen von seiner Nasen- bis zur Schwanzspitze. Erst durch diese Details unterscheidet sich der Drache von einem Säugetier und gewinnt sein reptilienartiges Aussehen von aufregender Hässlichkeit – ein Anblick, der jedem menschlichen Wesen die Haare zu Berge stehen lässt.

Viele Künstler lieben gerade diesen Teil der Arbeit am meisten. Wenn Ihnen die Grundform des Drachen gelungen ist, können Sie ihn mit diesen vielen kleinen Details schmücken. Es ist wie eine Belohnung nach harter Arbeit.

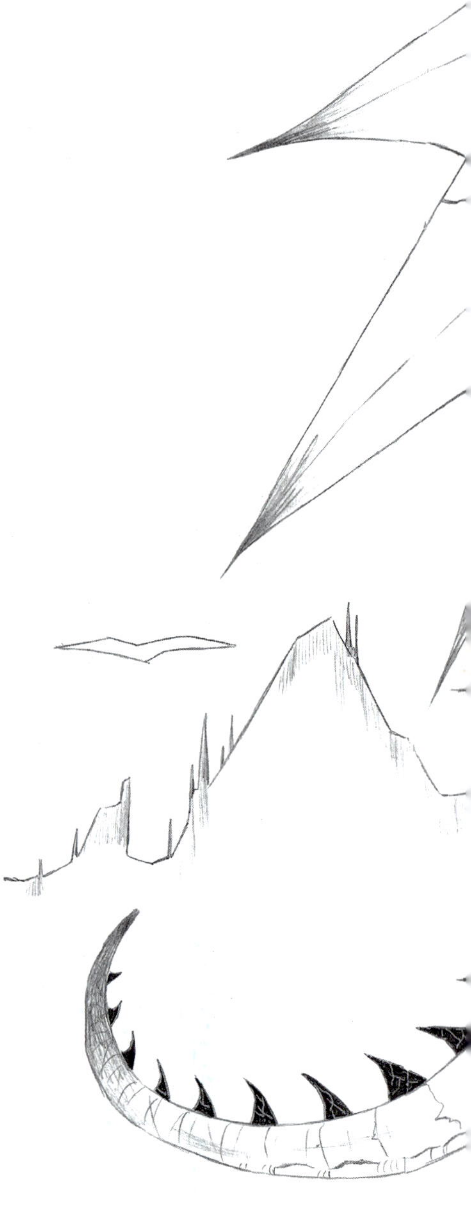

RISSE AM RÜCKENKAMM

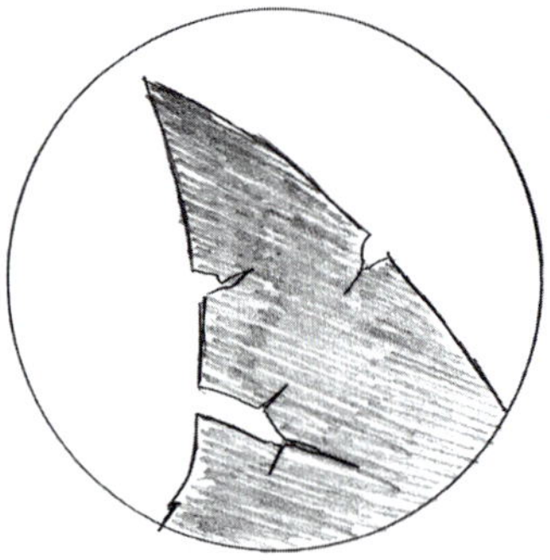

STACHELIGE AUSWÜCHSE

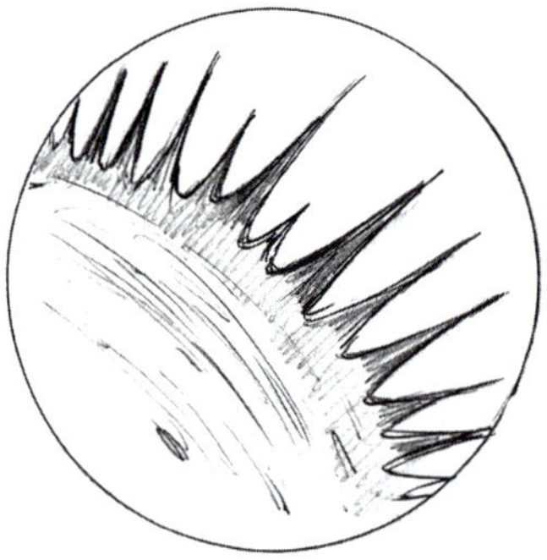

GESPANNTE MUSKELN

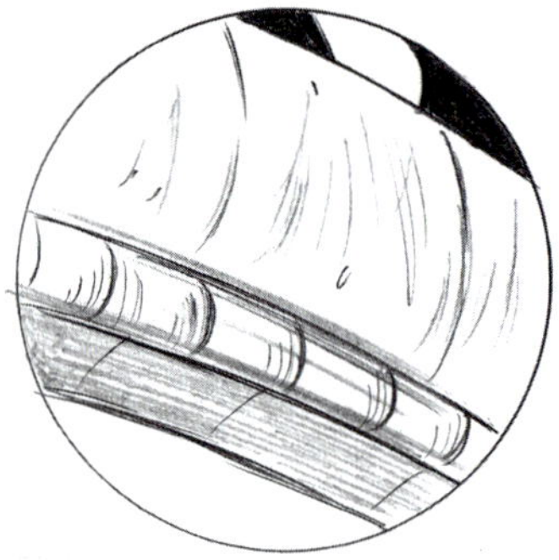

DETAILS DER BAUCHSEITE

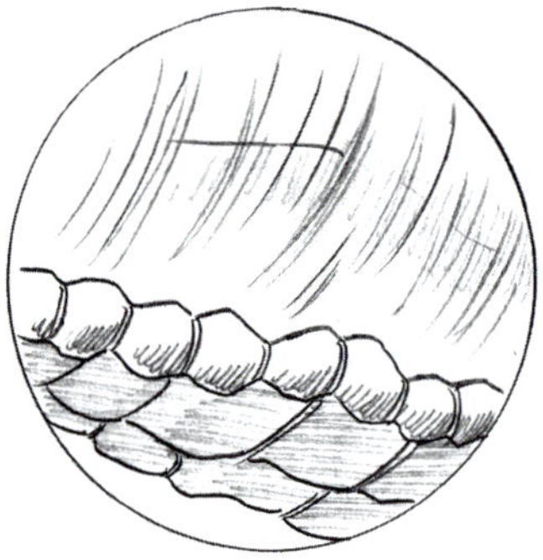

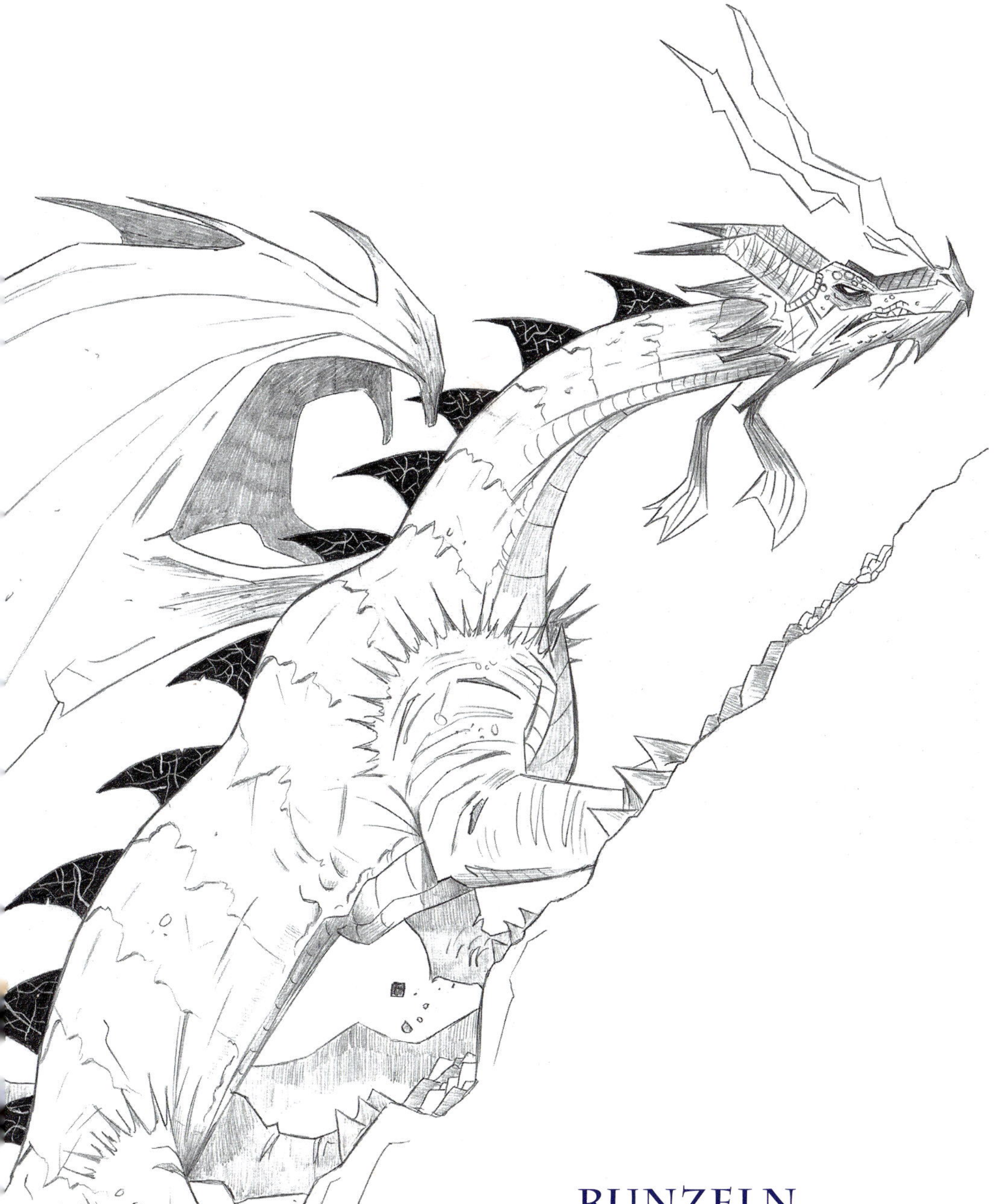

FLÜGELSPITZEN

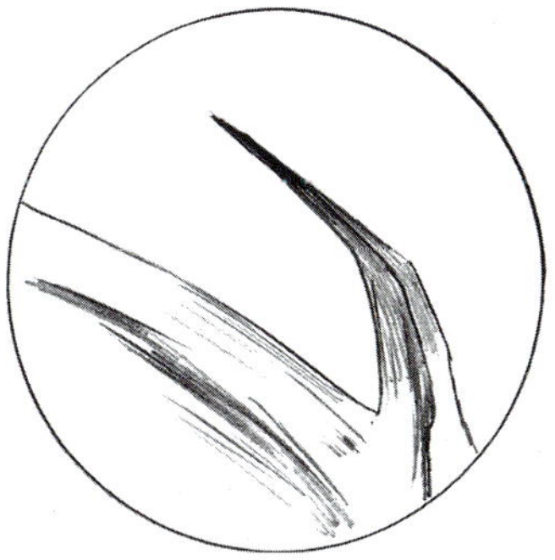

HÖRNERSPITZEN

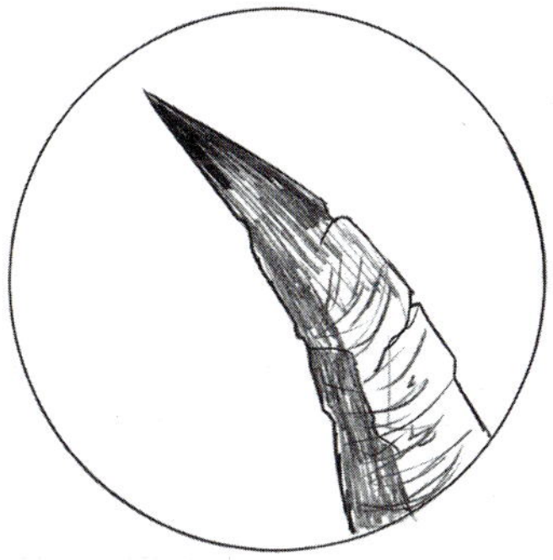

WARZEN

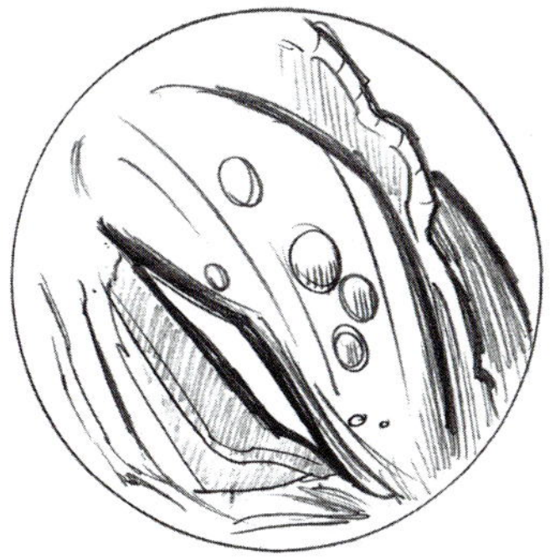

RUNZELN

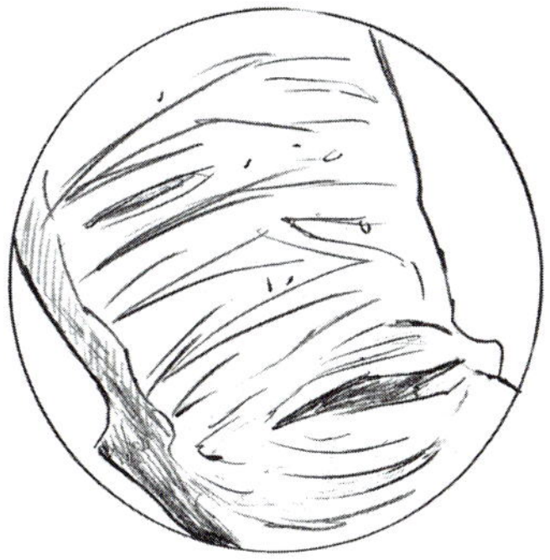

SCHUPPEN

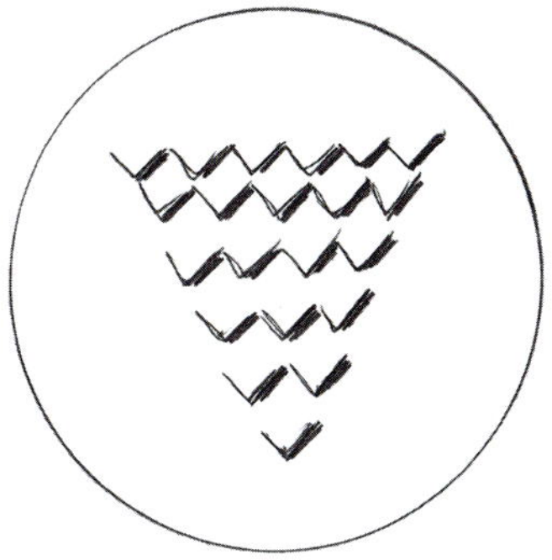

SCHWINGEN

Der Flügel ist im Grunde aufgebaut wie der Arm eines Menschen unterhalb des Ellbogens. Die Knochen, die den Flügel spannen, sind wie die Finger einer weit gespreizten Hand, nur der Daumen ist verkümmert. Die Skizzen unten zeigen das klassische Bauprinzip. Prägen Sie es sich gut ein, um Ihrem Drachen möglichst natürlich wirkende Flügel zu verleihen.

VERSION 1

In diesem Fall ist die Haut des Flügels nicht nur zwischen den einzelnen Knochenfingern gespannt – sie geht durch bis zum Armknochen.

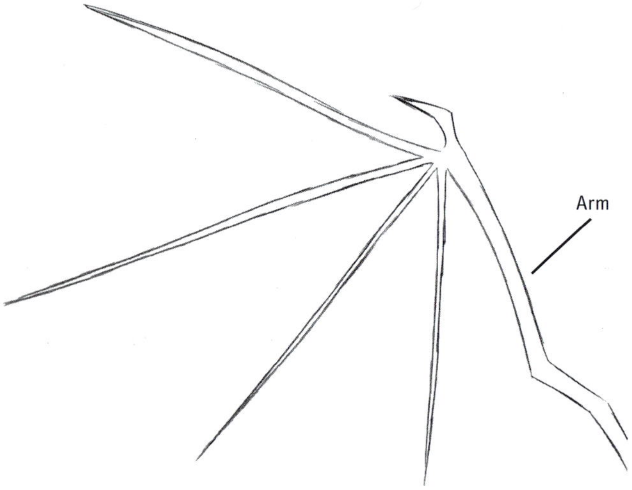

Die Haut verbindet den Armknochen und den ersten Fingerknochen.

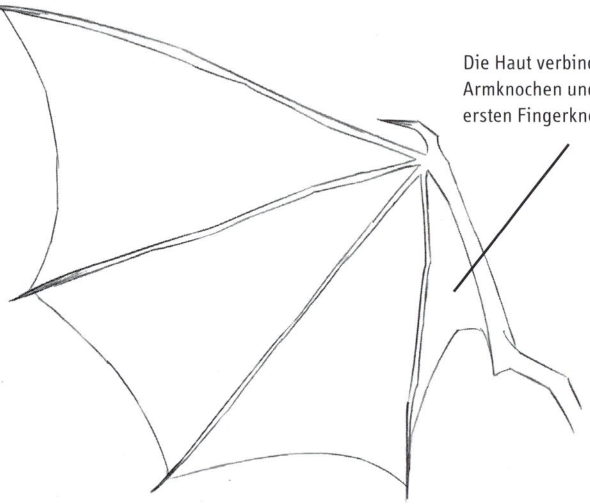

Wenn Länge und Stärke der Fingerknochen und des Armknochens stimmen, zeichnen Sie die Haut dazwischen ein. Zeichnen Sie dann, wie in der Abbildung unten, die Struktur in die Haut des Flügels und fügen Sie auch ein paar Risse ein, damit der Flügel lebendig aussieht. Arbeiten Sie den Knochencharakter von Fingern und Armen gut aus.

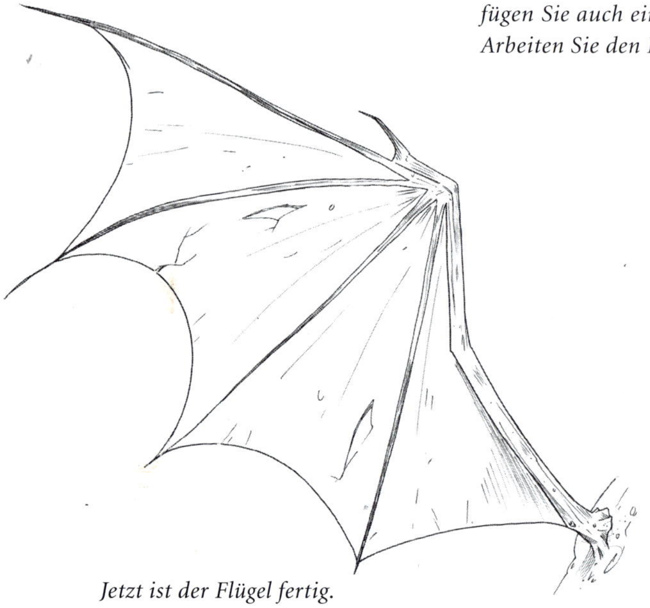

Jetzt ist der Flügel fertig.

VERSION 2

Bei diesem Flügel verbindet die Haut die Finger nicht mit dem Arm, was dem Drachen später etwas Gruftiges verleiht.

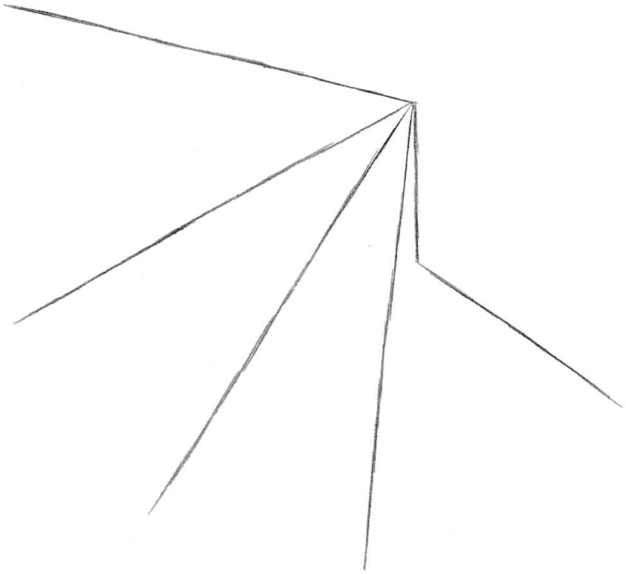

Zeichnen Sie zuerst die Fingerknochen in ihrer ganzen Länge ein.

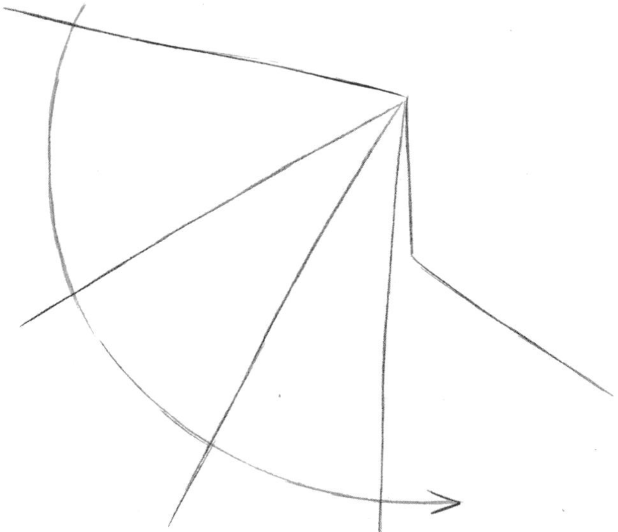

Markieren Sie dann eine gebogene Kreislinie, die etwas oberhalb der Knochenspitzen endet, als Hilfslinie. Zeichen Sie die Hilfslinie mit einem leichtem Strich, damit Sie sich leicht ausradieren lässt.

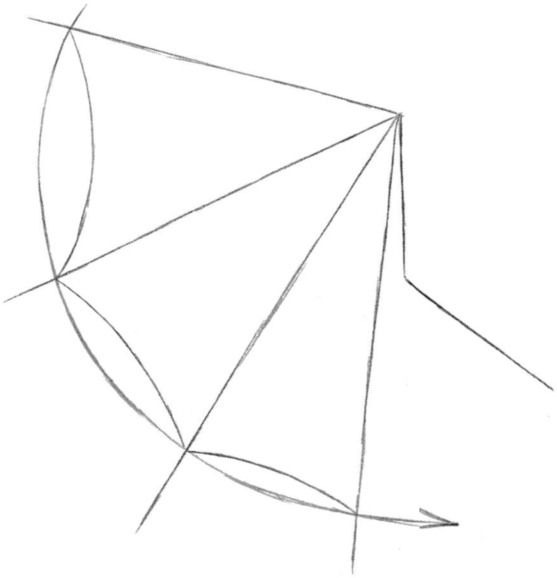

Zeichnen Sie nun die Haut Segment für Segment ein.

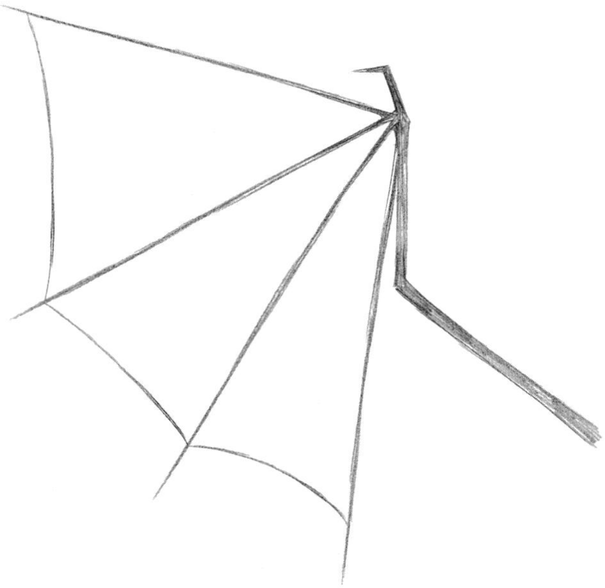

Zum Schluss radieren Sie die Hilfslinie aus und verstärken die Knochen. Zeichnen Sie den gespenstisch gekrümmten Daumen ein.

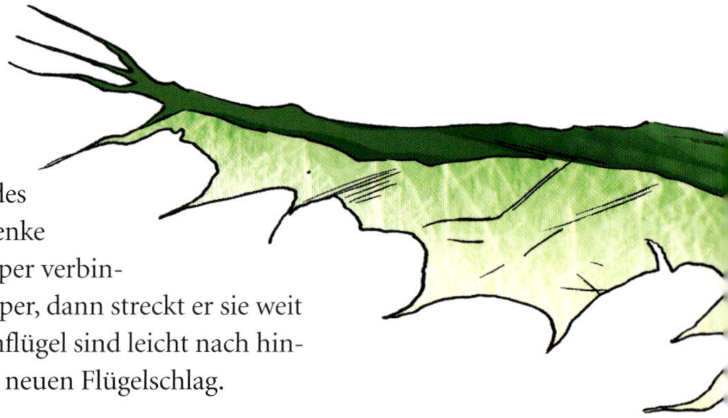

FLÜGELGELENKE

Die Anzahl der Gelenke, aus denen ein Drachenflügel besteht, wird von der Art des Flügels bestimmt. In dieser Zeichnung besteht der Flügel aus drei, durch die Gelenke verbundenen Teilen (dabei wurde das Hauptgelenk, das den Flügel mit dem Körper verbindet, nicht mitgezählt). Im Flug faltet der Drache die Flügel zuerst unter dem Körper, dann streckt er sie weit nach oben aus – dabei treten die Gelenke deutlich zutage. Voll entfaltete Drachenflügel sind leicht nach hinten aufgestellt und leicht gekrümmt. So kann der Drache Kraft sammeln für den neuen Flügelschlag.

Da Drachen ihre Flügel falten können, ist es ihnen auch möglich, durch enge Schluchten zu fliegen und in schmalen Höhleneingängen zu landen. Und nicht zuletzt wickeln sich Drachen fest in ihre Flügel ein, wenn sie Winterschlaf halten.

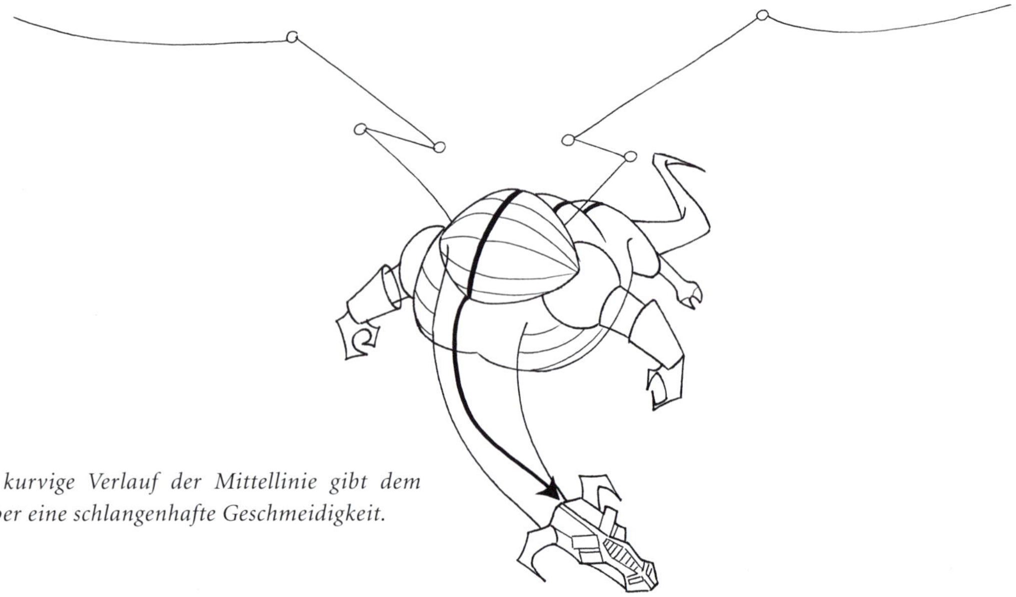

Der kurvige Verlauf der Mittellinie gibt dem Körper eine schlangenhafte Geschmeidigkeit.

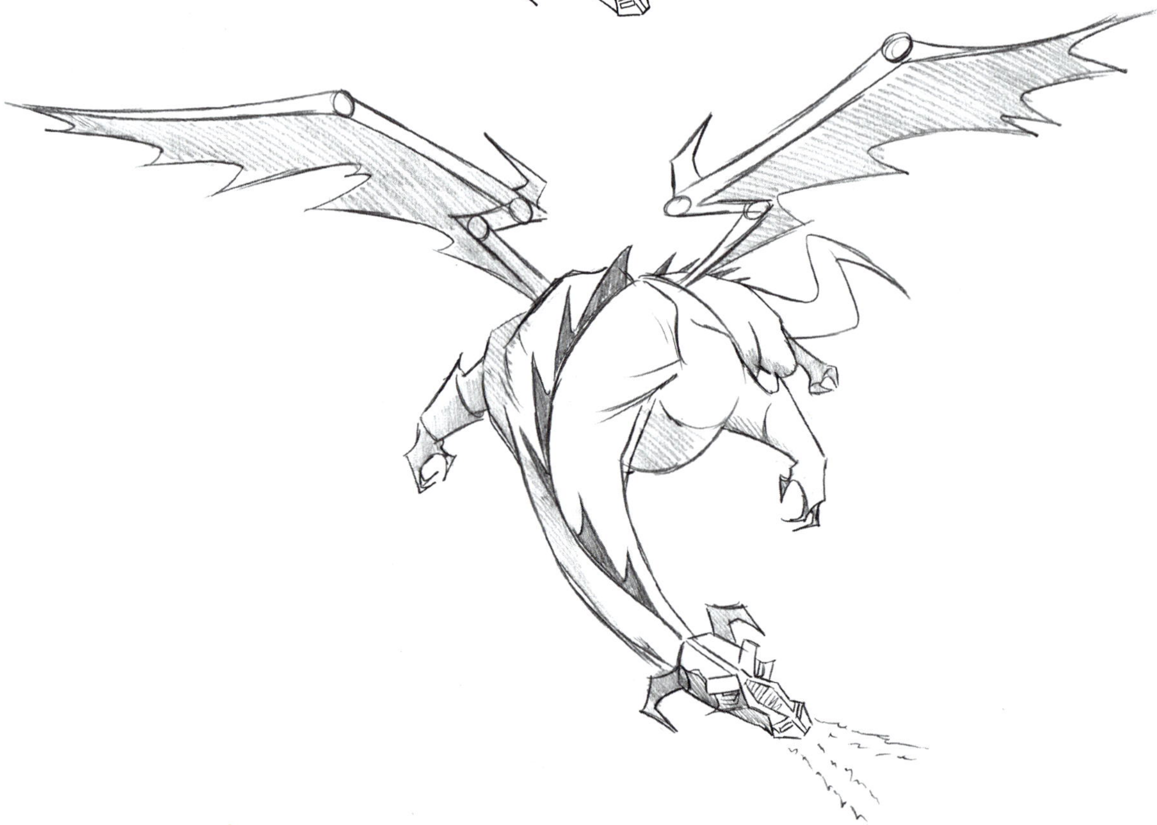

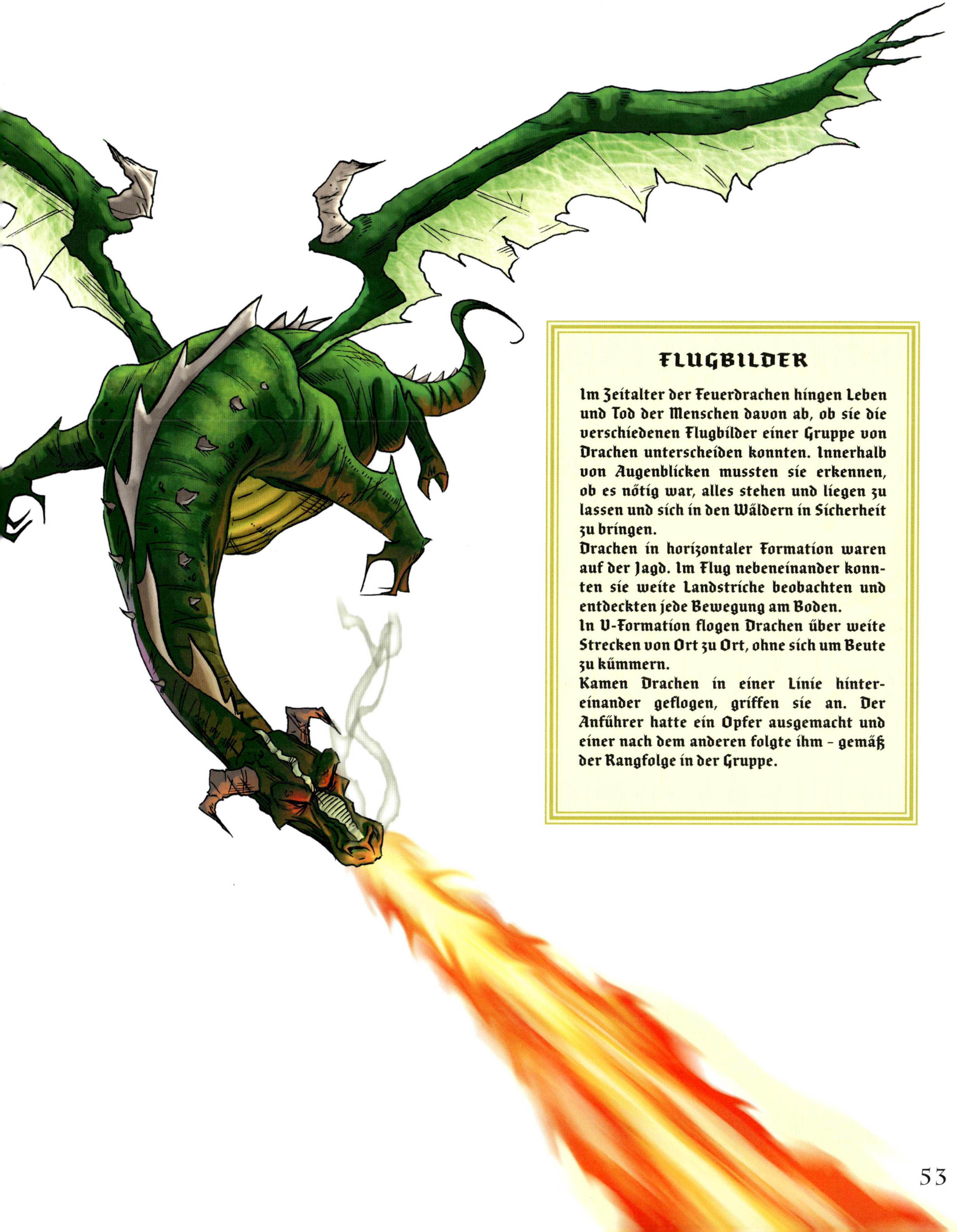

Flugbilder

Im Zeitalter der Feuerdrachen hingen Leben und Tod der Menschen davon ab, ob sie die verschiedenen Flugbilder einer Gruppe von Drachen unterscheiden konnten. Innerhalb von Augenblicken mussten sie erkennen, ob es nötig war, alles stehen und liegen zu lassen und sich in den Wäldern in Sicherheit zu bringen.

Drachen in horizontaler Formation waren auf der Jagd. Im Flug nebeneinander konnten sie weite Landstriche beobachten und entdeckten jede Bewegung am Boden.

In V-Formation flogen Drachen über weite Strecken von Ort zu Ort, ohne sich um Beute zu kümmern.

Kamen Drachen in einer Linie hintereinander geflogen, griffen sie an. Der Anführer hatte ein Opfer ausgemacht und einer nach dem anderen folgte ihm – gemäß der Rangfolge in der Gruppe.

FEUERSPUCKEN AUS DEM STAND

Sehen wir uns nun an, wie ein Drache aussieht, der aus dem Stand Feuer speit. Wenn sich ein Drache auf die Hinterbeine stellt und Sie mit einem Feuerstoß attackiert, müssen Sie etwas getan haben, was ihn wirklich reizt. Zu so etwas lassen sich Drachen nur hinreißen, wenn sie richtig zornig sind – wobei es natürlich keine gut Idee ist, einen Drachen zu ärgern … Die Position, in der dieser Drache hier Feuer spuckt, mit vorwärts geneigtem Oberkörper und fest in den Boden gerammten Klauen, ist für ihn ideal. Denn so fällt es ihm - zum Unglück seiner Opfer – ganz leicht, einen langen glühenden Feuerschwall zu speien. Beachten Sie, wie sich der Körper leicht zusammenzieht und sich dabei nach vorne neigt. Die Hinterpartie ist flacher als die Vorderpartie. Um dem großen Gewicht standzuhalten und die Wucht des Angriffs aufzufangen, sind die Füße in einem 45 Grad Winkel nach außen gedreht. Nur leichte Lebewesen, die für die schnelle Flucht gebaut sind, wie Hasen und Menschen haben gerade nach vorne gerichtete Füße oder Pfoten.

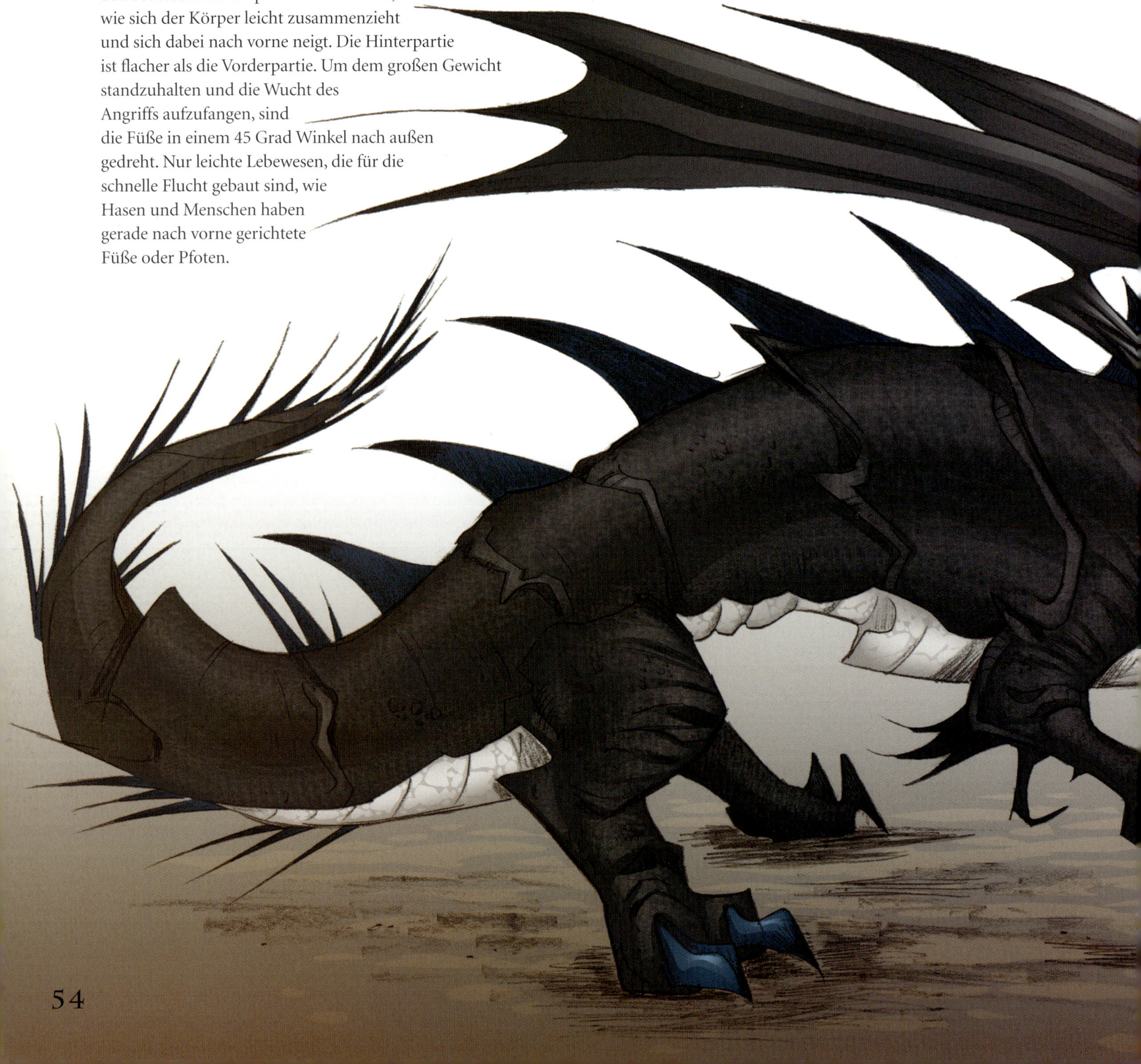

BALANCE HALTEN

Diese Skizze zeigt Ihnen, wie Gewicht und Gegengewicht bei einem Drachen verteilt sind, damit Sie Ihren Fantasy-Figuren mehr Bewegung und Lebendigkeit geben können. Der Dreh- und Angelpunkt des Drachen ist die Stelle, an der das Gewicht exakt ausbalanciert ist. Dieser Punkt liegt nur selten genau in der Mitte. Um ein so gewaltiges Tier wie einen Drachen auch optisch auszubalancieren, muss dieser Punkt in der Hinterpartie des Drachen liegen – sonst würde das schwere Tier nach vorne überfallen.
Um das größere Gewicht der Hinterpartie auszugleichen, richtet sich der Schwanz auf. So ist nicht nur das enorme Gewicht harmonisch verteilt, es entsteht auch eine wunderschön geschwungene Linie, die sich vom Nacken über das ganze Rückgrat bis zur Schwanzspitze zieht.

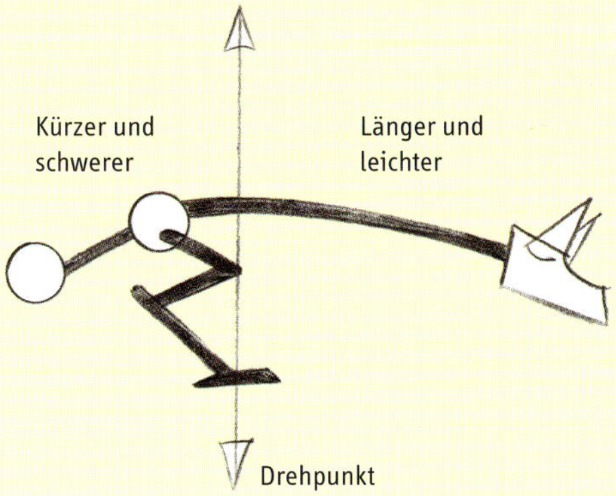

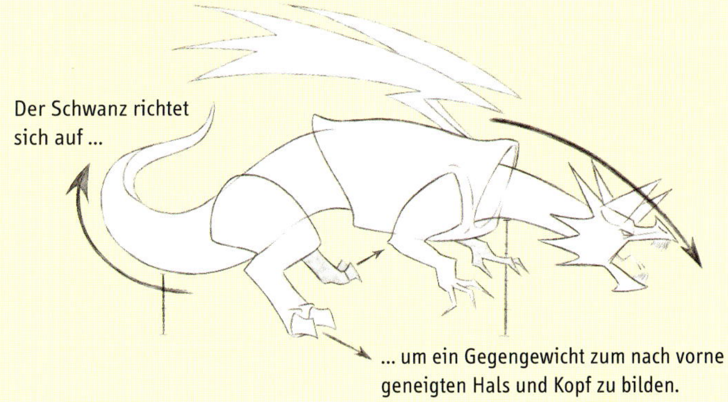

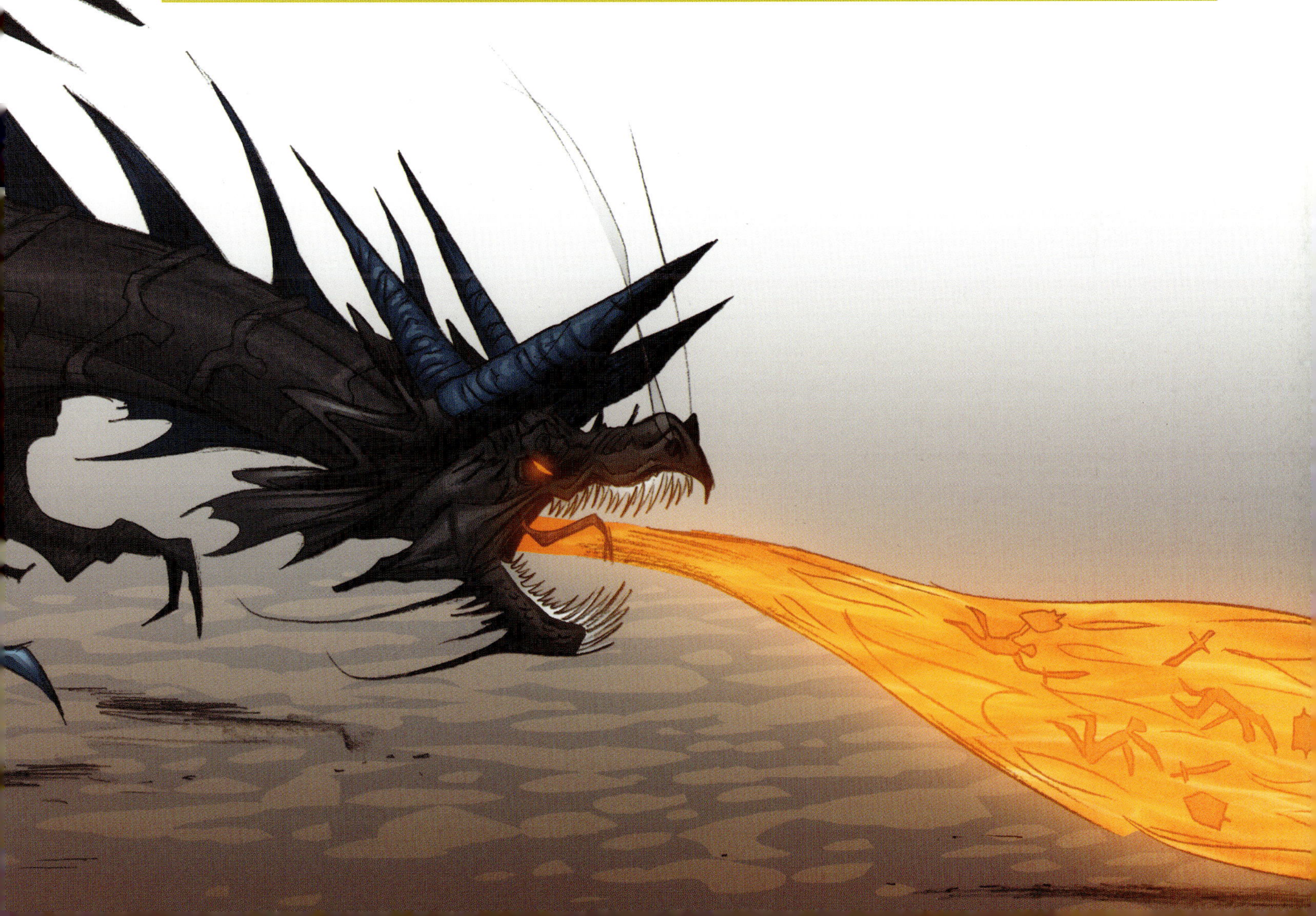

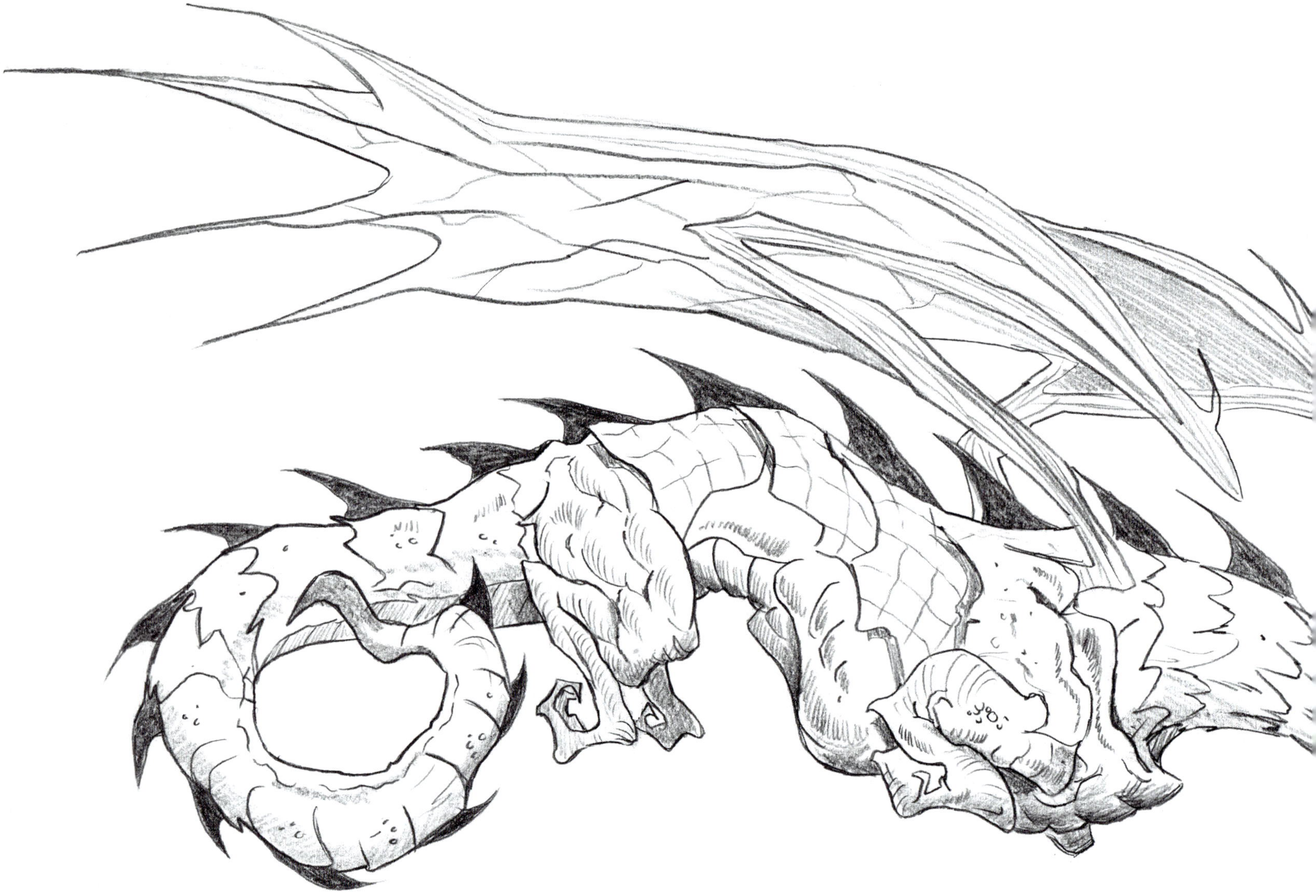

FEUERSPUCKEN IM FLUG

Wenn ein Drache im Flug seinen gewaltigen Feuerstrahl speit, muss er seine Bauchmuskeln enorm anspannen. Obwohl sich der Drache in der Luft befindet, zieht sich sein Körper für einen Moment fast schmerzhaft zusammen, wenn er die glühend heiße Flamme ausspuckt.

GESCHWINDIGKEIT

Eine Anmerkung zur Geschwindigkeit, mit der ein Drache fliegt: Je mehr die Wirbelsäule sich streckt, umso schneller fliegt das Tier – doch umso weniger gut kann es seinen Flug kontrollieren. Je langsamer ein Drache fliegt, desto beweglicher bleibt sein Rückgrat und er kann mühelos manövrieren und gezielt Feuer spucken.

SCHNELL, WENIG KONTROLLE

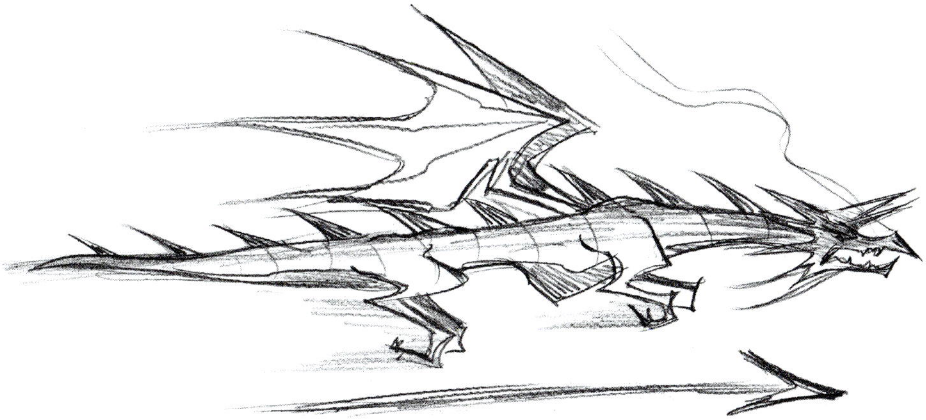

LANGSAM, GUTE KONTROLLE

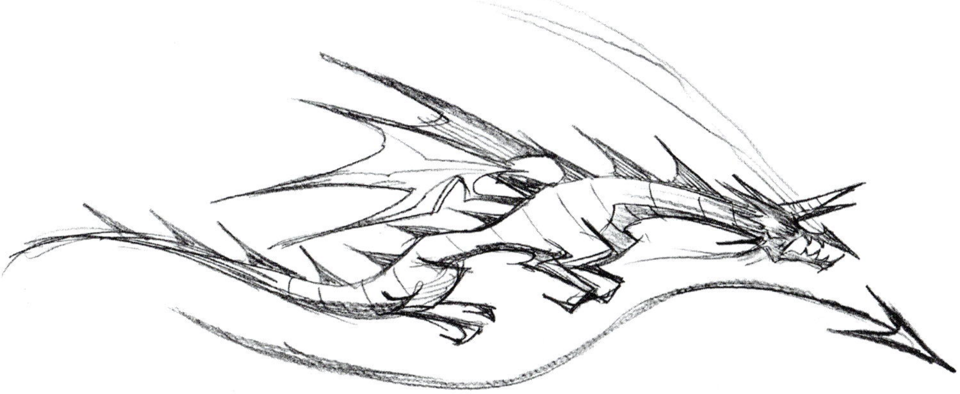

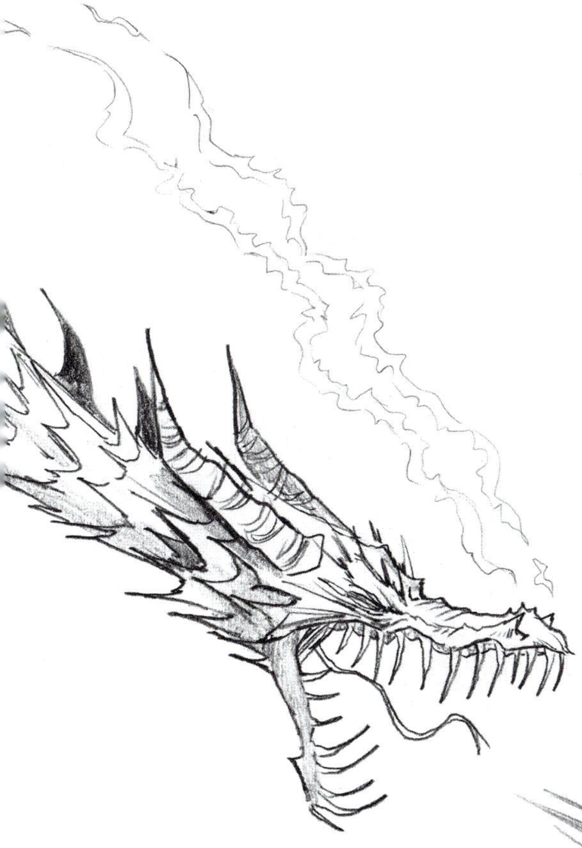

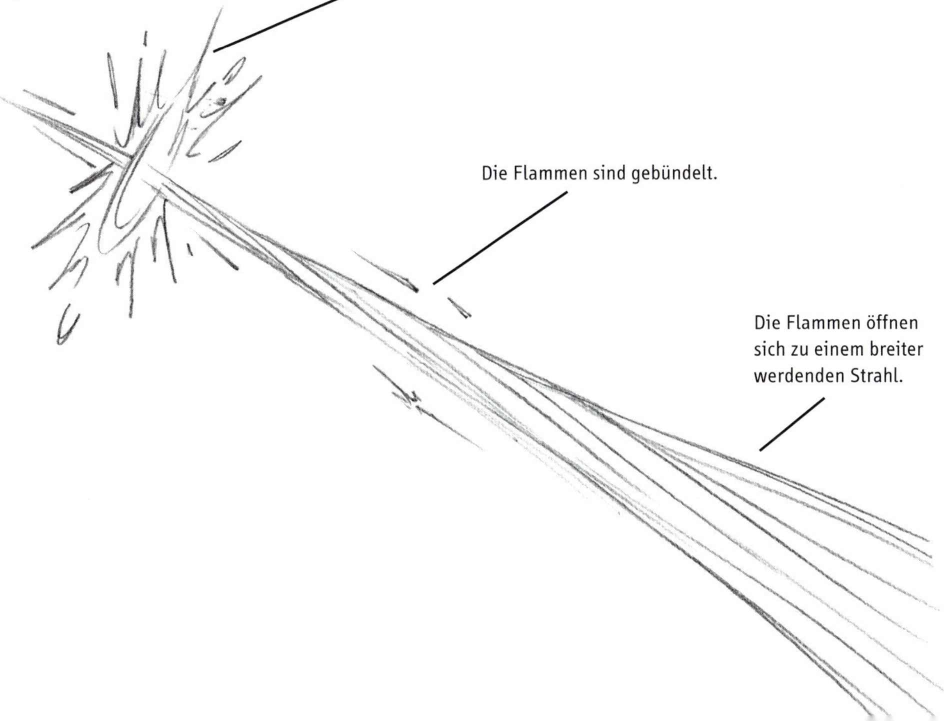

DRACHENKÖRPER SKIZZIEREN

Je vertrauter Sie mit dem Drachenkörper werden, desto mehr Freude und Sinn macht es, ihn in vielen sehr unterschiedlichen Situationen zu skizzieren. Bleiben Sie dabei ganz locker und zeichnen Sie mit schnellen Strichen: Trauen Sie sich ruhig etwas zu – das ist das Wichtigste beim Skizzieren – denn dann erzielen Sie auch Resultate, mit denen Sie zufrieden sind. Die Linien werden nach und nach immer intensiver und lebhafter. Mit überlegten, sorgfältigen, etwas ängstlichen Strichen bekommen Sie diesen Ausdruck nie hin.

Nicht alle Motive eignen sich für ein schnelles Skizzieren. Aber passende Motive gewinnen durch diese Zeichentechnik Leichtigkeit und Kraft.

So zeichnen zu können ist eine wertvolle Bereicherung der eigenen Ausdrucksmöglichkeiten und Sie werden immer sicherer im Umgang mit dem Stift. So wie etwa ein Golfer durch das wiederholte Schwingen des Schlägers einfach ein Gefühl für die Bewegung bekommt, so geht es auch Ihnen beim Zeichnen: Irgendwann tun Sie es automatisch. Durch das Üben prägen sich die Handbewegungen in Ihr Unterbewusstsein ein, was schließlich dazu führt, dass Zuschauer nur darüber staunen können, wie Ihre Hand scheinbar mühelos übers Papier fliegt, und wie das Motiv schon beim ersten Versuch „sitzt“. Nur: Für den Künstler ist es eben nicht der erste Versuch, sondern der fünftausendste.

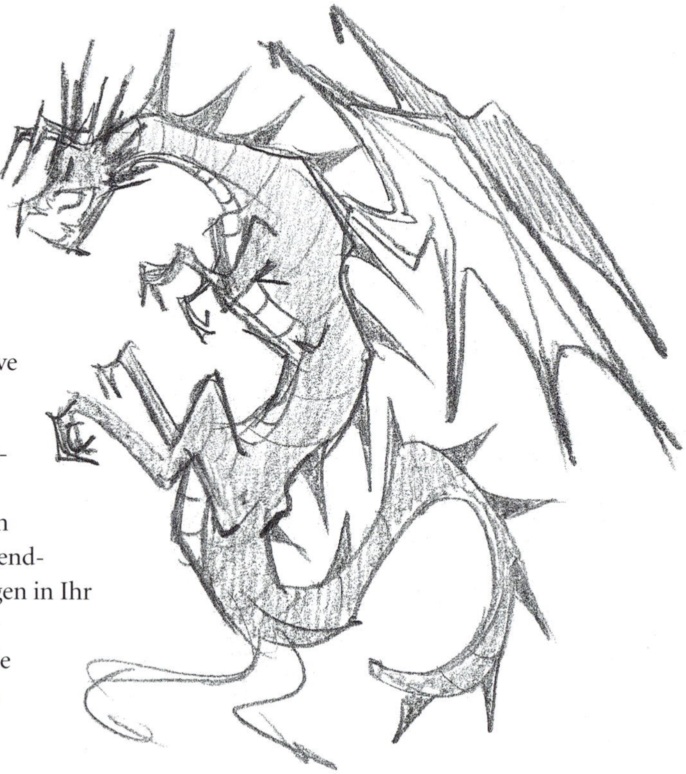

Dieser dynamische Drache hat eine deutliche S-Form.

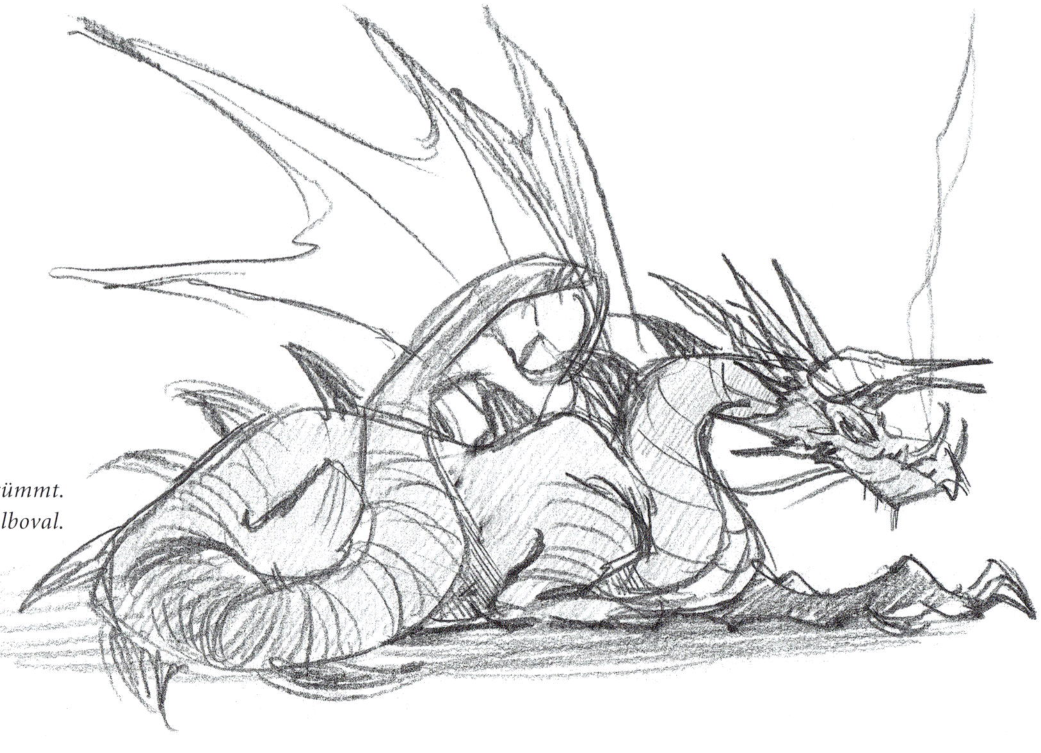

Hier ist der Hals wie ein S gekrümmt. Der Körper ist ein kompaktes Halboval.

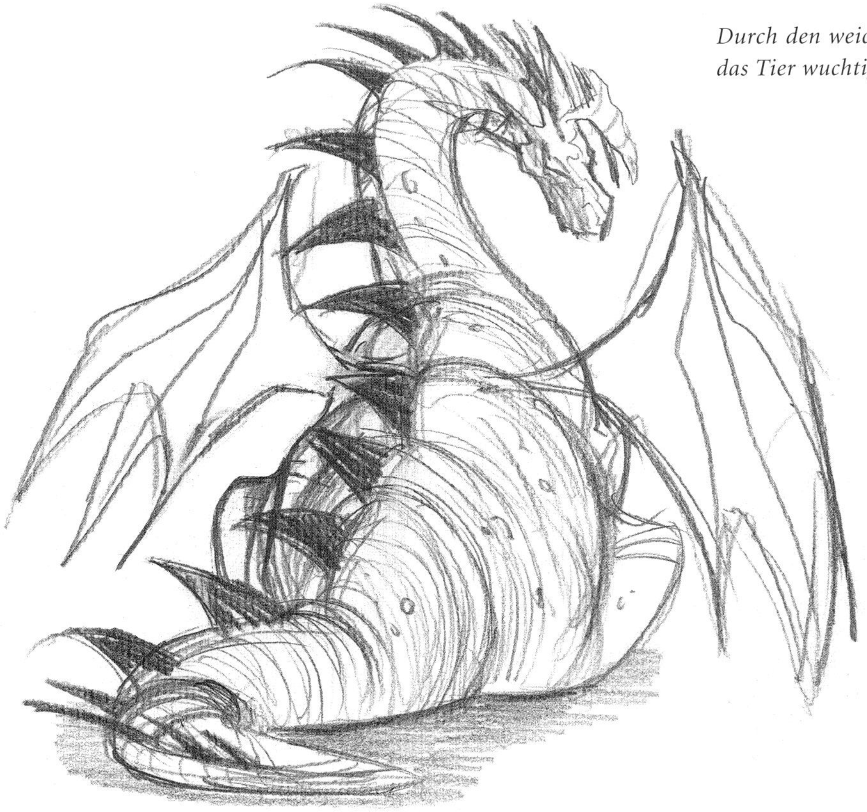

Durch den weich geformten Rücken sieht das Tier wuchtig und stark aus.

Besonders eindrucksvoll erscheint der Drachenkörper, wenn er in Stufen von der Schulter bis zur Hüfte absinkt.

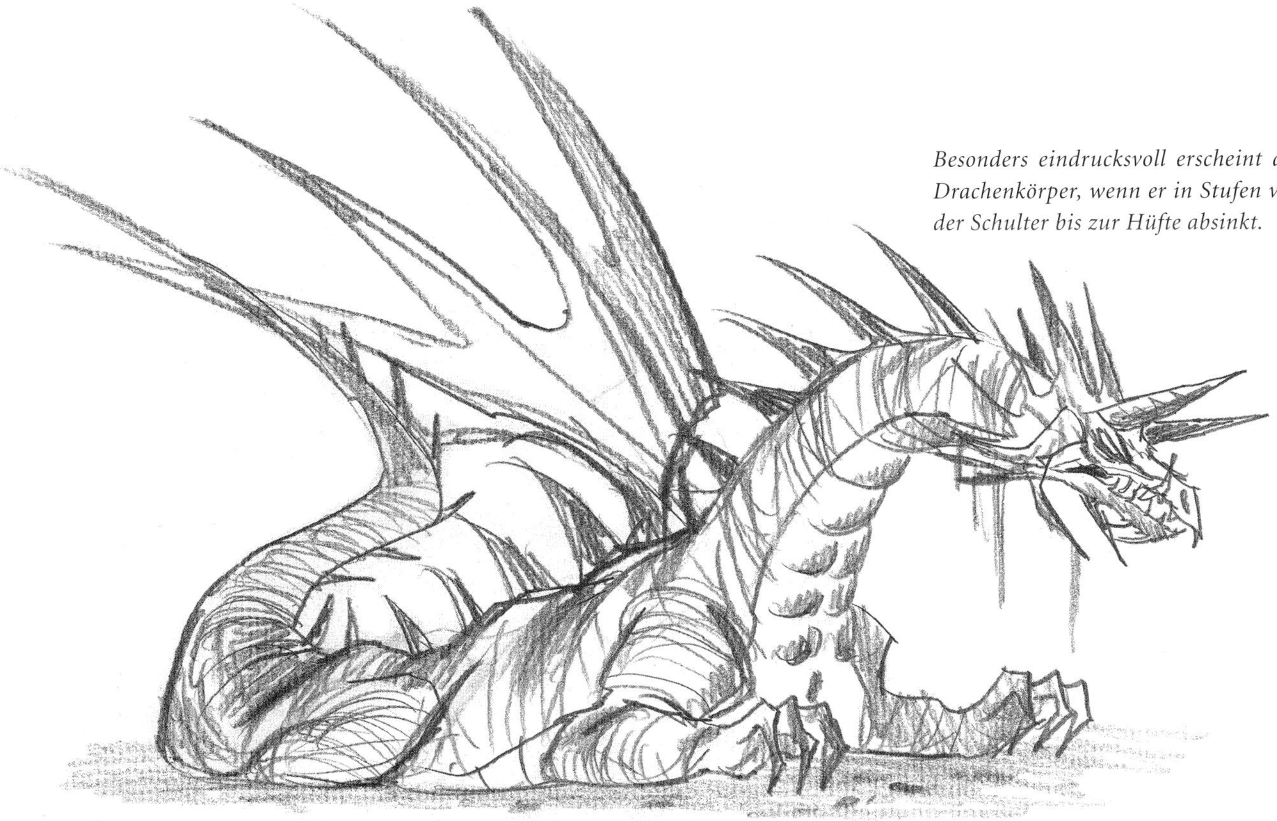

III

SELTENE DRACHEN

Drachen sind eine Tiergattung, zu der eine ganze Reihe von Arten, Sorten und Rassen zählen. Manche Drachen hatten ein besonderes Aussehen entwickelt, andere hatten spezielle Fähigkeiten ausgebildet – und sie alle waren für den Menschen höchst gefährlich.

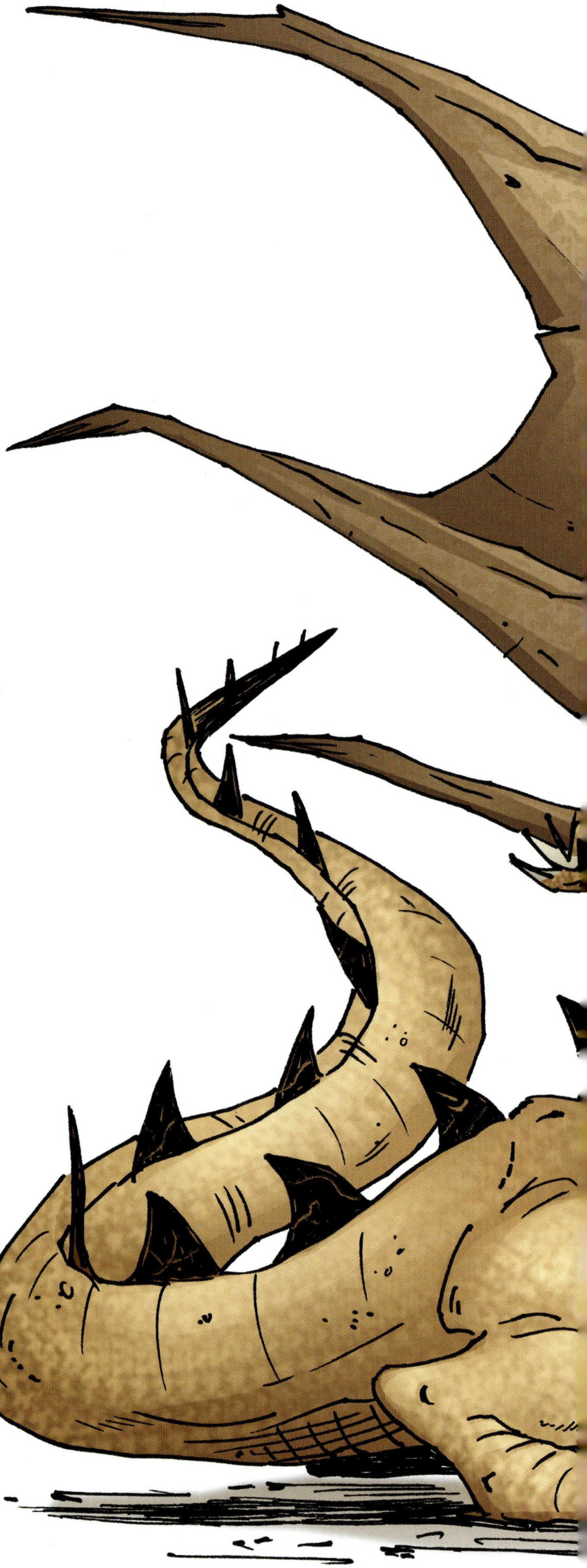

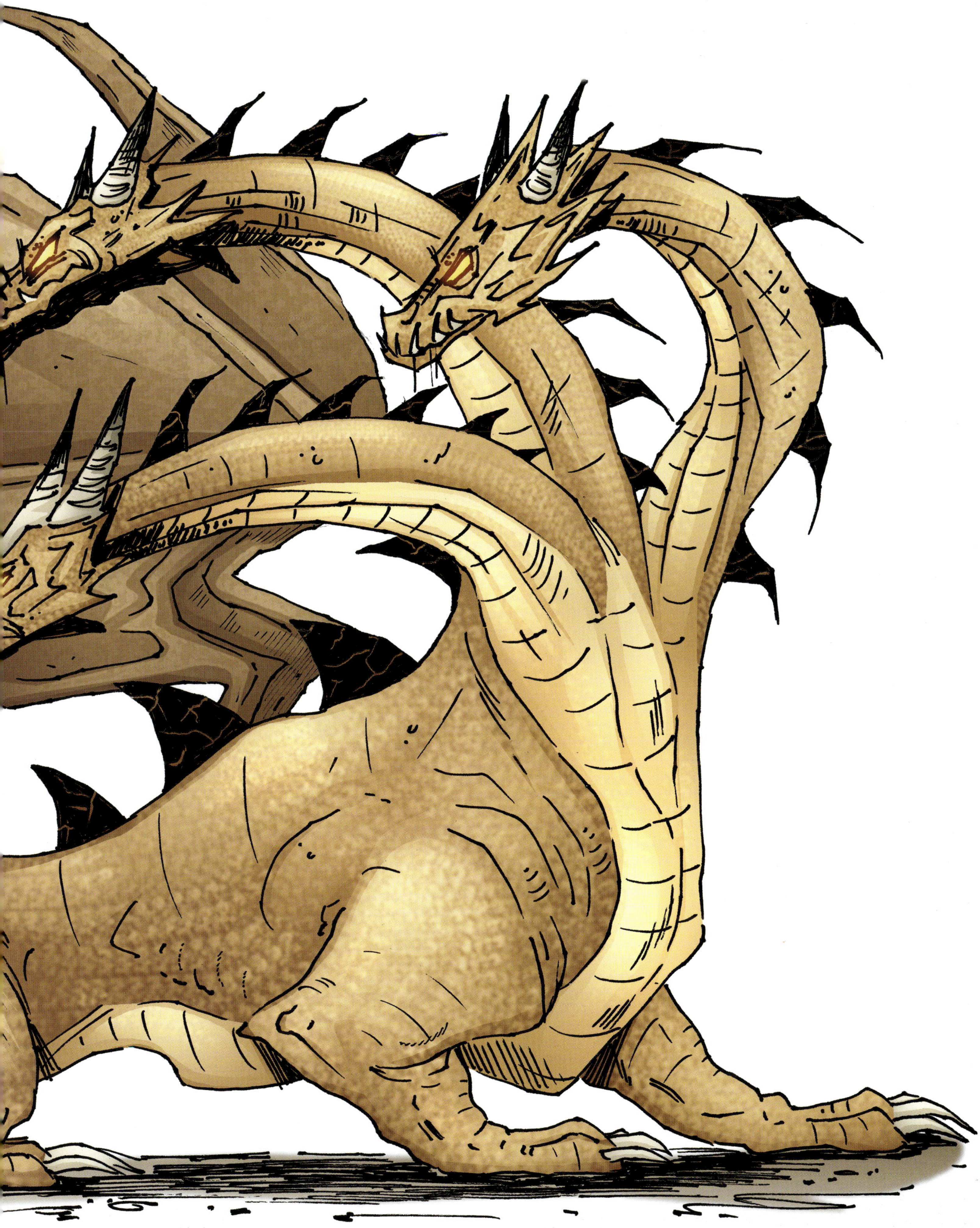

DER GREIFDRACHE

Der Greifdrache ist der angriffslustigste unter den fliegenden Drachen: behände, schnell, geschickt. Sein schlanker Körper ist das ideale Fluggerät. Vor den Augen seines entsetzten Opfers taucht er wie aus dem Nichts auf, geht in den Sturzflug über, schnappt seine Beute und fliegt davon, ehe sie auch nur einen Schrei ausstoßen kann. Andere Drachen, die schwerer sind und behäbiger, versuchen oft, dem Greifdrachen seine Beute abzujagen. Doch als einziger in der ganzen Familie der Drachen ist der Greifdrache zudem ein hervorragender Schwimmer. Wird er angegriffen, taucht er samt Beute unter Wasser und schüttelt so alle Verfolger ab. Seine Leichtigkeit und Schnelligkeit erinnern ein wenig an den legendären Velociraptor. Der Greifdrache hat nur einen Schwachpunkt. Sein Gehör ist schlecht ausgeprägt, da er einen sehr kurzen Ohrgang hat, der es ihm allerdings ermöglicht, tief zu tauchen.

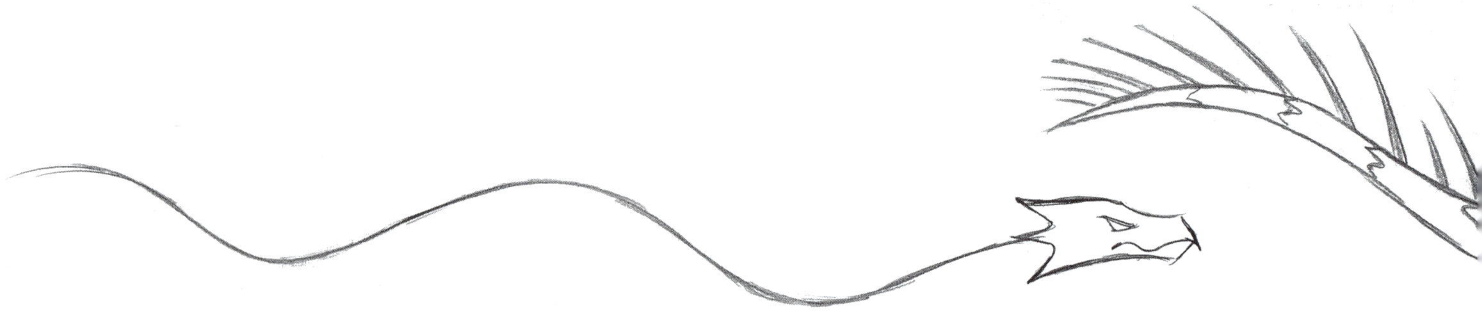

Bevor Sie den Drachen im Flug zeigen, zeichnen Sie eine „line of action", mit der Sie die Schubkraft des Körpers und die Linie der Wirbelsäule einfangen. Lassen Sie die Linie sanft und in weichen Bögen schwingen.

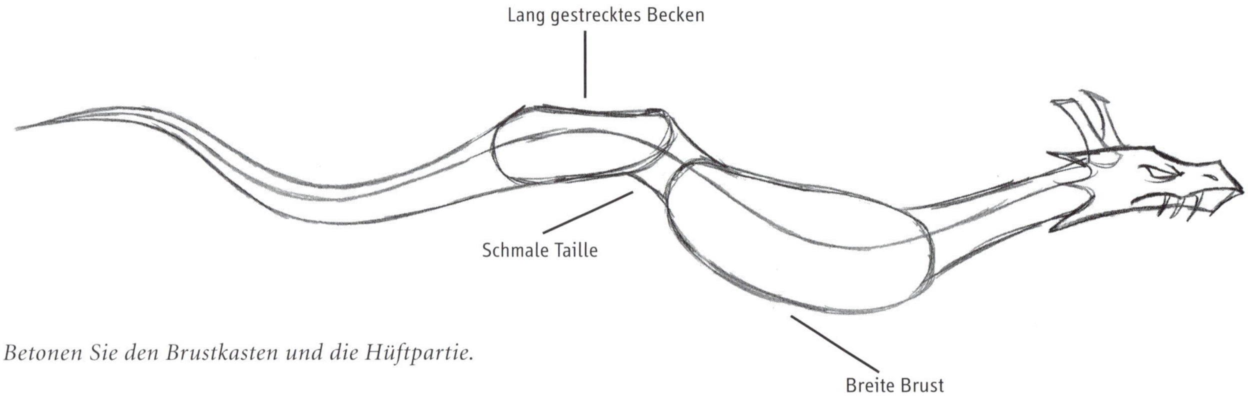

Betonen Sie den Brustkasten und die Hüftpartie.

SELTENE DRACHEN

Schon von Kindesbeinen an mussten Menschen damals alle Drachen mit ihren Stärken und Schwächen kennen – selbst die seltensten Untergruppen – um im Kampf um ihr Land und Leben bestehen zu können.

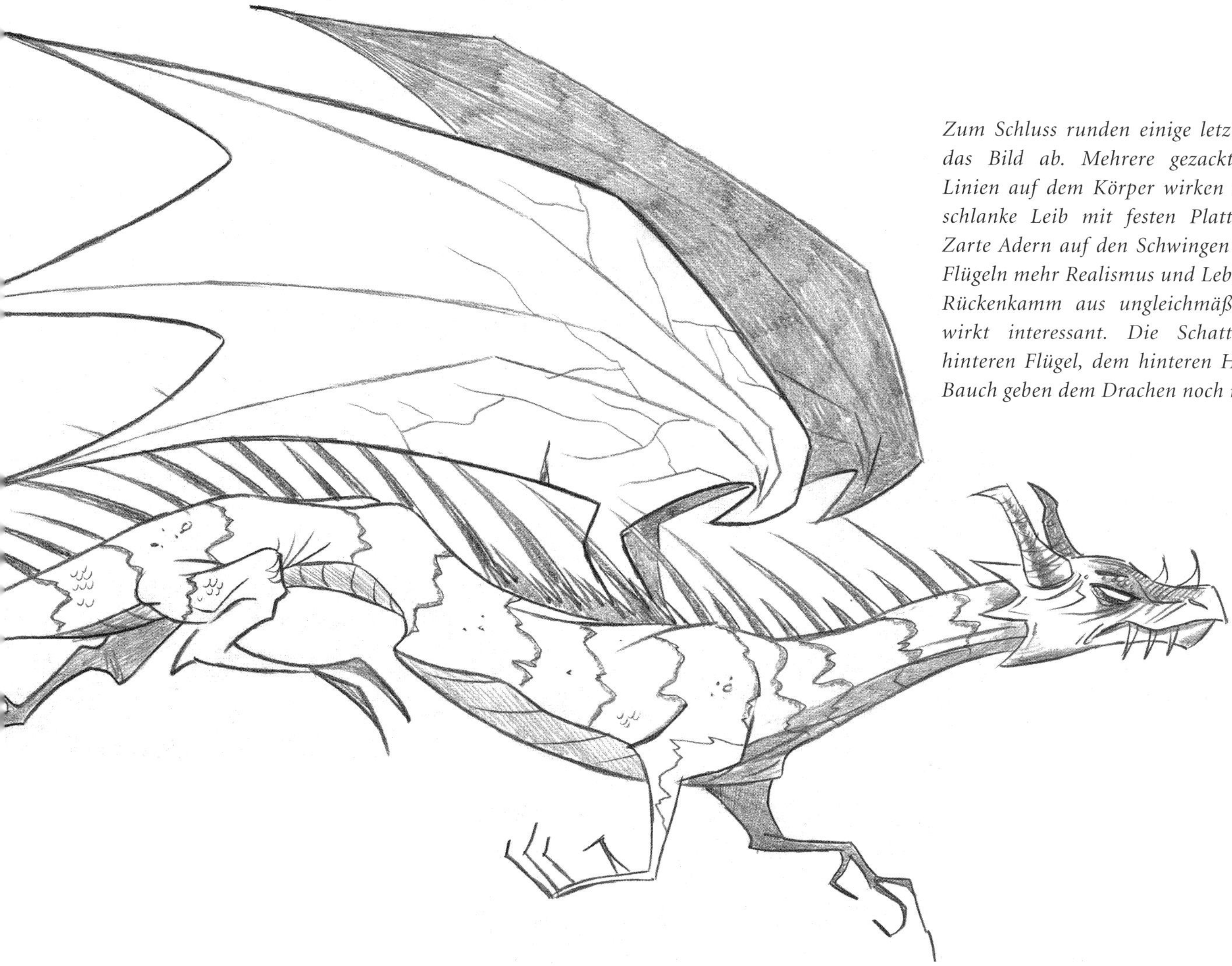

Zum Schluss runden einige letzte Schraffuren das Bild ab. Mehrere gezackte horizontale Linien auf dem Körper wirken so, als sei der schlanke Leib mit festen Platten gepanzert. Zarte Adern auf den Schwingen verleihen den Flügeln mehr Realismus und Lebendigkeit. Der Rückenkamm aus ungleichmäßigen Stacheln wirkt interessant. Die Schatten auf dem hinteren Flügel, dem hinteren Horn und dem Bauch geben dem Drachen noch mehr Präsenz.

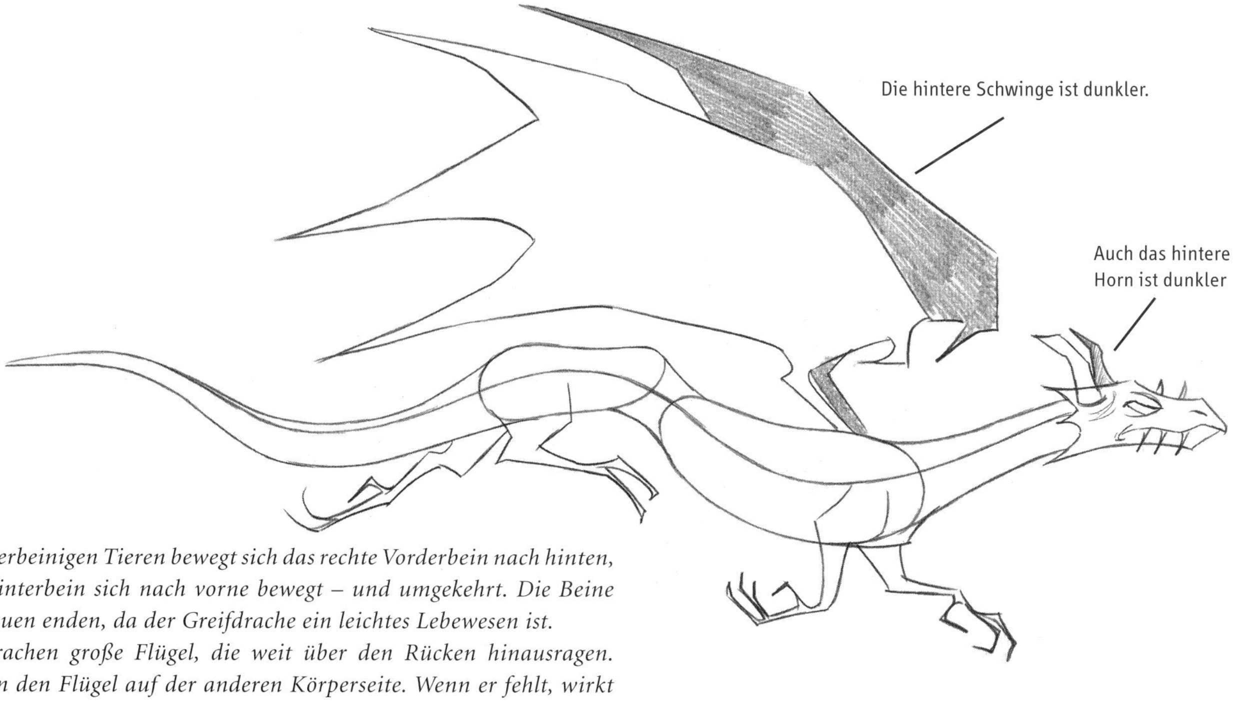

Wie bei fast allen vierbeinigen Tieren bewegt sich das rechte Vorderbein nach hinten, wenn das rechte Hinterbein sich nach vorne bewegt – und umgekehrt. Die Beine sollen in feinen Klauen enden, da der Greifdrache ein leichtes Lebewesen ist. Geben Sie dem Drachen große Flügel, die weit über den Rücken hinausragen. Denken Sie auch an den Flügel auf der anderen Körperseite. Wenn er fehlt, wirkt die Zeichnung seltsam flach.

DER DORNENDRACHE

Alle Drachen bekämpfen einander unter Umständen gnadenlos, denn sie sind allesamt erbitterte Konkurrenten im Kampf um die knappe menschliche Beute. Obwohl er weder ein guter Flieger noch besonders beweglich ist, hat der Dornendrachen einen einzigartigen Vorteil, wenn es zum Kampf kommt. Weibliche Dornendrachen bringen nur alle zwei Jahre ein Junges zur Welt – viel weniger als andere Drachen. Doch die Überlebenschancen der jungen Dornendrachen sind enorm: Sie zu fressen, ist entsetzlich schmerzhaft. Seine Schwächen: langsam am Boden und sehr, sehr langsam, wenn er zum Fliegen abhebt.

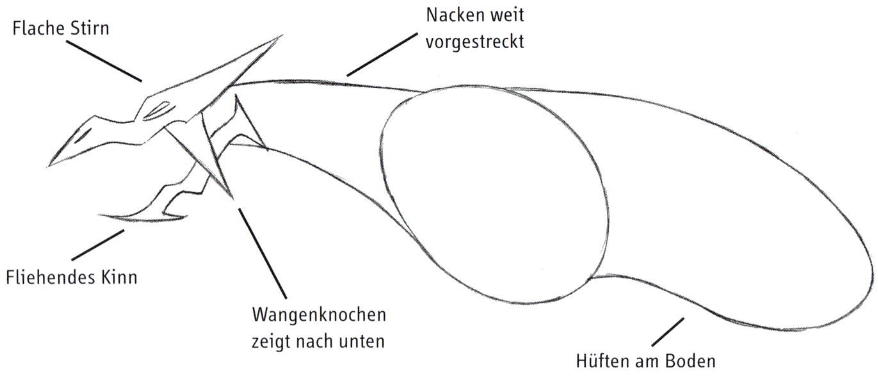

Der Dornendrache ist ein plumpes Tier, dessen Hinterkörper auf dem Boden schleift. Beachten Sie aber, wie angriffslustig der Drache durch den nach vorne gestreckten Hals und Kopf aussieht.

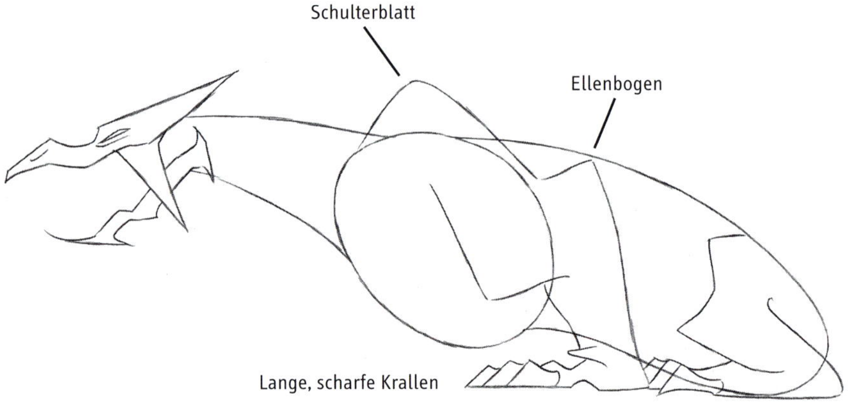

Der Hinterlauf ist dicht unter den Körper gezogen, ähnlich einem Kaninchen in der Hocke.

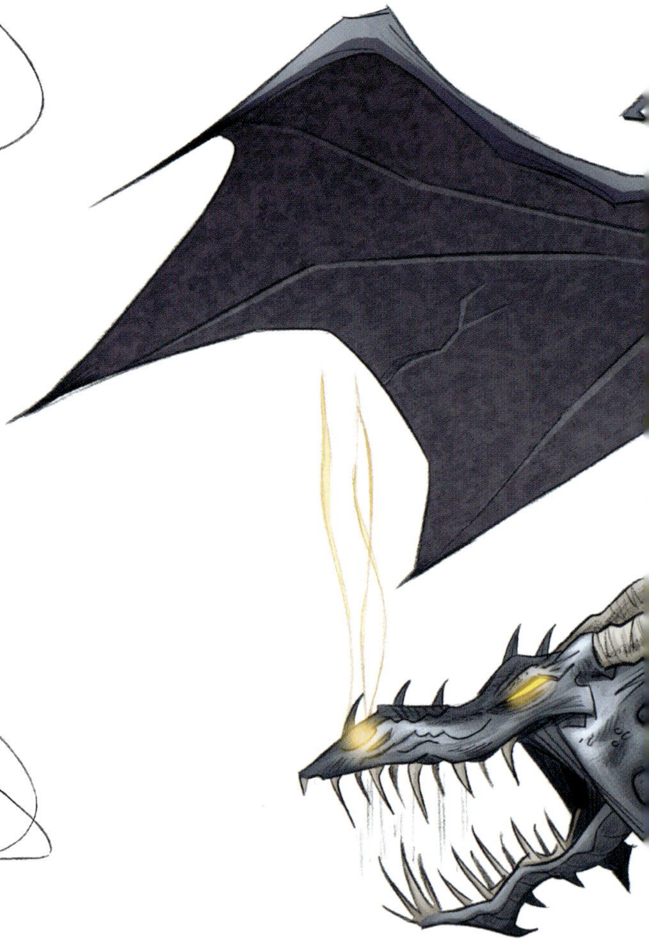

Die Dornen wachsen überall auf dem Körper direkt aus der Haut heraus. Ist Ihnen aufgefallen, dass der Rückenkamm bei diesem Drachen nur aus einigen wenigen Platten besteht? Bei dieser Rasse ist der Rückenkamm zugunsten der Dornen verkümmert. Noch eine weitere Besonderheit gilt es zu entdecken: Die Flügel sind besonders gezackt – so passen sie perfekt zum eckigen Gesamtbild des Tieres.

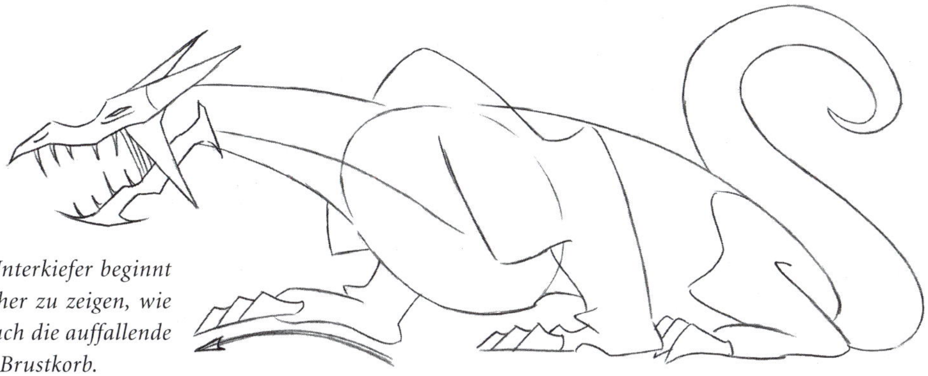

Zeichnen Sie eine Linie, die hinter dem Unterkiefer beginnt und zur Schulter reicht, um noch deutlicher zu zeigen, wie sehr der Hals gestreckt ist. Beachten Sie auch die auffallende Einkerbung des Bauches direkt unter dem Brustkorb. Zeichnen Sie das Motiv erst ganz fertig, ehe Sie die Dornen zeichnen. Das erste, was man am Dornendrachen sieht, sind zwar die Dornen, aber sie fallen nur dann so ins Auge, wenn der ganze Drache vorher perfekt ausgearbeitet ist. Nur dann hat der Betrachter den spontanen Eindruck, dass dieses Tier lebt. Wenn Sie sich dagegen von Anfang an auf die Dornen konzentrieren, erhalten Sie den unangenehmen Effekt, dass das Auge zunächst nicht genau erkennt, was es sieht. Und genau das sollte jeder Zeichner tunlichst vermeiden!

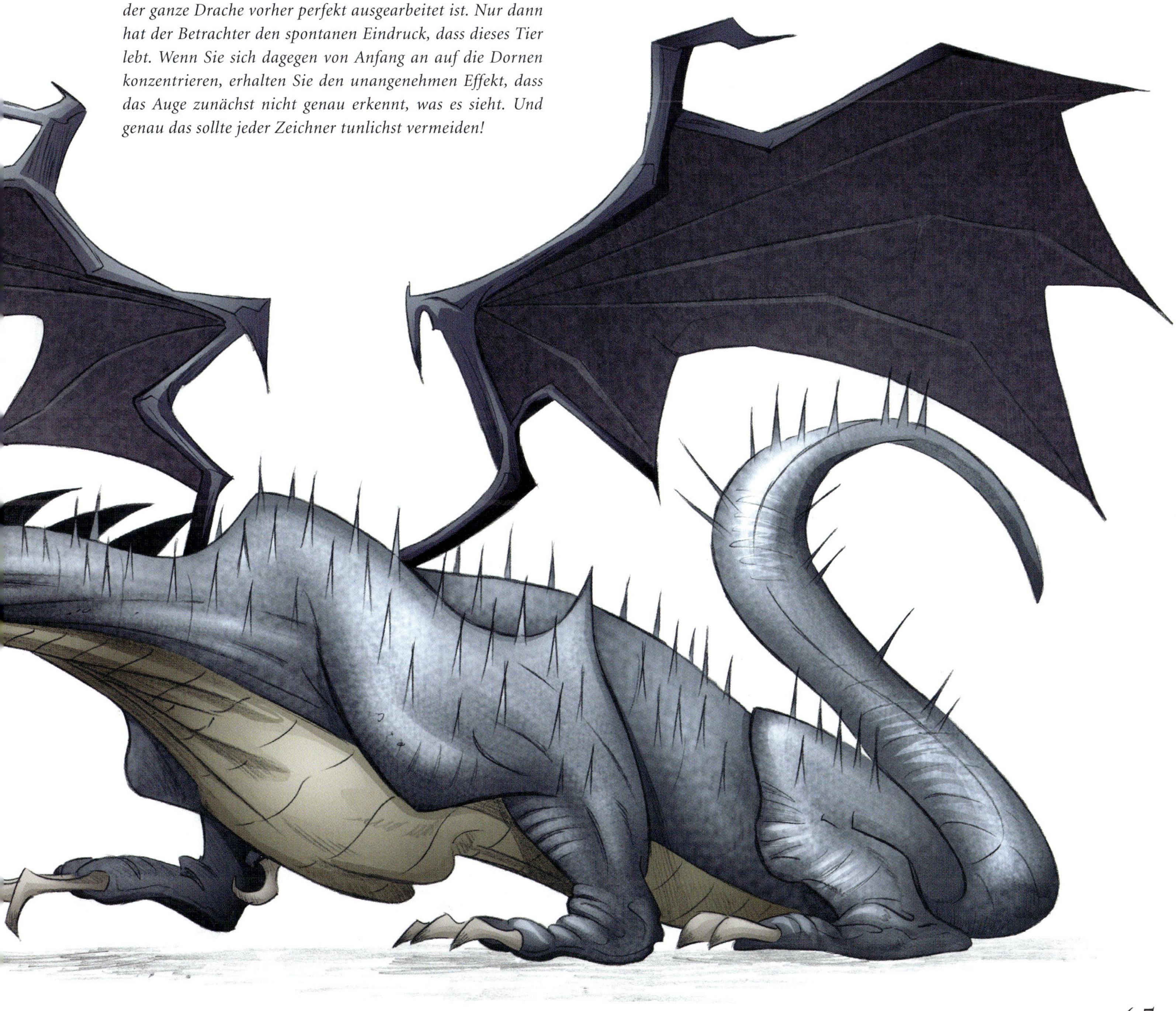

DIE HYDRA

Eine Hydra ist ein mehrköpfiger Drache und von allen Arten ist er der furchtbarste. Mit drei um sich schnappenden Köpfen kann die Hydra einen Gegner von allen Seiten gleichzeitig angreifen, irritieren und verfolgen. Kaum jemand hat ein Treffen mit einer Hydra überlebt. Die Hydra hat nur einen Schwachpunkt: Wird ihr mittlerer Kopf abgeschlagen, stirbt sie auf der Stelle. Aus diesem Grund bewegt sie ihre Köpfe pausenlos vor und zurück in einem tödlichen Tanz, der jeden Gegner verwirrt.

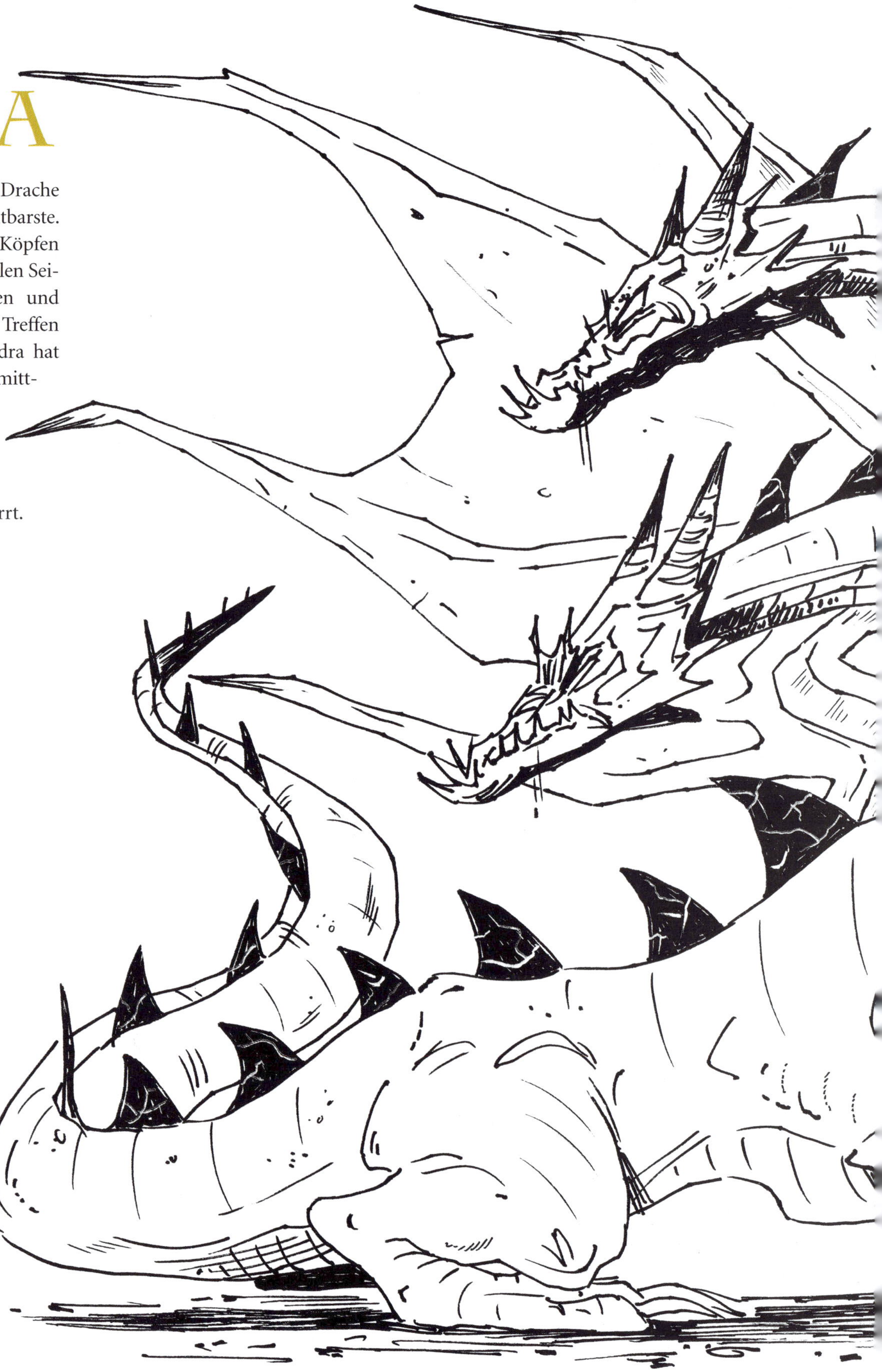

DIE KÖPFE EFFEKTVOLL ANORDNEN

Es mag Ihnen ein wenig gegen den Strich gehen, wenn alle drei Köpfe der Hydra in eine Richtung blicken. Bei drei Köpfen müsste der größte Vorteil doch sein, jeden Kopf in eine andere Richtung drehen zu können. Doch dies ist nicht der Fall. Der eigentliche Vorteil der Mehrköpfigkeit liegt darin, dass die Hydra fähig ist, eine Beute gleichzeitig aus mehreren Winkeln anzugreifen, so dass sie nicht mehr in der Lage ist, eine wirksame Verteidigung aufzubauen.

Nur wenn alle drei Köpfe in dieselbe Richtung blicken, wirkt die Angriffsenergie gebündelt und bricht optisch nicht auseinander.

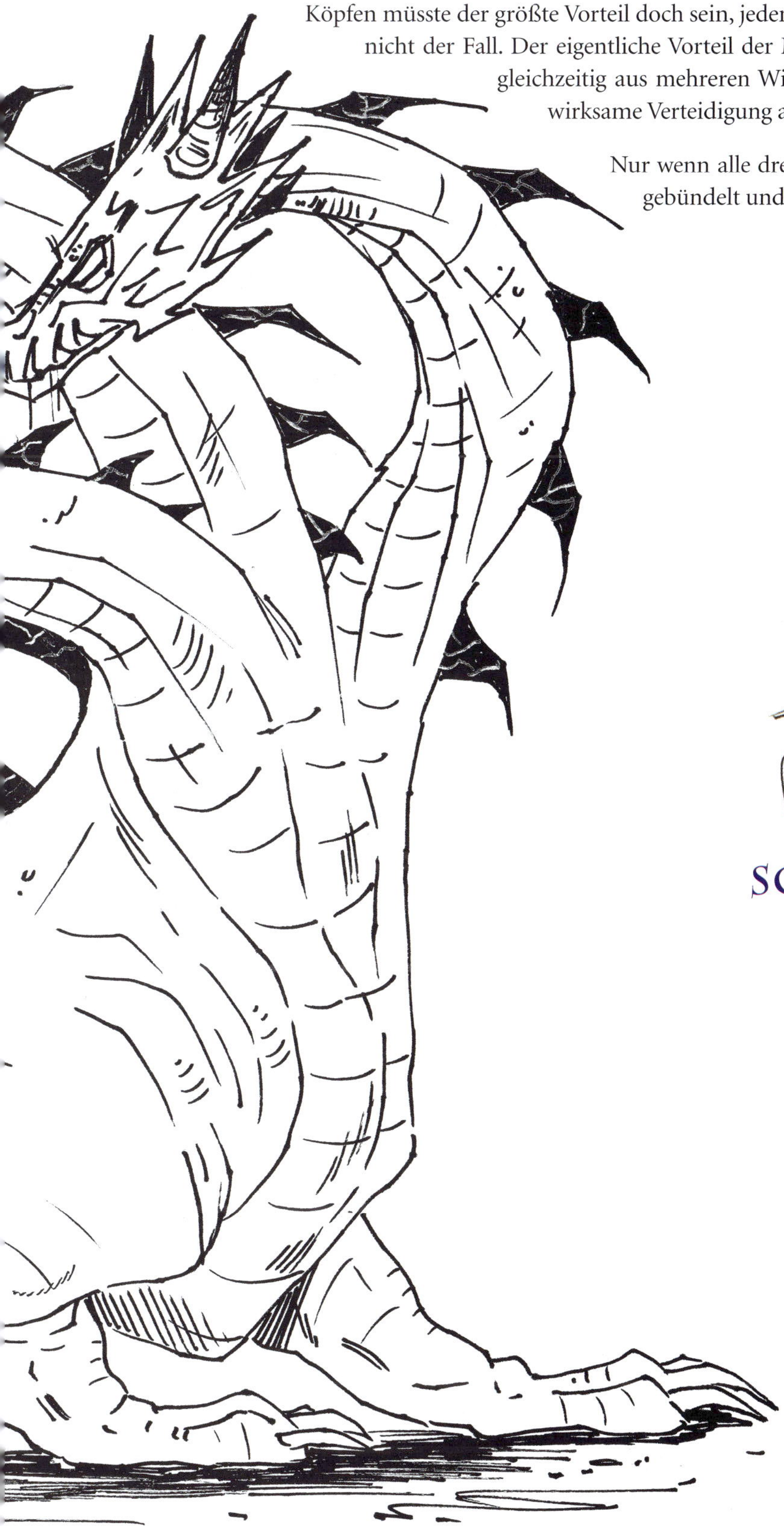

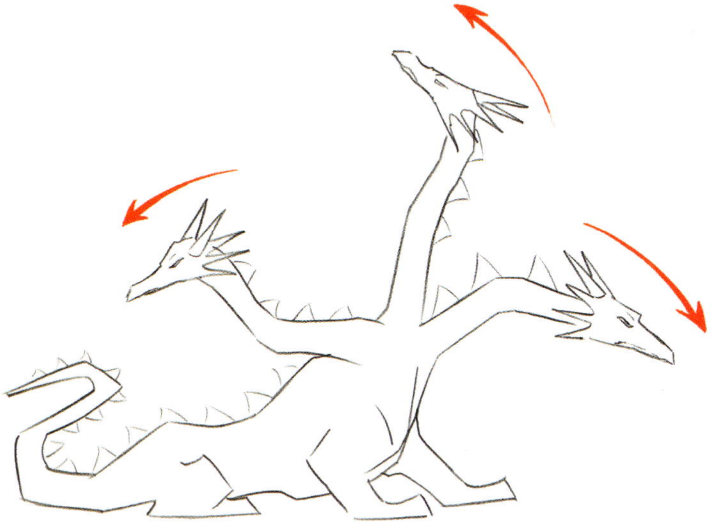

SCHWACH

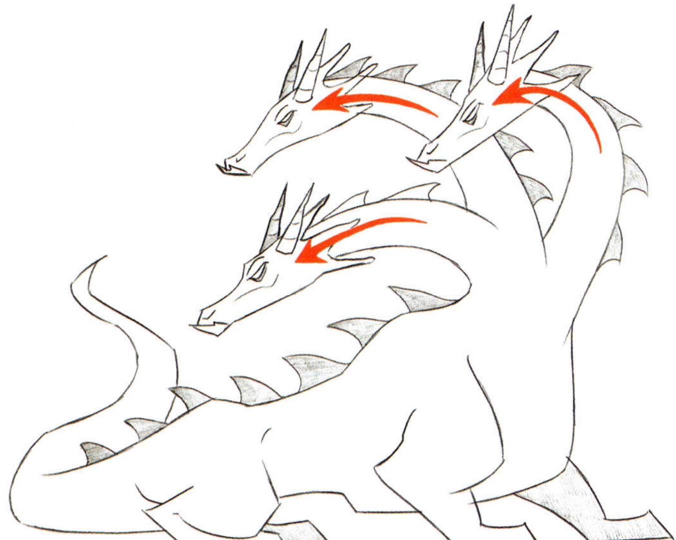

STARK

DER KOLOSS

Dies ist der größte Drachen, der jemals auf der Erde lebte. Der Legende nach wird nur alle 100 Jahre ein solcher Koloss geboren. Schon dank seiner enormen Größe konnte er alles, was ihm im Weg stand, einfach tottreten. Alles an diesem Drachen soll gewaltig aussehen. Sie können seine Größe ganz leicht darstellen, wenn Sie eine Person oder ein anderes Objekt, dessen Größe jedem Betrachter vertraut ist, daneben stellen. Dieser direkte Vergleich veranschaulicht die Dimension des Kolosses am Besten. Außerdem sollten Sie jedes Lebewesen, dem Sie schreckliche Größe verleihen wollen, so zeichnen, als stünden Sie am Boden und blickten nach oben.

Der Körper hat eine einfache Bohnenform. Der Hals ist unten dick und breit, und der Kopf hoch erhoben.

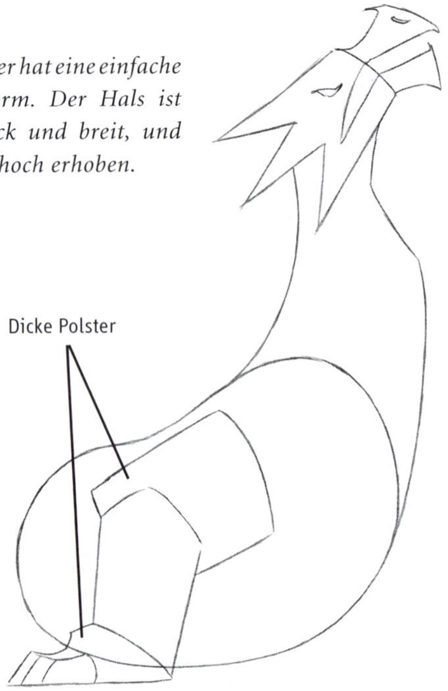

Das Gewicht des Kolosses drückt seine Beine weit auseinander. Die Krallen sind nicht scharf und spitz, sondern breit und kräftig. Bauch und Hinterbein sind auf gleicher Höhe, denn der Riesendrache schleift beide nach.

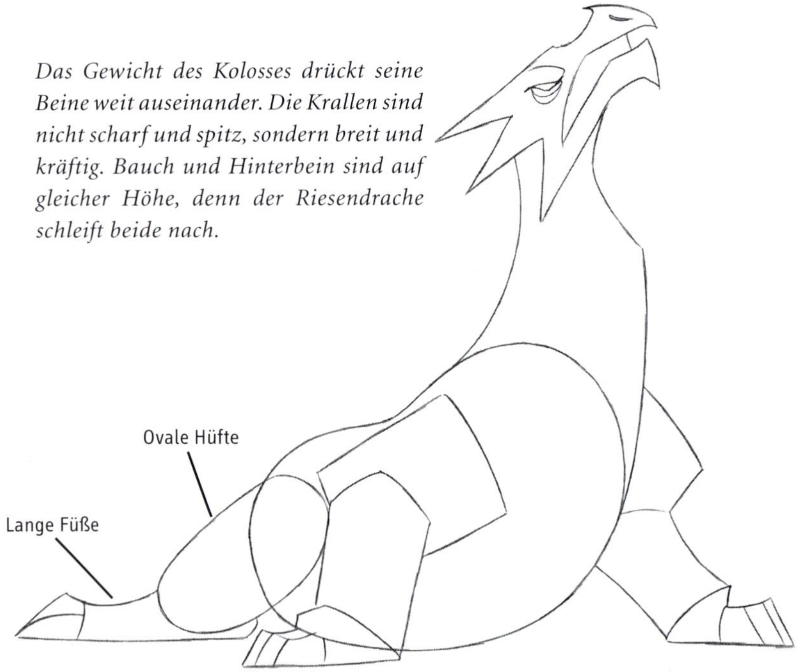

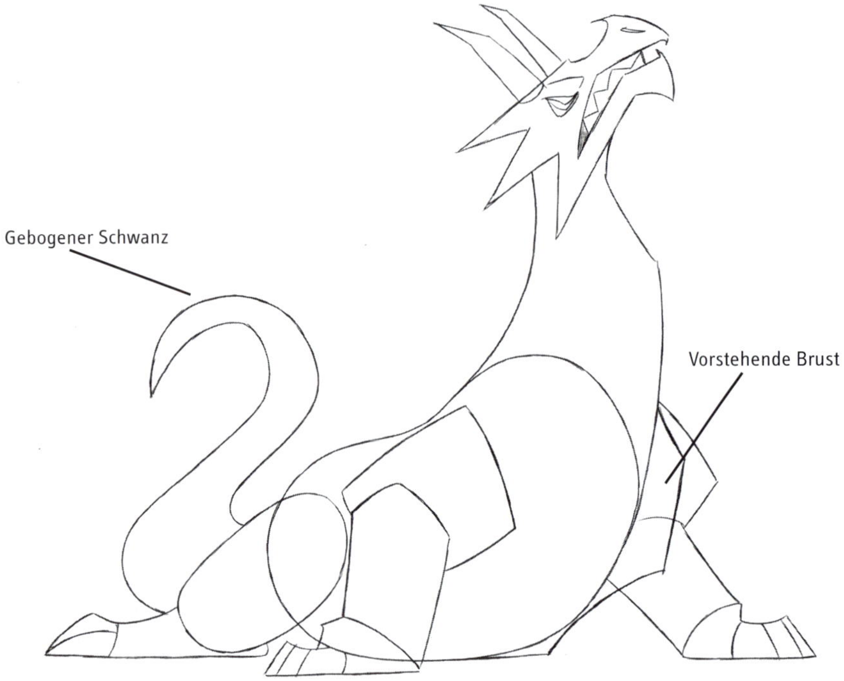

Wenn ein Drache seinen Schwanz so nach innen rollt, wie hier, ist er aufgebracht. Übrigens strecken Drachen beim Fliegen den Schwanz aus, weil sie dann besser Balance halten zu können.

MIT DEM ESSEN SPIELT MAN NICHT!

Ein solcher Riesendrache wirft seine Beute einfach in die Luft und lässt sie fallen. Zeichnen Sie Menschen, die vom Drachen in die Luft gewirbelt werden, immer nahe am Maul des Tieres und als Silhouetten – das lässt sie noch kleiner aussehen. Der Mond steht hier genau hinter den Opfern, damit die Menschen als schwarze Silhouetten vor der hellen Scheibe herabstürzen können.
Der Krieger am Boden steht etwas näher zum Betrachter als die übrigen Opfer. Er ist auch ein wenig größer. Lassen Sie das Mondlicht von vorne auf die Gestalt fallen, und zeichnen Sie den Rücken dunkel. Die langen Schatten der Beine betonen die Einsamkeit der Figur noch.

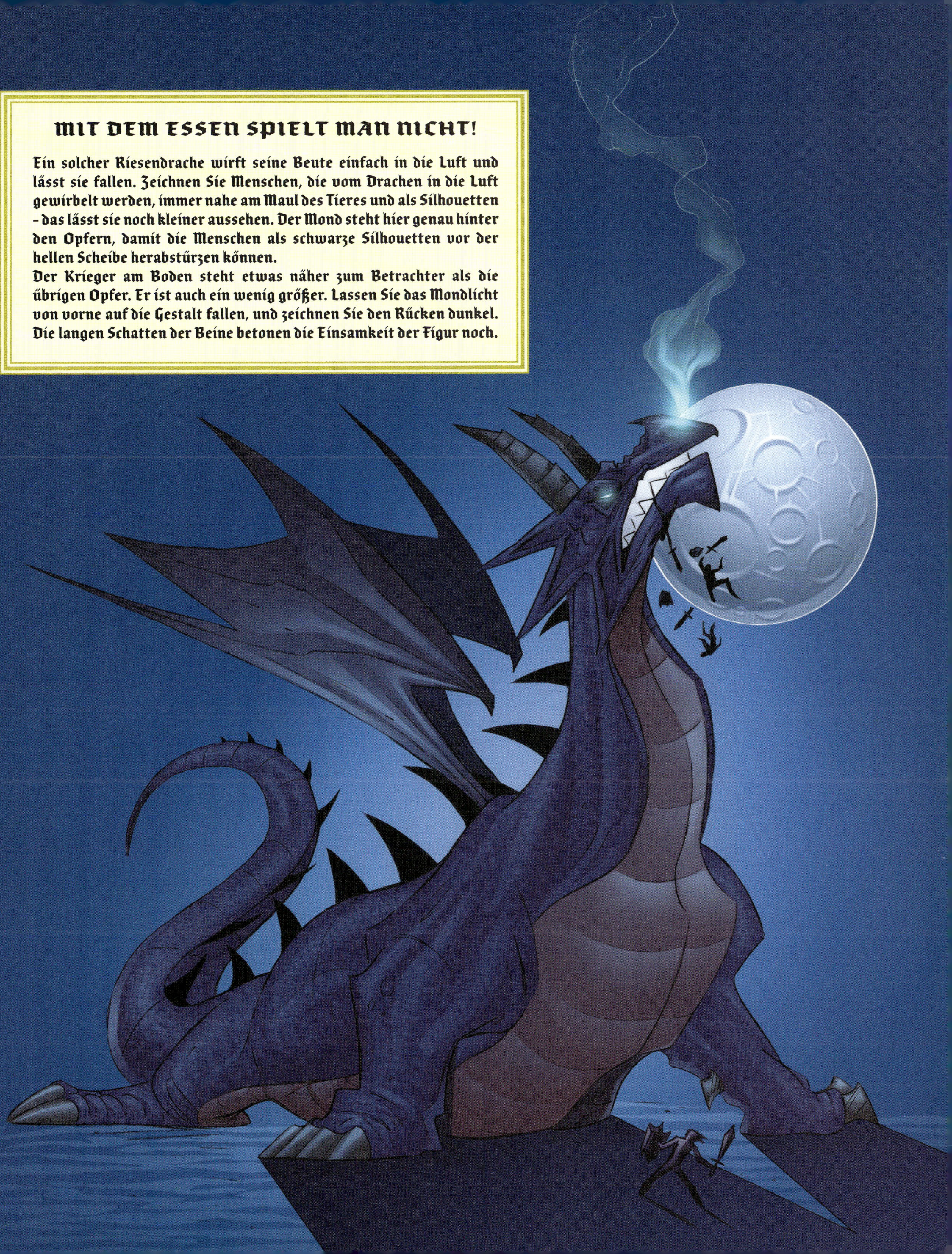

IV

DER KREISLAUF DES LEBENS

Geburt, Fortpflanzung, Tod. Das ist der Reigen des Lebens für alle Lebewesen der Erde. Das Leben eines Drachen beginnt in der Tiefe einer kühlen Höhle am Fuß der Red River Hügel und endet im Staub einer Sanddüne unter einer gnadenlosen Sonne.

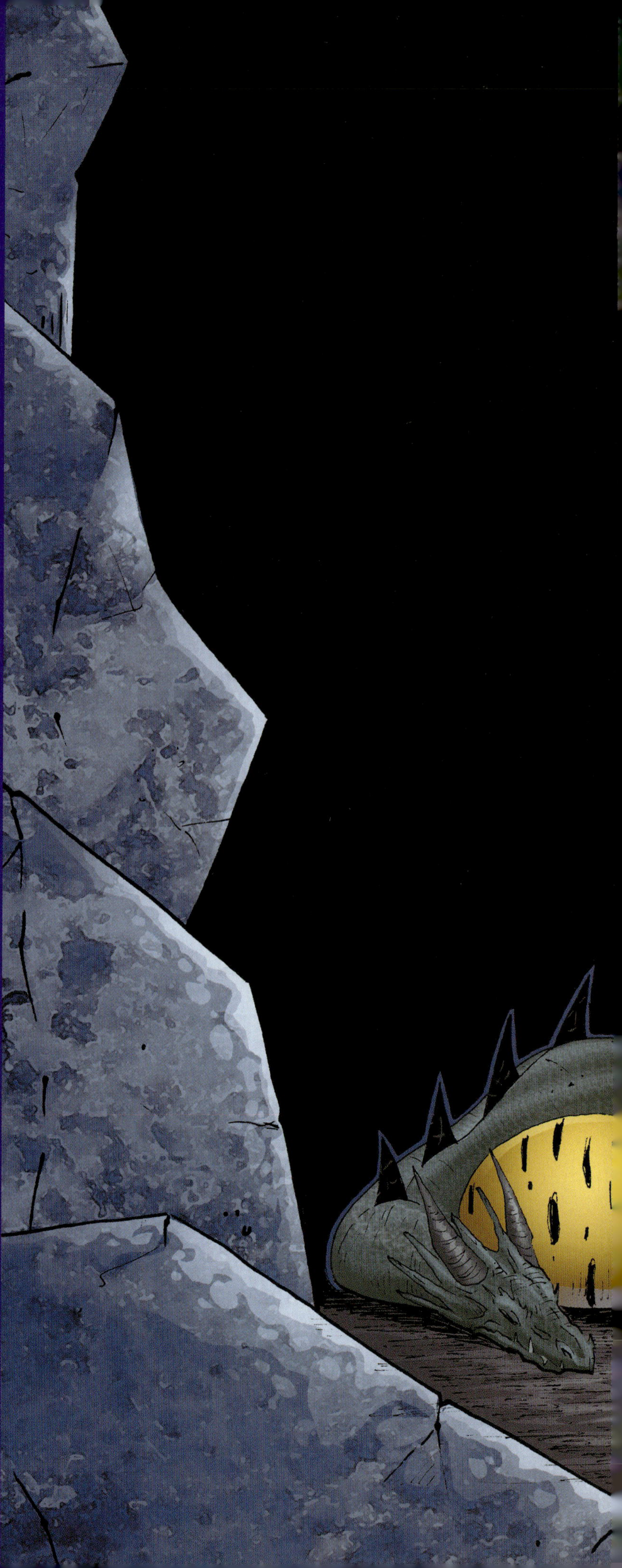

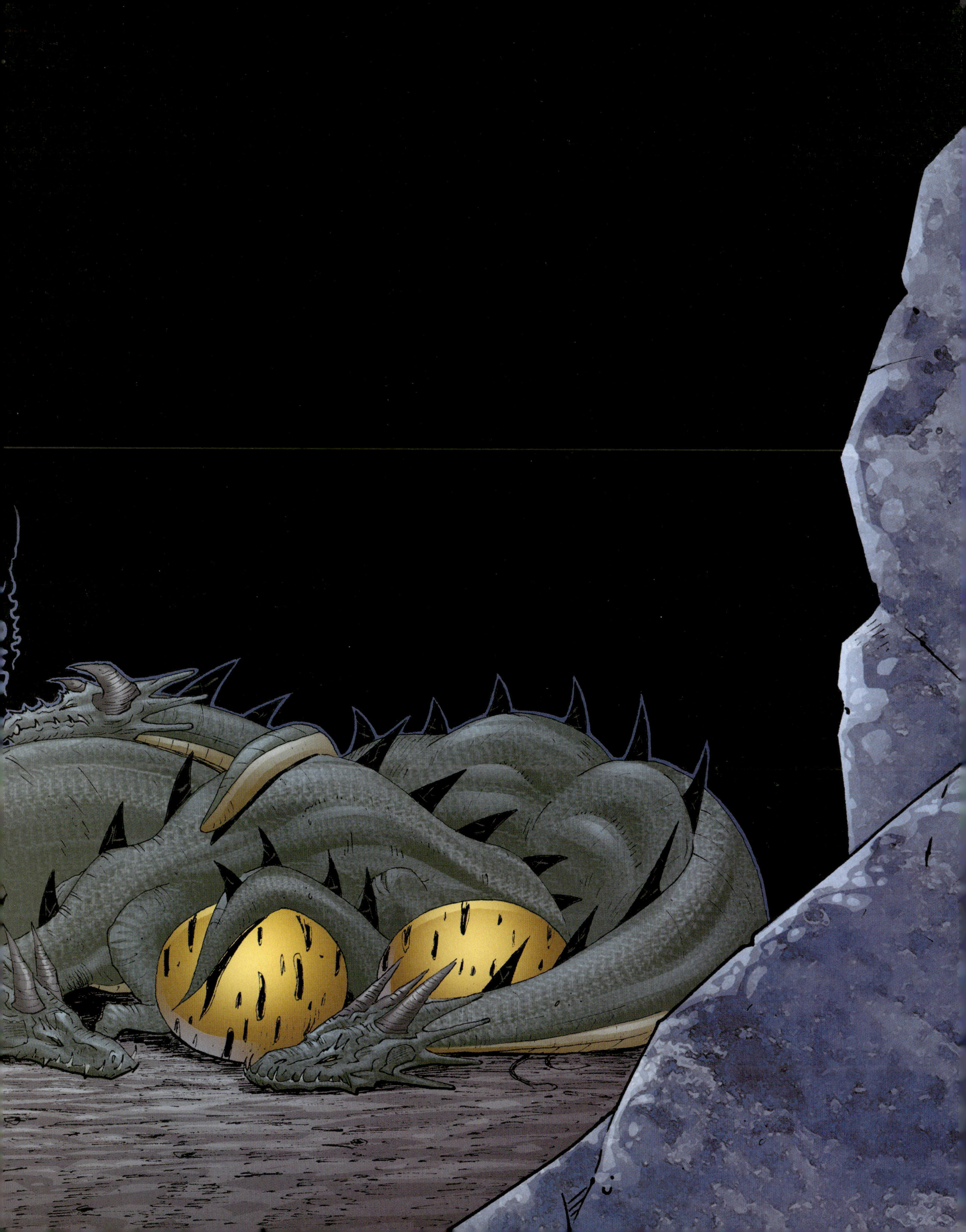

RÜCKKEHR ZUM URSPRUNG

Alle elf Jahre kommen Drachen dorthin zurück, wo sie einst geboren wurden. Wenn die ersten Strahlen des Vollmonds die Berggipfel erhellen, scheinen Dutzende von ihnen vom dunklen Himmel zu fallen. Sie haben Meere überquert und die Hochgebirge verlassen, in denen sie eine Heimat gefunden hatten. Mit ihnen kommt der Samen einer neuen Generation von Drachen.

Manche Drachen fliegen tagelang ohne Wasser und Futter, um zu ihren alten Geburtsstätten zu gelangen. Einige sterben vor Erschöpfung, ehe sie das Ziel erreichen. Nur wenige fallen Bogenschützen zum Opfer, denn die meisten fliegen zu hoch über der Erde, als dass der Mensch ihnen gefährlich werden könnte. So erreichen sie einer nach dem anderen die Berggipfel, und die Menschen müssen hilflos zusehen.

Denn nur während des Brütens sind Drachen verwundbar. Da sie ihre Eier niemals alleine lassen, werden sie schwächer, sobald Hunger und Durst an ihnen nagen. Bis zu sieben Monaten dauert es, bis die Jungen schlüpfen. Sieben kurze Monate, denn nur so lange haben die Menschen Zeit, um ihre Verteidigungsanlagen zu verstärken und sich in Sicherheit zu bringen: Junge Drachen brauchen vom ersten Tag ihres Lebens an viel Futter.

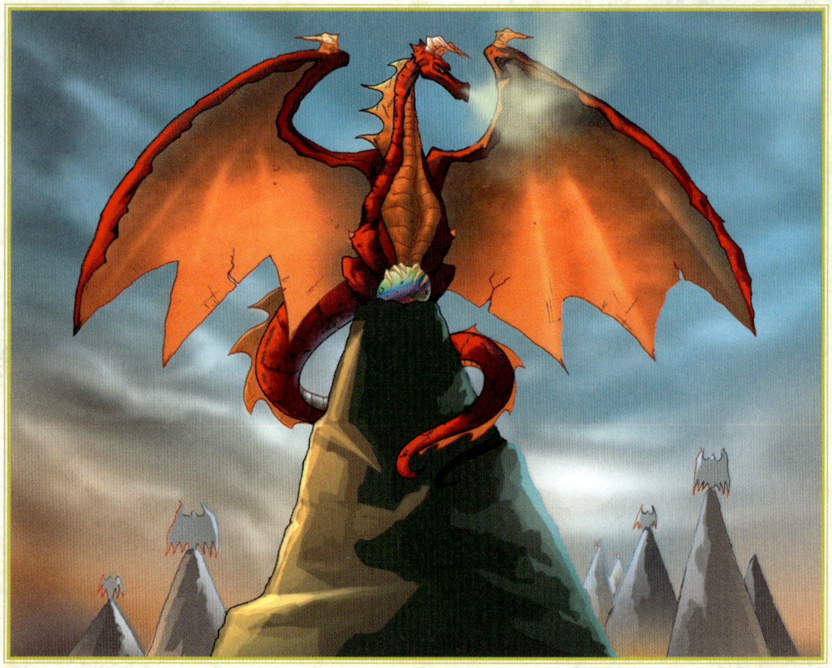

TIEF UNTER DER ERDE

Aus Gründen der Sicherheit brütet diese Drachenkönigin alleine in einer sehr tief gelegenen, unwegsamen Höhle, denn es kommt immer wieder vor, dass unfruchtbare Drachenweibchen die Babys anderer Drachen stehlen. Dass dies hier eine Drachenkönigin ist, sieht man schon an der Größe ihres Eis. Sie hat ihren Körper für die lange Zeit des Brütens ganz eng um das Ei gelegt. Zeichnen Sie den Körper der Drachenkönigin flach, so als würde ihr immenses Gewicht sie zu Boden drücken.

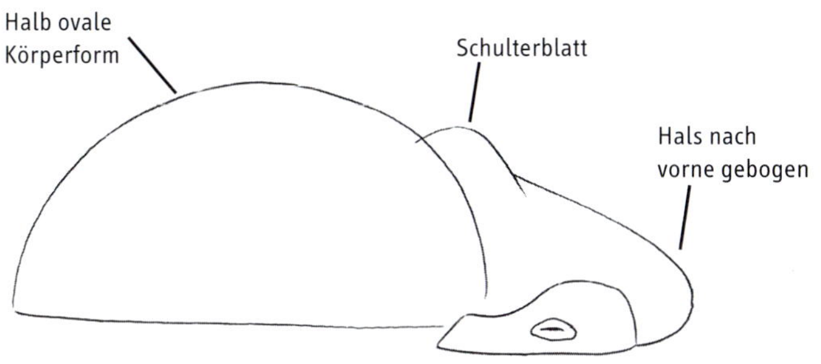

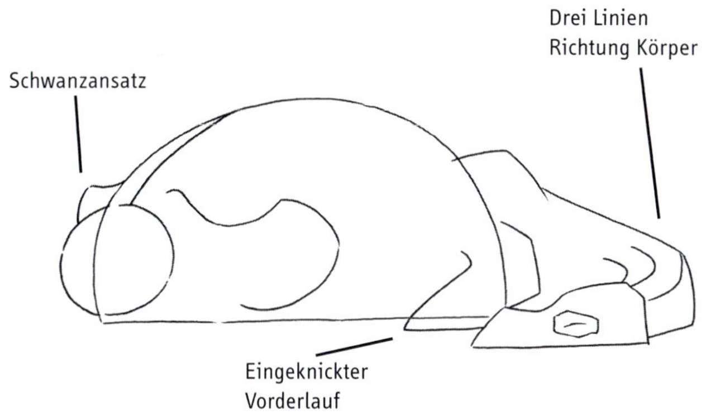

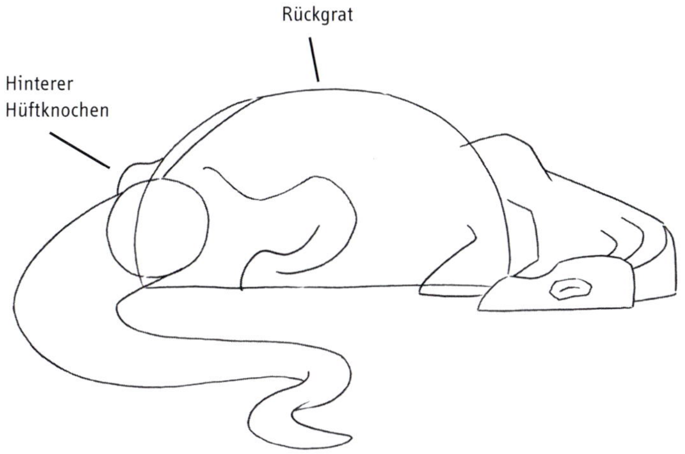

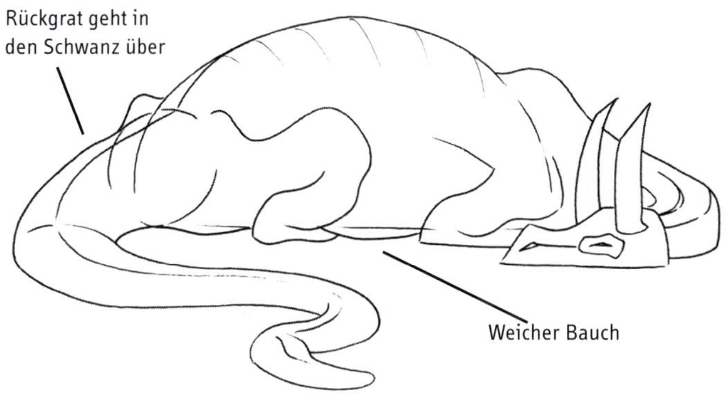

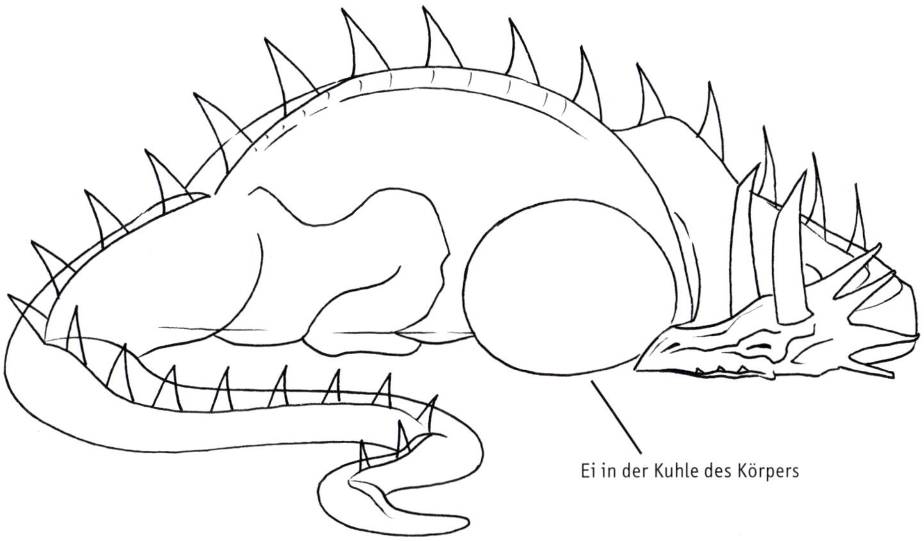

GUTE MÜTTER

Es ist kaum zu glauben – aber Drachen, diese entsetzlich gefährlichen Tiere, die der Menschheit über Jahrtausende schwerste Schäden zugefügt haben, waren gute und fürsorgliche Mütter. Sie haben auf Futter und Schlaf verzichtet und sogar ihr eigenes Leben aufs Spiel gesetzt, wenn es um ihre Jungen ging. Sie waren also fähig, ihre Kinder aufrichtig zu lieben, und man könnte sie bewundern. Doch war es deshalb auch richtig, das Leben eines Mutterdrachen schonen?

Ein Drachenkind muss ohne seine Mutter zugrunde gehen. Doch das Leben der Mutter zu schonen, hieße vielleicht ein ganzes Dorf voller Menschen zu opfern. Unsere Welt war schon immer von großer Komplexität für alle, die ein Gewissen haben - und sie ist es immer noch. Es ist die Grundsituation des Menschen. Wie würden Sie sich entscheiden?

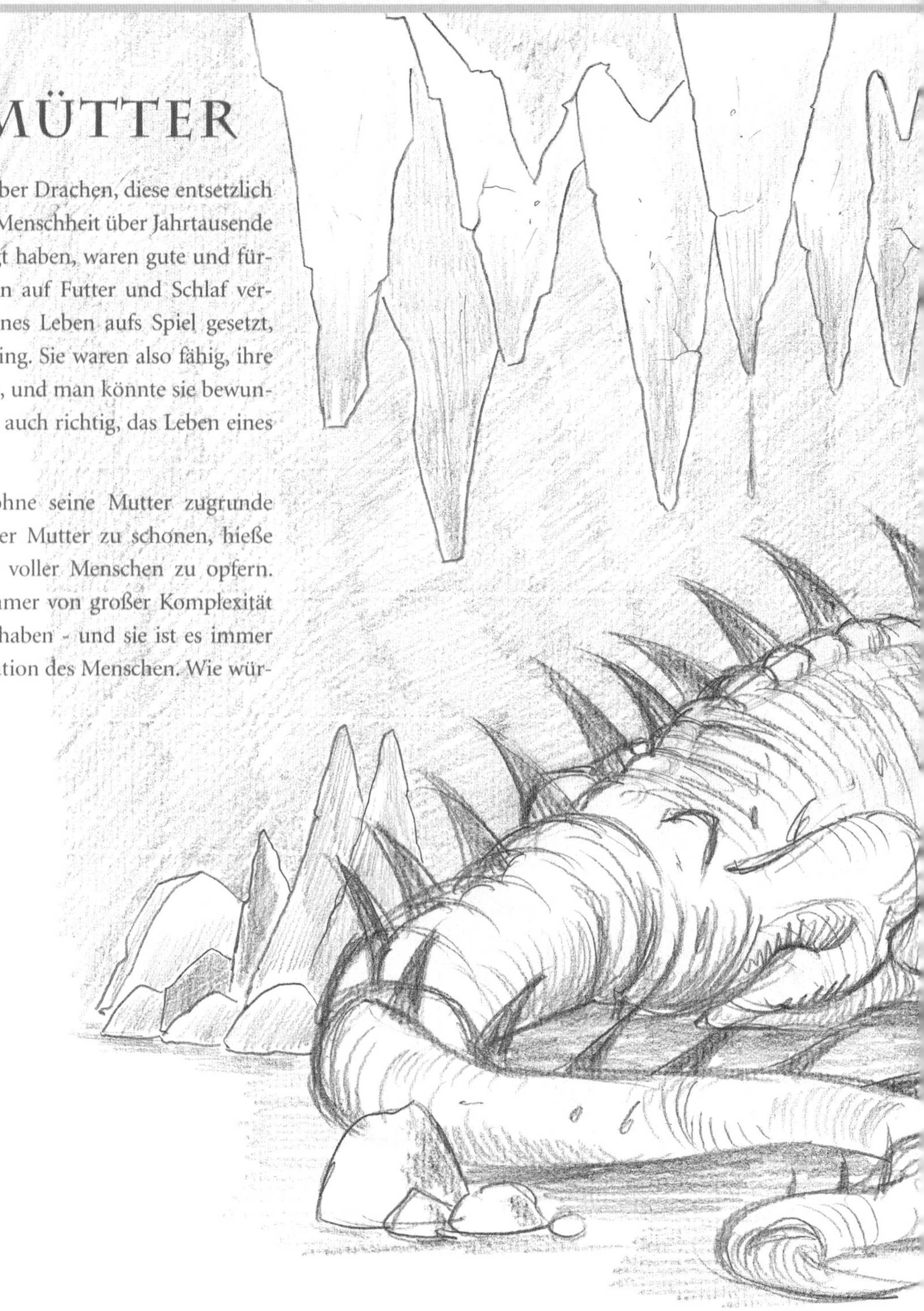

Der Rückenkamm

Wenn Sie den dunklen Rückenkamm eines Drachen vor einem hellen Hintergrund zeichnen, kann man jede einzelne Platte des Kamms gut erkennen. Was aber ist, wenn ein dunkler Rückenkamm vor einem dunklen Hintergrund zu stehen kommt wie im Bild auf Seite 71? Zeichnen Sie einfach eine feine weiße Linie um jedes Element.

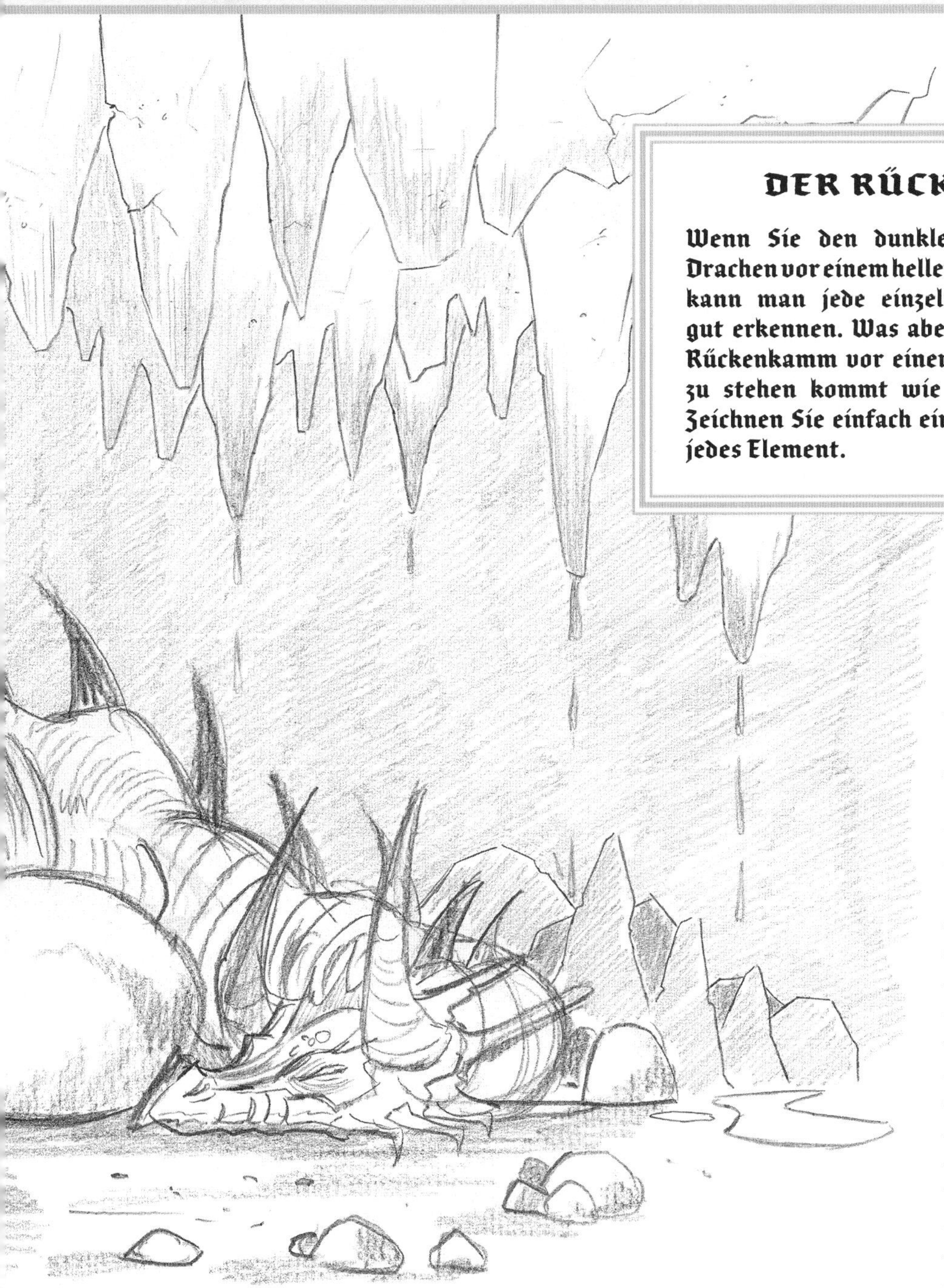

Es waren mehrere Schritte notwendig, um diese skizzenhafte Zeichnung anzufertigen. Was wie ein beiläufig hingeworfenes Motiv wirkt, ist in Wirklichkeit ein genau durchdachtes Bild. Um einen so lockeren Eindruck zu erlangen, zeichnet man ein Motiv aber nicht aus dem Stegreif. Im Gegenteil! Es geht ganz anders: Zeichnen Sie die Grundelemente des Motivs sorgfältig auf ein Blatt Papier. Dann legen Sie Transparentpapier darüber und zeichnen mit skizzenhaften schnellen, kurzen Strichen das Bild durch. Nur wenn Sie ein gut ausgearbeitetes Bild haben, können Sie in einem zweiten Entwurf eine so fantastisch locker anmutende Szene zeichnen.

DRACHENBABYS

Frisch geschlüpfte Drachen sahen erstaunlich knuddelig aus. Und so hat es immer wieder Menschen gegeben, die sich eines Drachenjungen annahmen und es aufzogen. Doch das ging nie wirklich gut aus – zumindest für die Menschen …

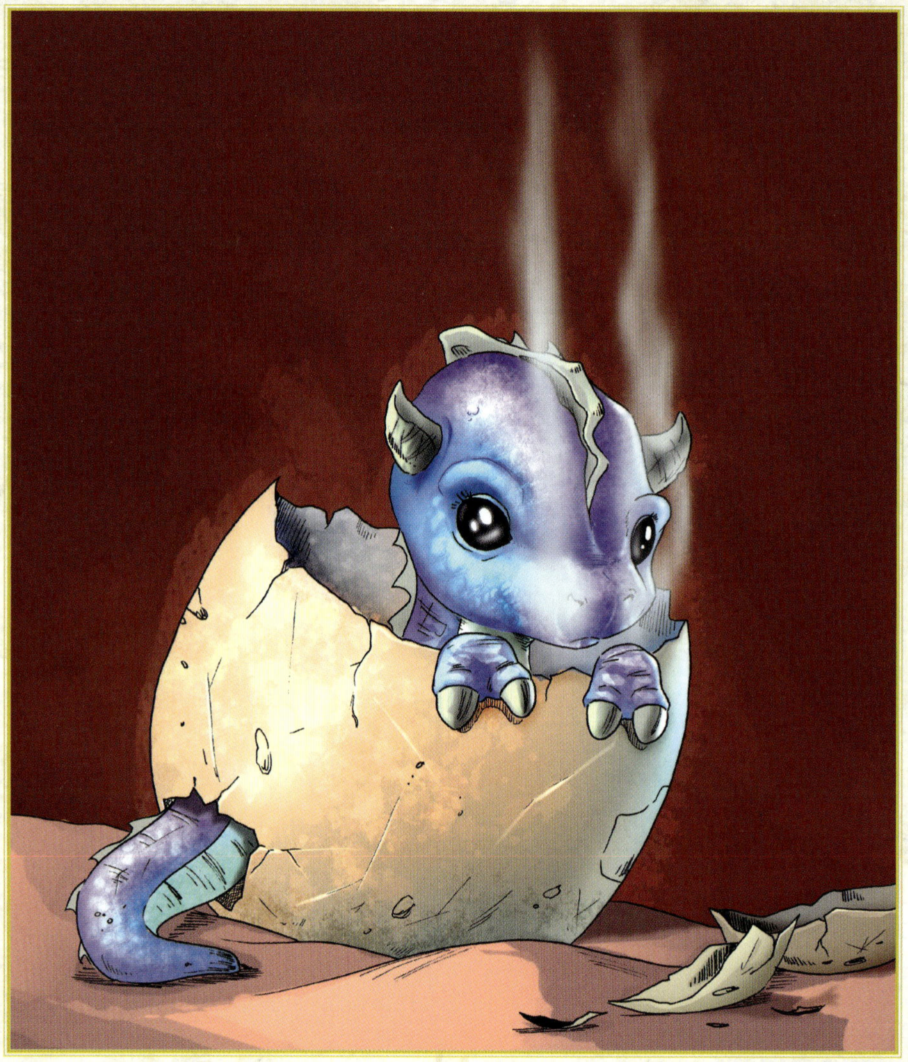

NA, MEIN SÜSSER KLEINER?

Oh, was wir da sehen, ist ganz übel. Und ich habe es schon oft und oft erlebt: Die Eltern haben ihr gesagt, sie soll den Drachen aus dem Haus schaffent – ihn zurück tragen, zurück in den Wald, wo sie ihn gefunden hat. Und sie soll ihn dort lassen. Und ich würde meinen letzten Knopf dafür verwetten, dass sie es nicht tun wird. Es ist doch immer dasselbe: „Aber Mami, ich liebe ihn doch. Er ist nicht so wie die anderen", wird sie sagen und das seltsame fremde Wesen liebevoll streicheln. Und die Eltern müssen tatenlos zusehen – genau wie heute.

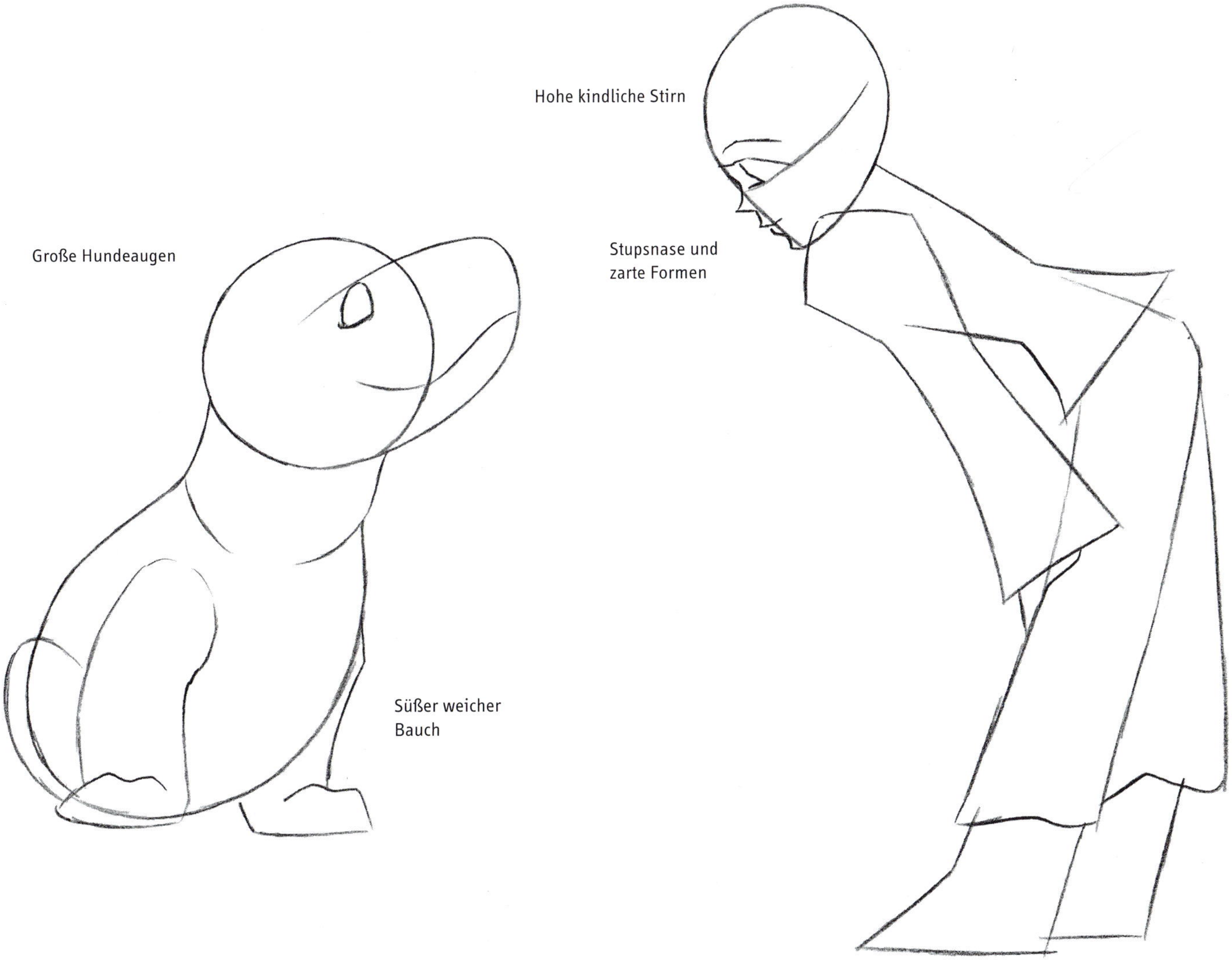

Das Drachenjunge wirkt so niedlich, weil es die Haltung eines jungen Hundes hat. Das Mädchen ist ein kleines elfenhaftes Wesen aus den Wäldern. Geben Sie ihr also einen langen schmalen Körperbau und bewegliche Gelenke. Vor allem die Ellbogen und Knie sind sehr nachgiebig. Zeichnen Sie sie ein wenig nach hinten durchgedrückt.

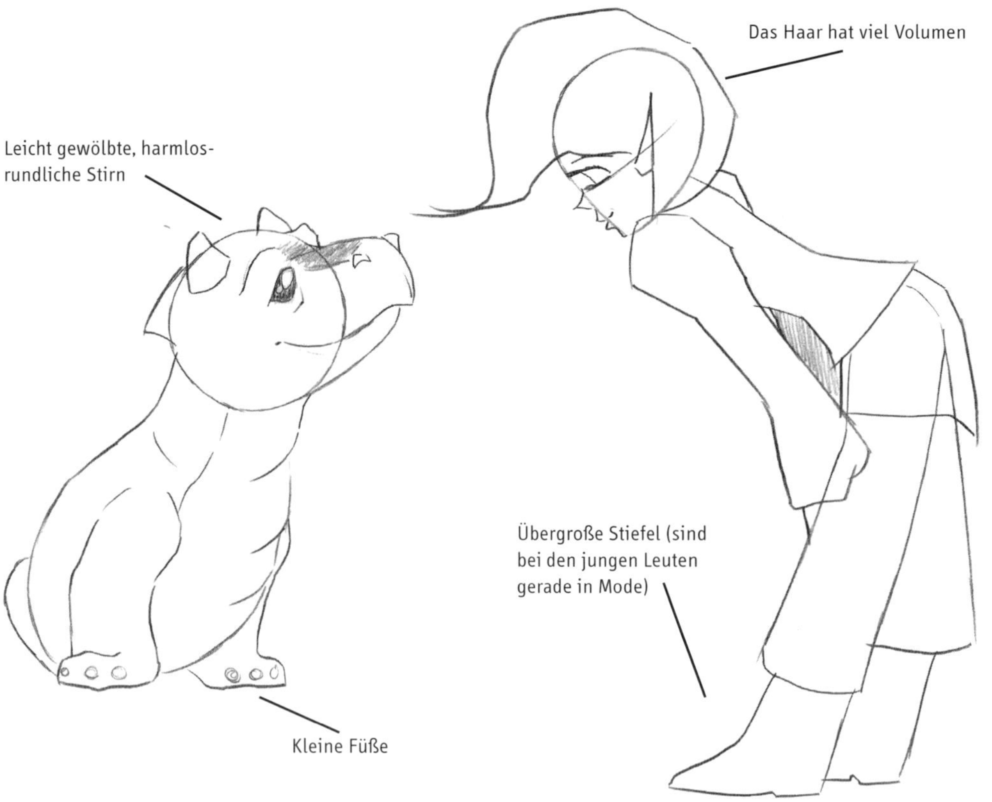

Das Haar hat viel Volumen
Leicht gewölbte, harmlos-rundliche Stirn
Übergroße Stiefel (sind bei den jungen Leuten gerade in Mode)
Kleine Füße

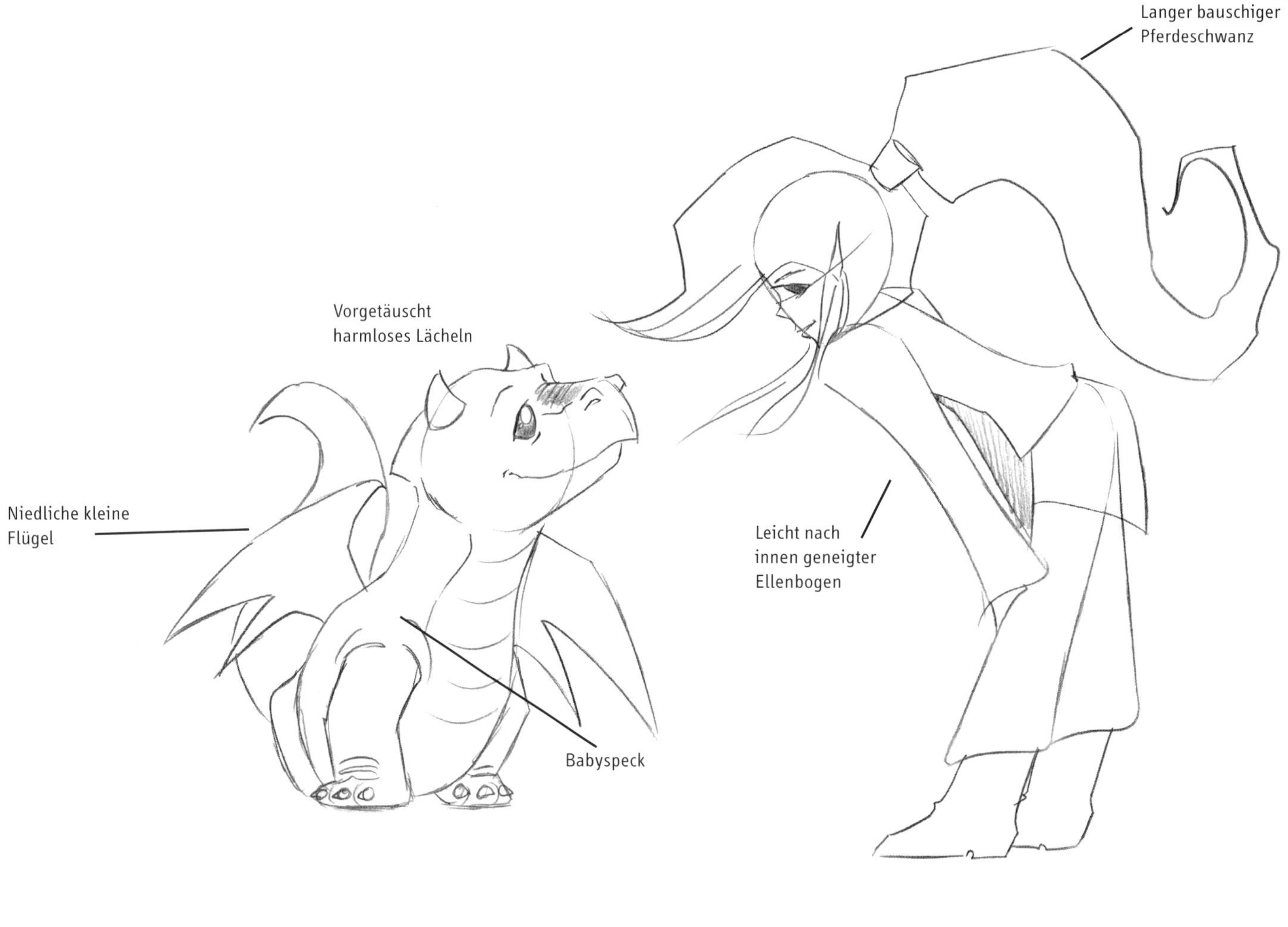

Langer bauschiger Pferdeschwanz
Vorgetäuscht harmloses Lächeln
Niedliche kleine Flügel
Leicht nach innen geneigter Ellenbogen
Babyspeck

Sehen Sie sich diese beiden nur an. Möglich, dass sie wirklich die besten Freunde werden. Zumindest bis dem Drachen die Milchzähne ausfallen.

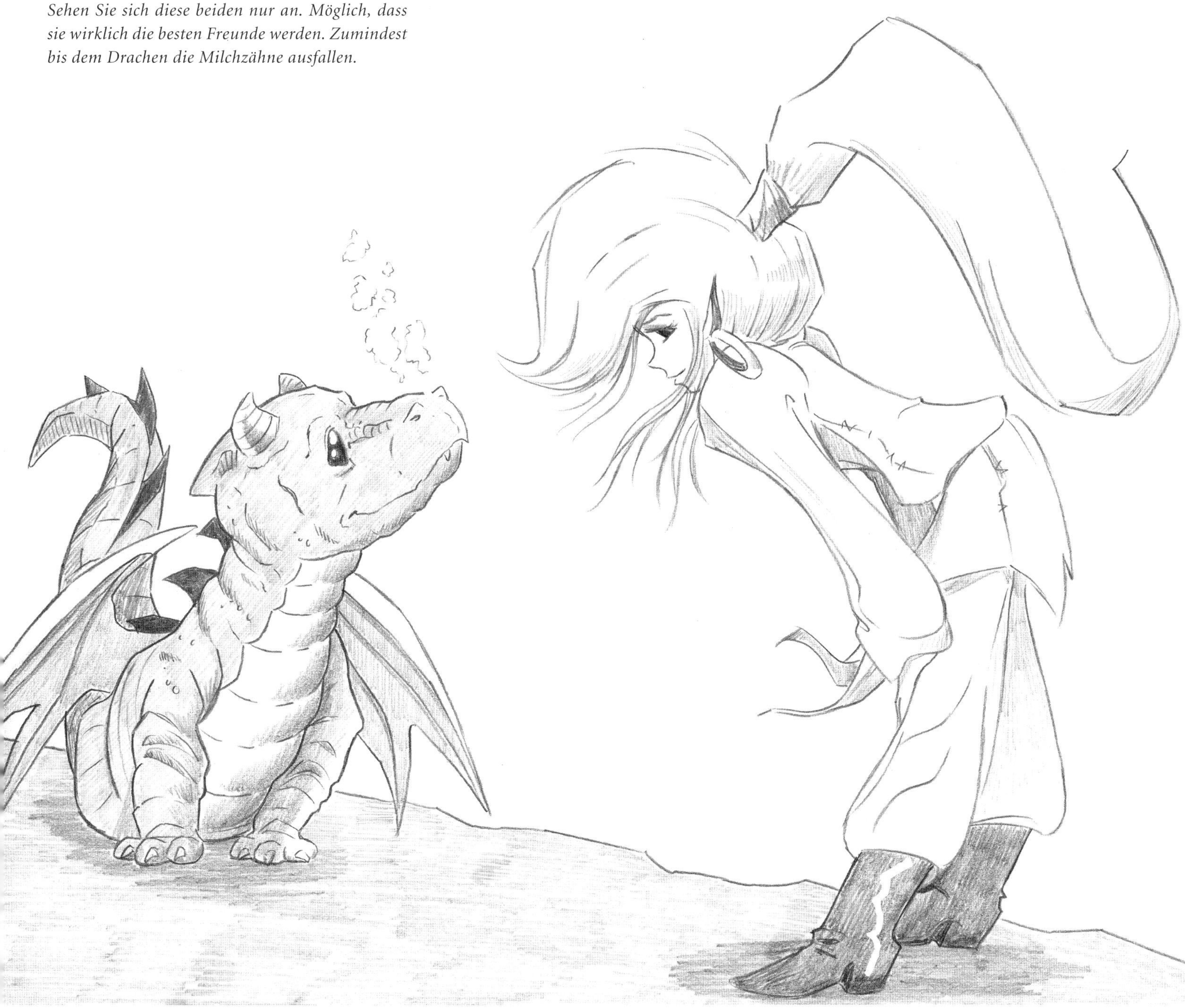

IN DER HÖHLE DES DRACHEN

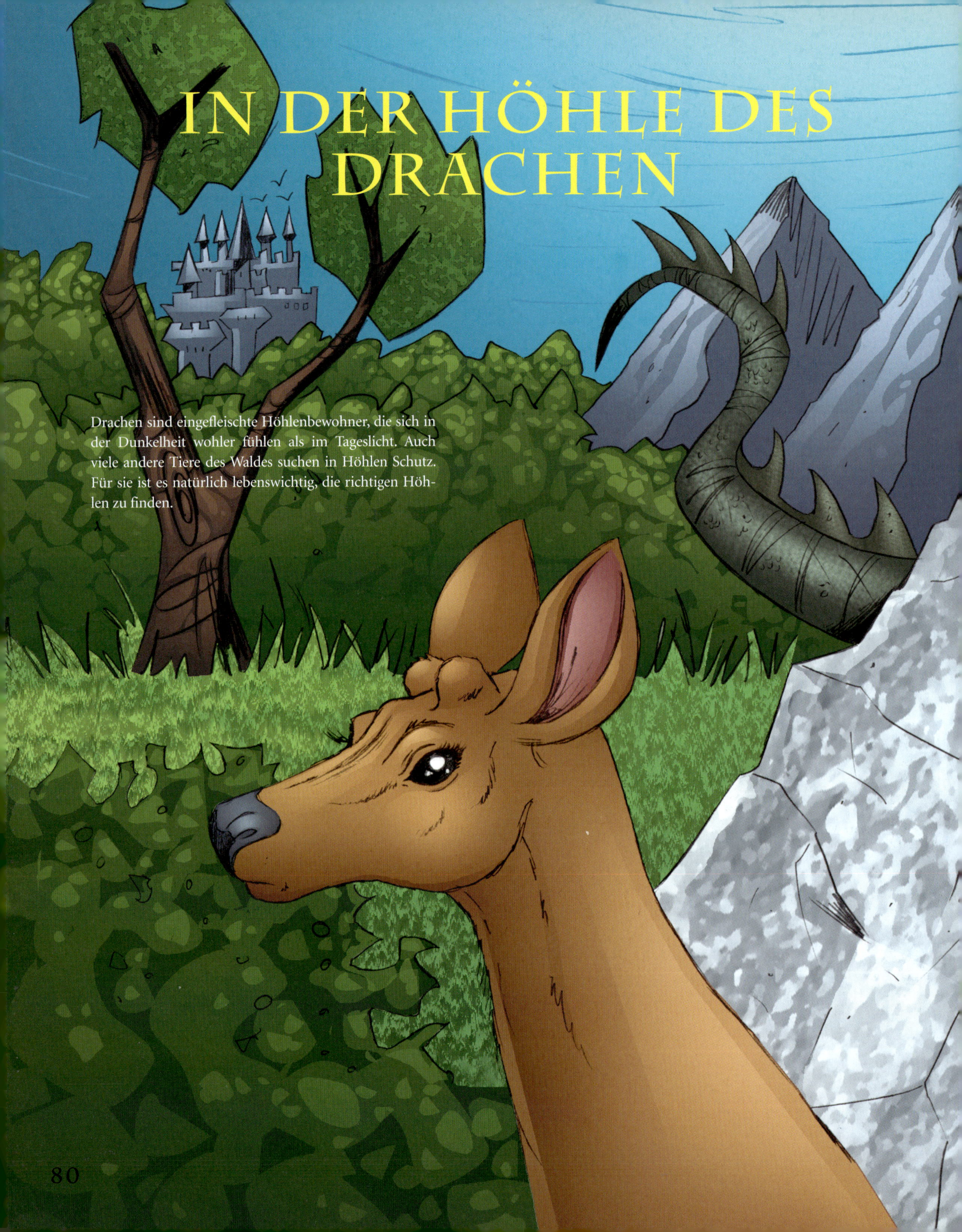

Drachen sind eingefleischte Höhlenbewohner, die sich in der Dunkelheit wohler fühlen als im Tageslicht. Auch viele andere Tiere des Waldes suchen in Höhlen Schutz. Für sie ist es natürlich lebenswichtig, die richtigen Höhlen zu finden.

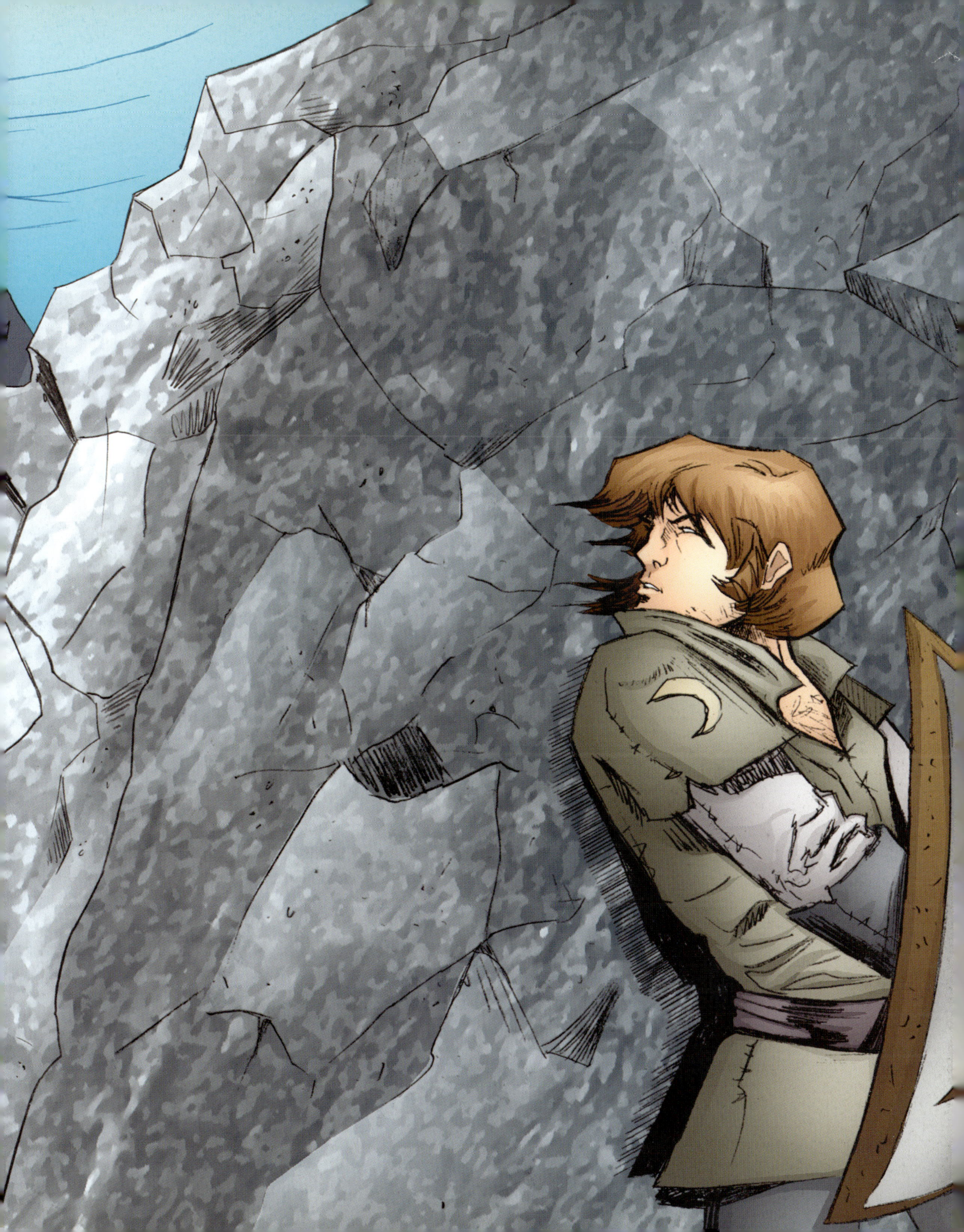

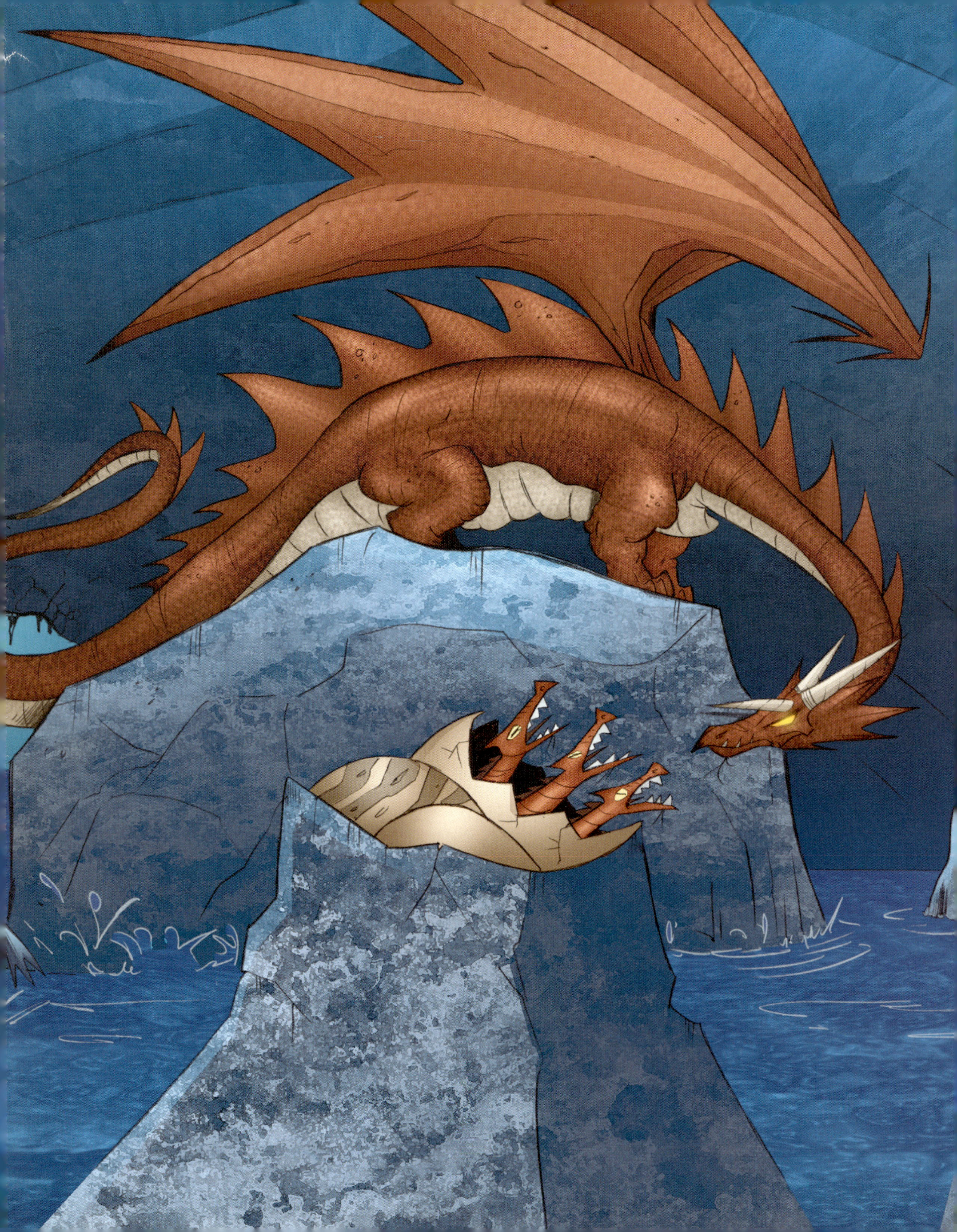

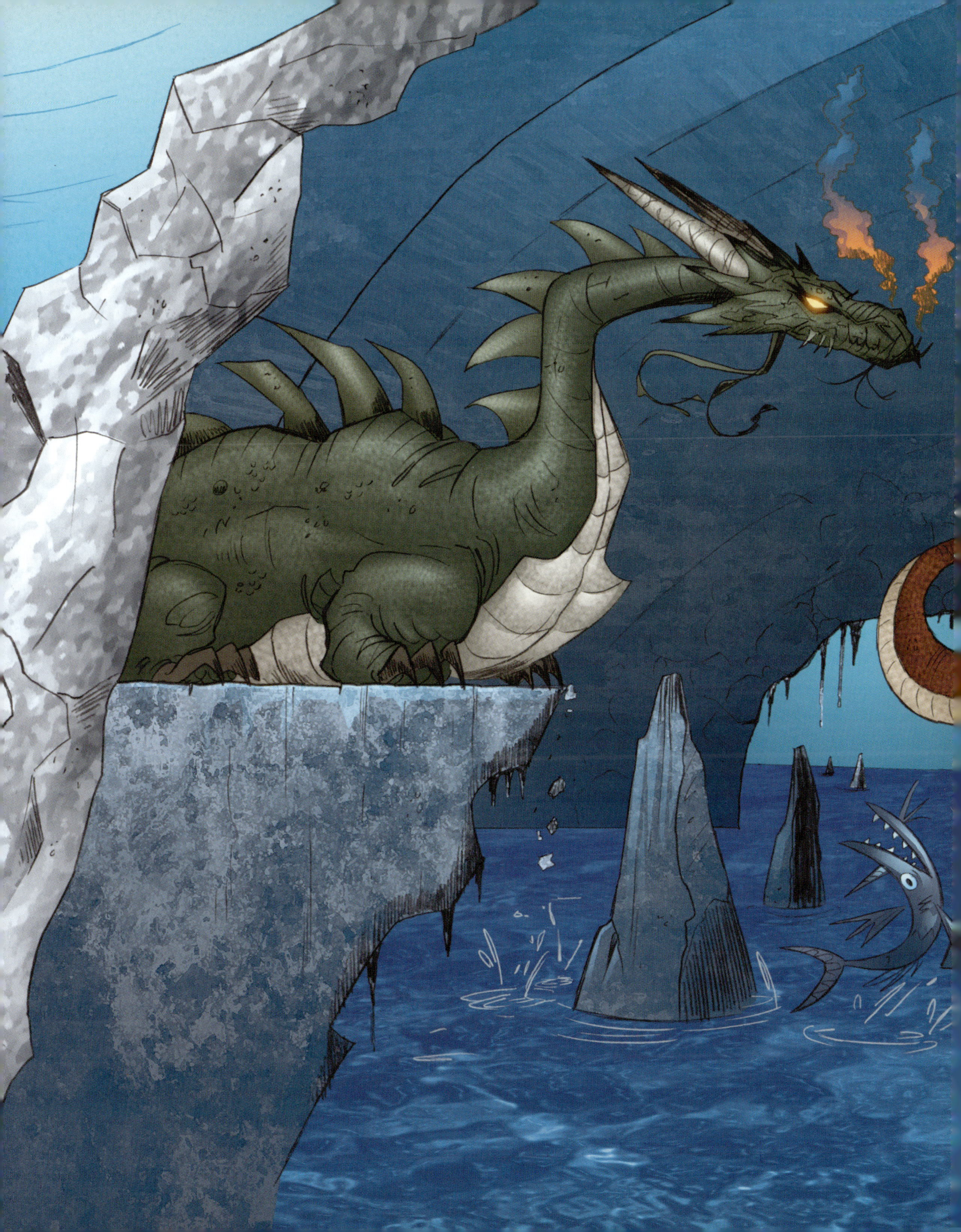

DER DRACHEN-FRIEDHOF

In langer Prozession, einer nach dem anderen, kamen die Drachen zum Sterben an diesen Ort. Hier suchten und fanden Drachen aller Formen, Größen und Herkunft den Tod. Mit letzter Kraft schleppten sie sich hierher, um unter ihresgleichen den letzten Atemzug zu tun. Solche Drachenfriedhöfe waren lebensfeindliche Plätze, an denen ein scharfer Wind pfiff und peitschende Sandstürme das Luft holen schwer machten. Wenig ist übrig geblieben – nur ein paar Knochen und Hörner, die Berge und die Ewigkeit.

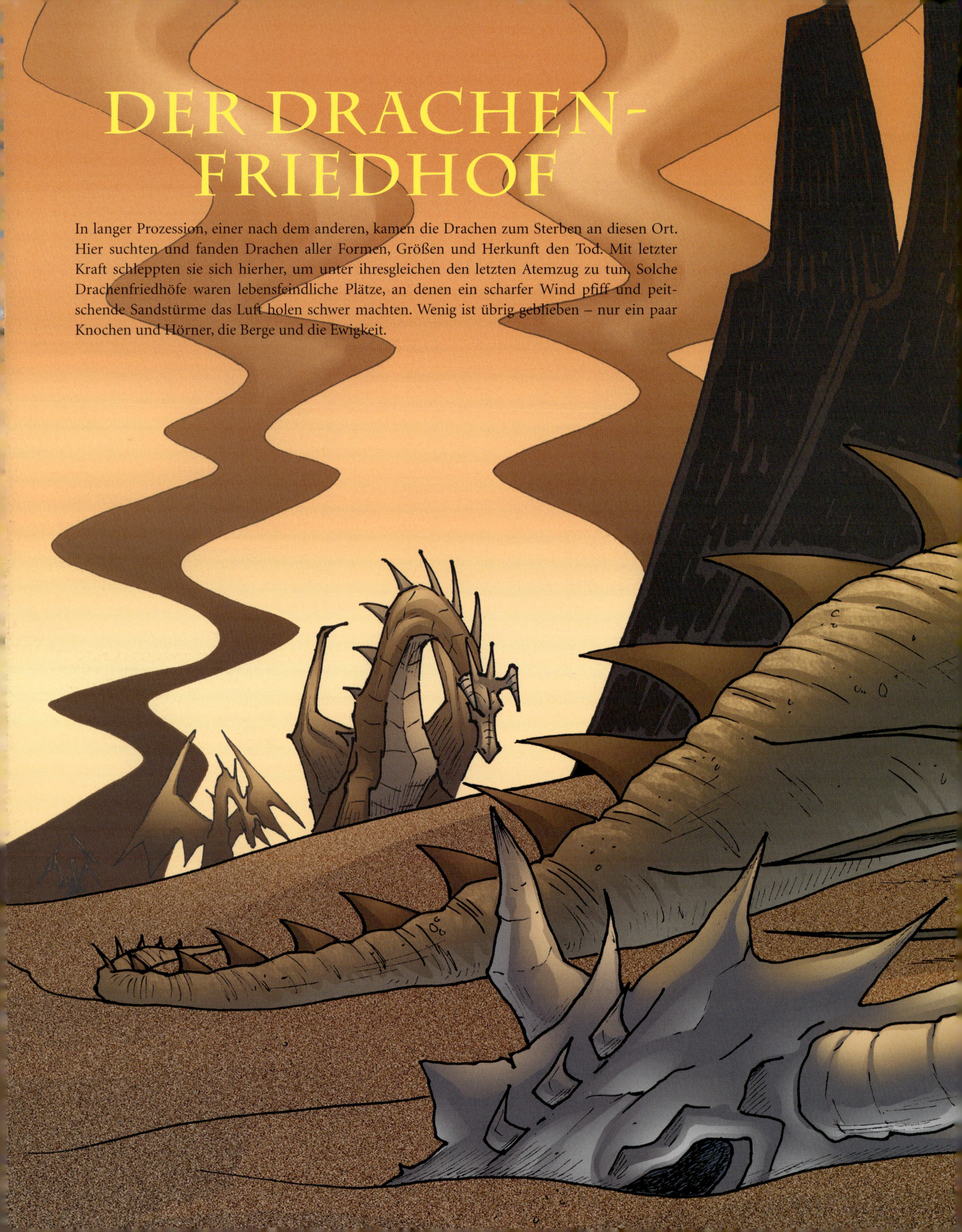

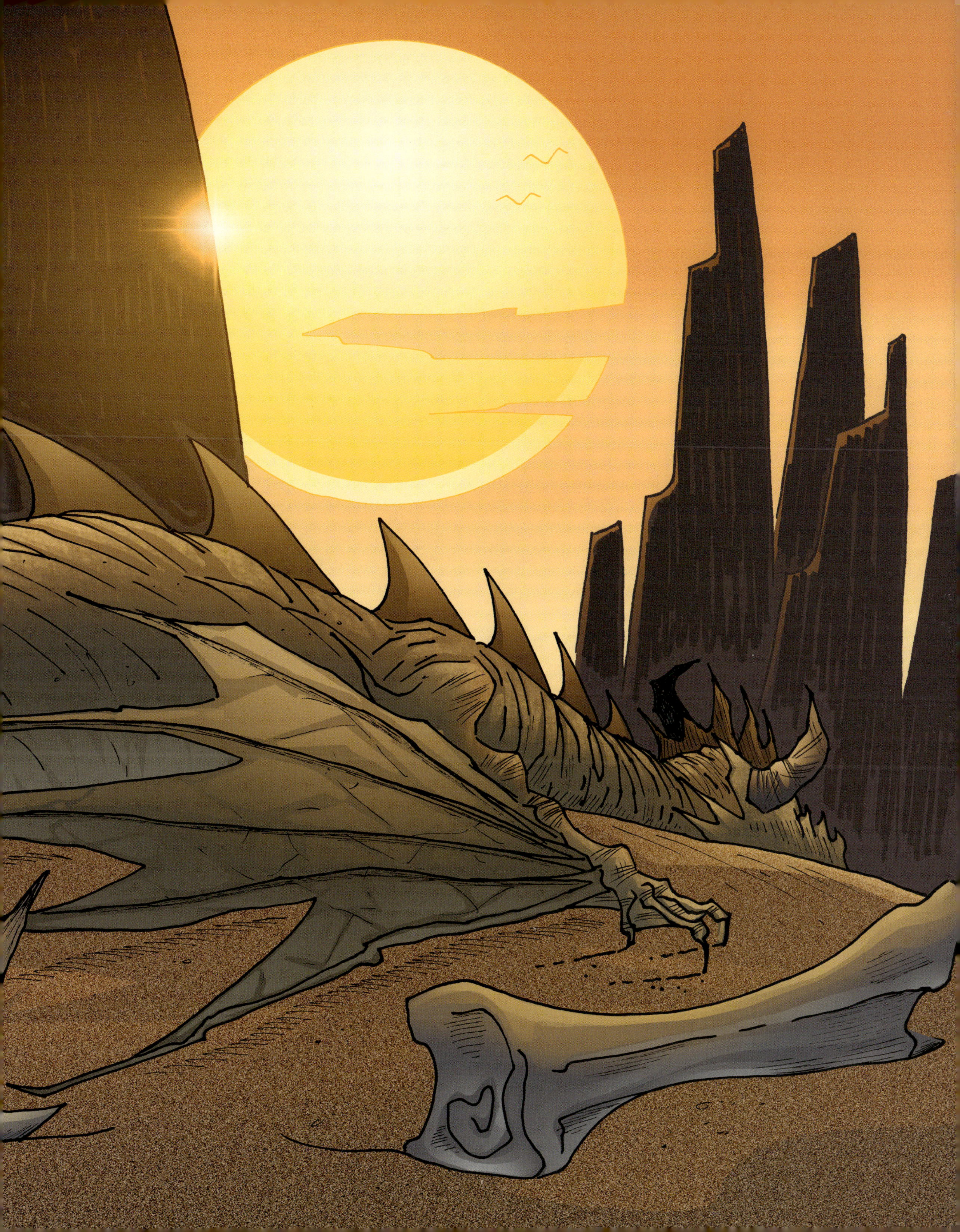

V

WESEN EINER ANDEREN ZEIT

Zur Zeit der Feuerdrachen war die Welt von gewaltigen, höchst fremdartigen Wesen bevölkert, von denen Sie einige kennen sollten, um sie in Ihren Zeichnungen zum Leben zu erwecken.

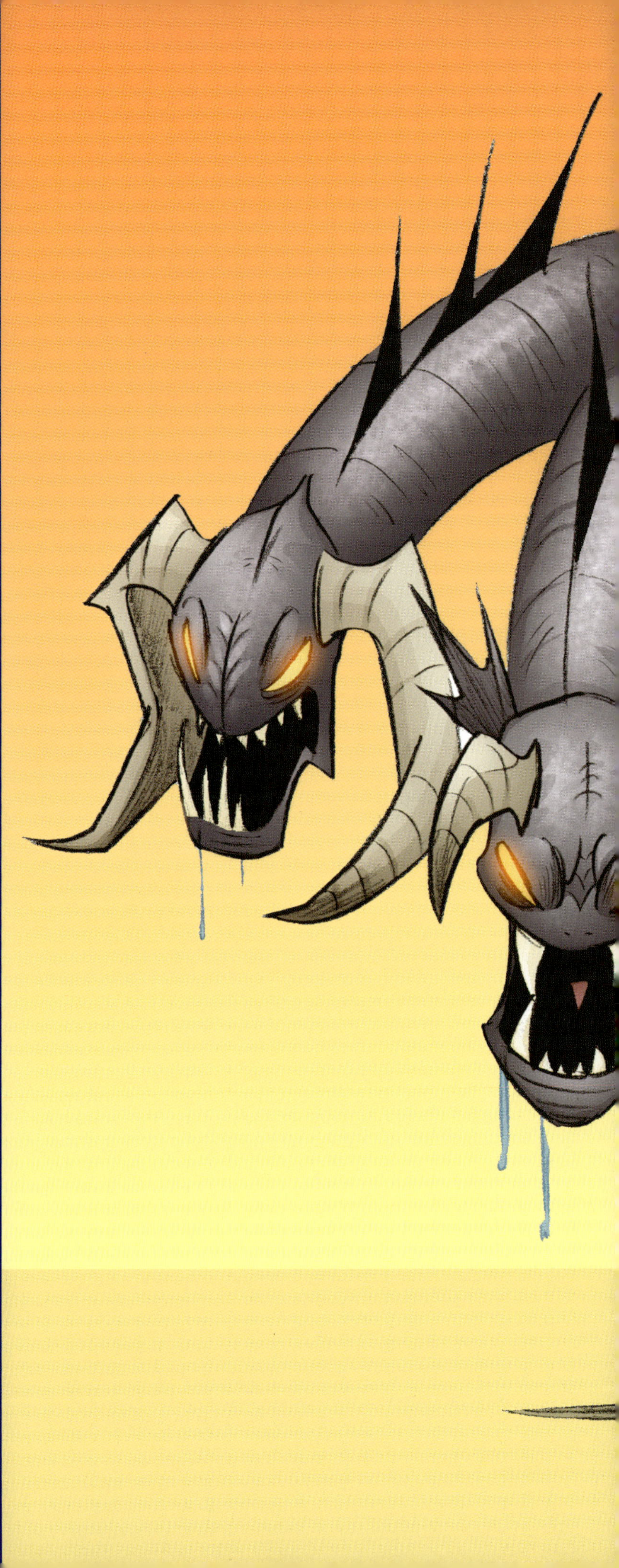

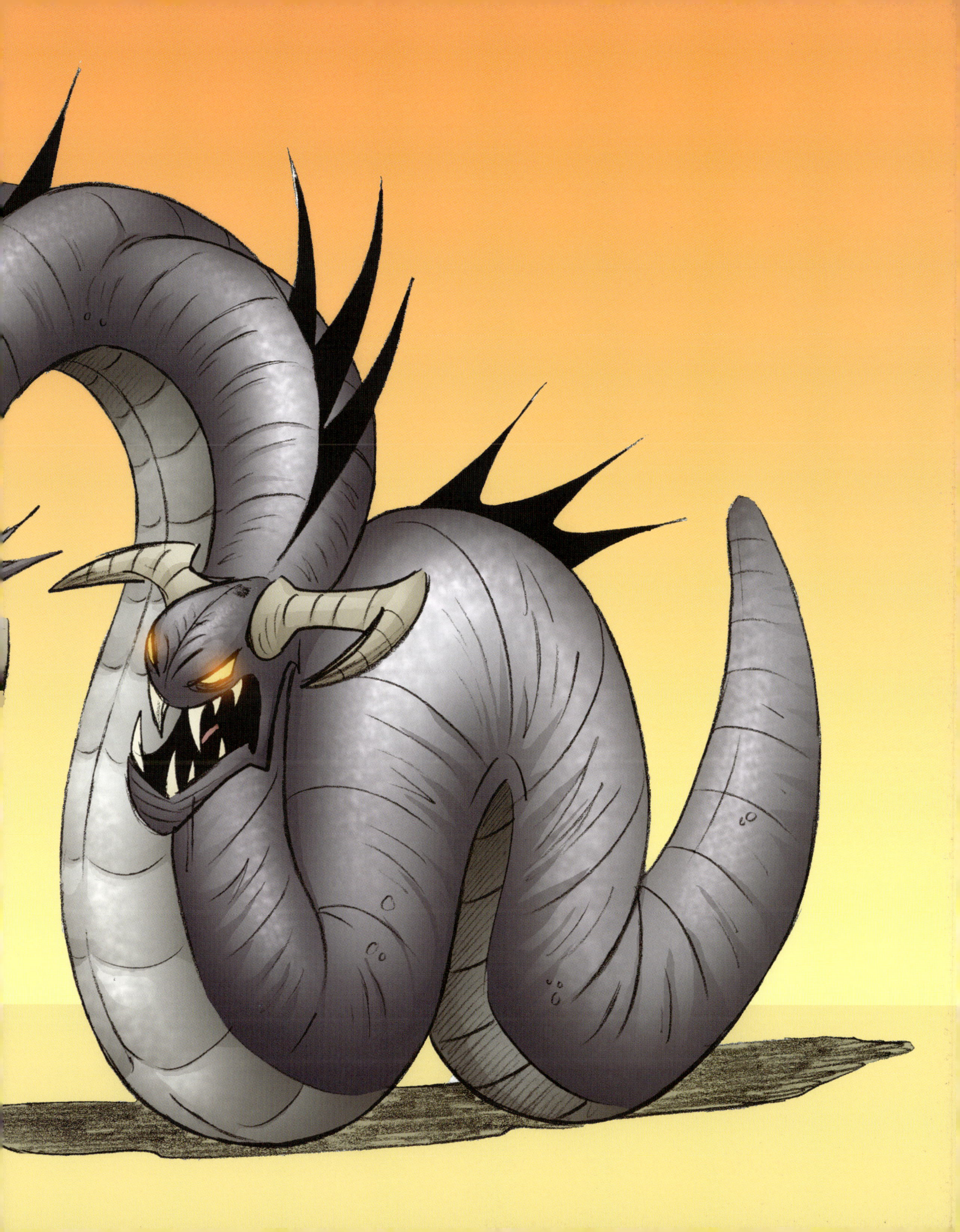

DER MENSCH IN EINER WELT VOLL WILDER TIERE

Viele der Giganten der Vorzeit waren schwerfällige Wesen, die von den Menschen gefangen und gezähmt wurden, um die Äcker zu bearbeiten oder um Brückenbauten zu errichten. Andere, schnellere Tiere dienten zu Reitzwecken. Mit ihrer Hilfe wurden wichtige Nachrichten von Dorf zu Dorf transportiert. Während einige Tiere zu gefährlich waren und es sinnlos war, sie kontrollieren zu wollen, wurden andere zu treuen Weggefährten des Menschen, Tragtiere und unverzichtbare Genossen im Kampf des Menschen in der Welt der Feuerdrachen. Menschen, die solche Tiere fingen und abrichteten, waren hoch geachtet. Viele gehörten zum Adel und man konnte sie auf den ersten Blick an ihren gehörnten Helmen mit den nach oben gebogenen Hörnern erkennen. Schon durch ihre Aufsehen erregende Kleidung unterschieden sie sich deutlich vom durchschnittlichen Dorfbewohner und Bauern. Eines ihrer Merkmale waren Oberteile mit verbreiteter und scharf akzentuierter Schulterpartie.

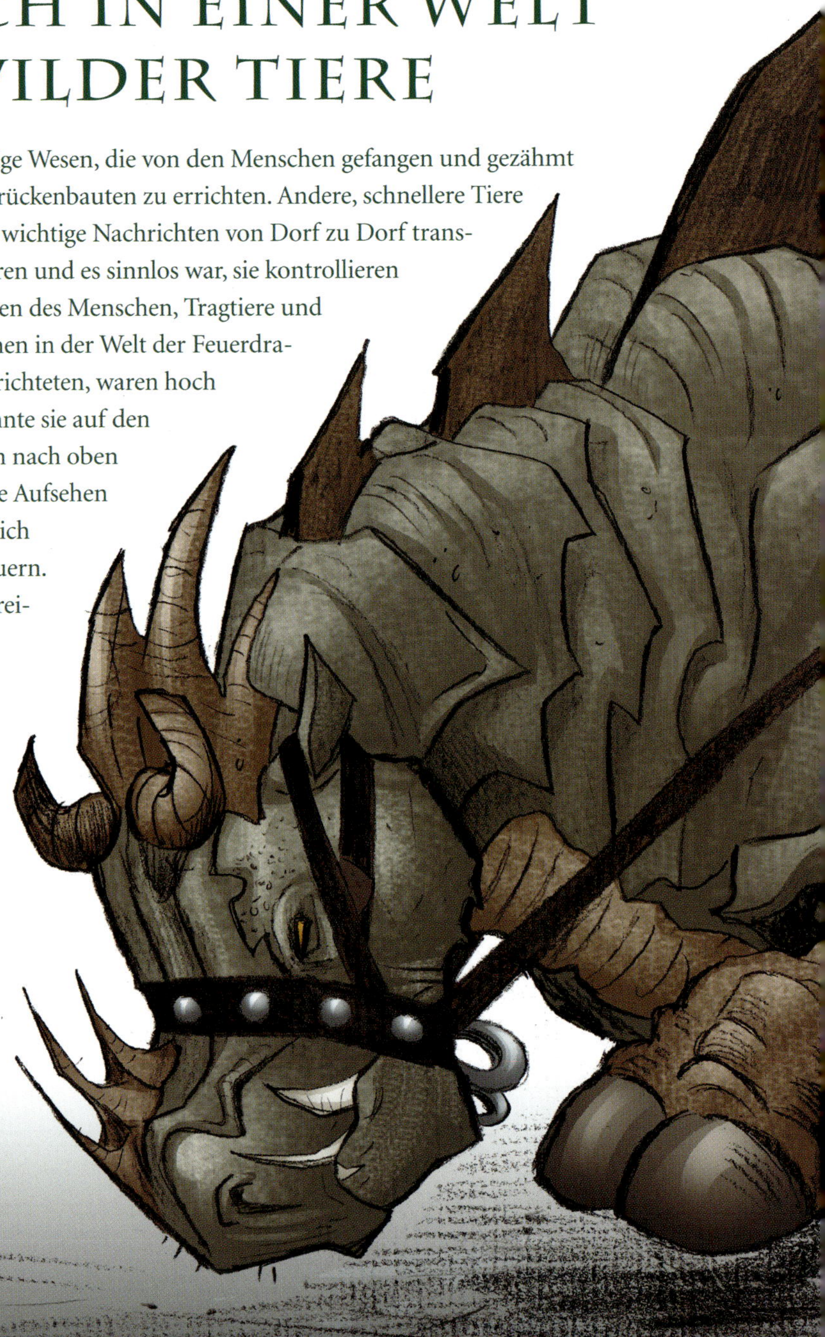

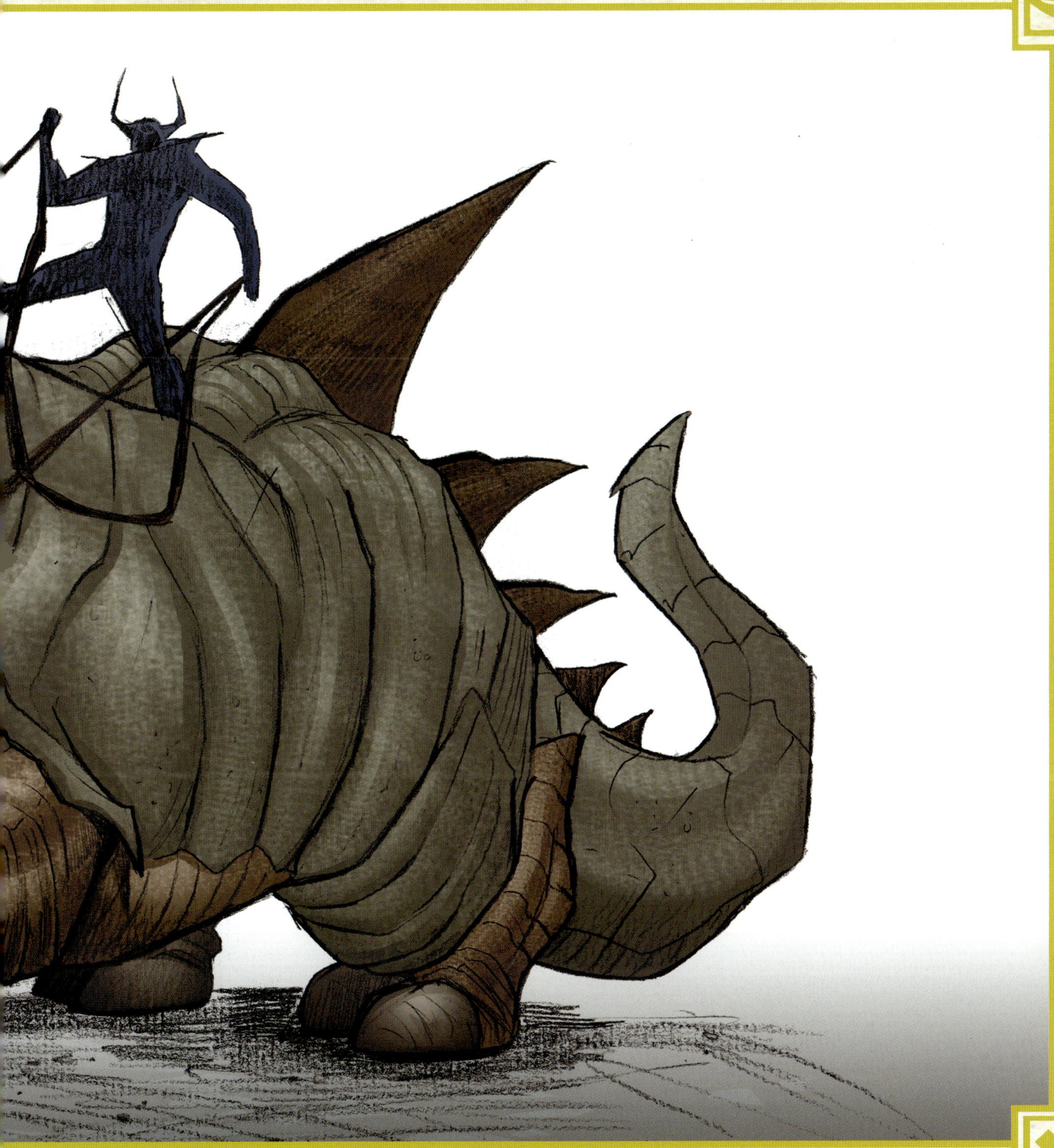

DIE RIESENEIDECHSE

Wer Fantasy-Motive zeichnen will, muss die Rieseneidechse kennen! Lassen Sie sich von diesem so anspruchsvoll wirkenden Motiv nicht täuschen: Die genarbte Haut und alles an der Echse sehen schwierig aus, doch der Grundaufbau ist klar und einfach.

Es gibt nur zwei Grundtypen dieser Eidechsen: den schlanken und den breiten Körper. Der schlanke Typ erinnert an einen Leguan. Er wirkt immer etwas harmlos und passt daher nicht wirklich in die Fantasy-Welt. Der plumpe Typ dagegen ist ein aufregendes und deshalb sehr beliebtes Motiv. Denken Sie beim Zeichnen an einen Komodo-Waran, aber zeichnen Sie das Tier fülliger, schwerer, mächtiger.

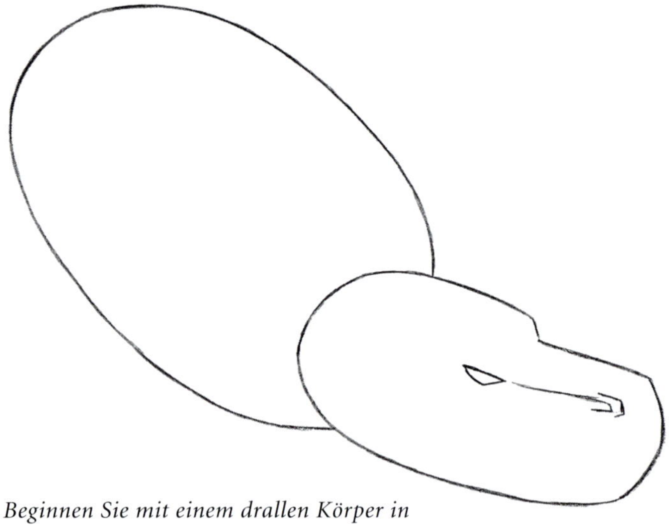

Beginnen Sie mit einem drallen Körper in der Form eines amerikanischen Footballs und mit einem sehr großen Kopf.

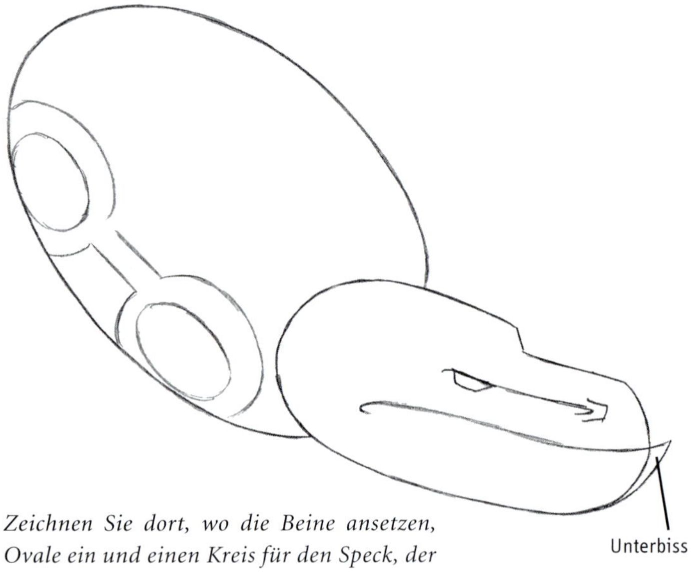

Zeichnen Sie dort, wo die Beine ansetzen, Ovale ein und einen Kreis für den Speck, der dort sitzt.

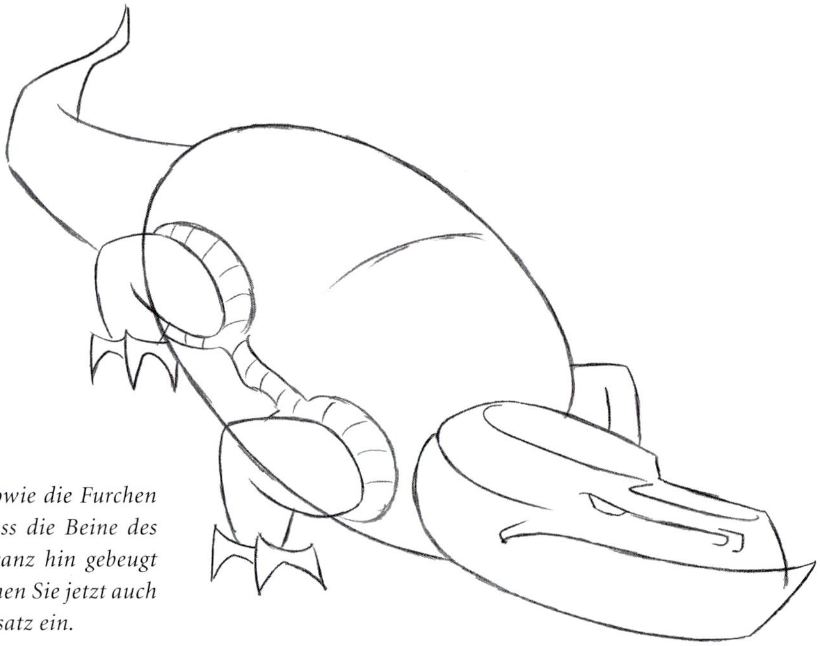

Nun folgen der Schwanz und die Beine sowie die Furchen auf der Schnauze. Achten Sie darauf, dass die Beine des gewaltigen Tieres nach hinten zum Schwanz hin gebeugt sind und nicht nach vorne zum Kopf. Zeichen Sie jetzt auch schon die Fettwülste rund um den Beinansatz ein.

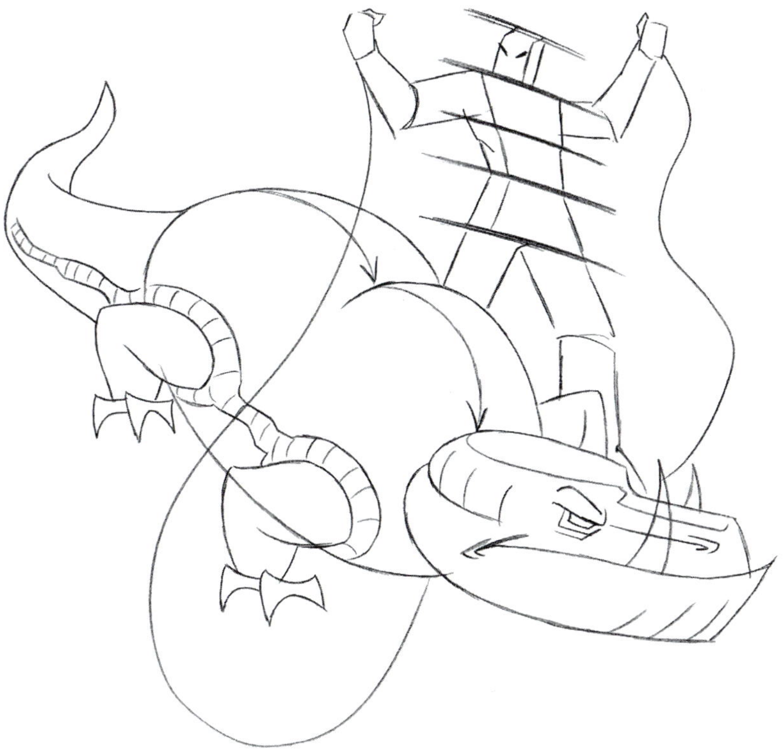

DAS WIRKT DYNAMISCH

Der Eidechsen-Bändiger in diesem Bild wirkt ausgesporchen dynamisch, obwohl von ihm nur wenig genau zu erkennen ist. Wie entsteht ein solcher Eindruck, ohne dass man sein Gesicht sieht? Die Antwort ist einfach: Der Mann steht in einem Winkel zum Bildaufbau - er ist nicht Teil des übrigen Motivs, sondern er ist so positioniert, dass der Winkel Spannung ins Bild bringt.

Oft werden böse oder grausame Figuren ganz ohne detailliertes Gesicht gezeigt. Je stärker ihre Körperlichkeit betont wird, desto weniger menschlich und individuell wirken sie, da ihre Persönlichkeit sich nicht zeigt. Solche Darstellungen des Bösen sind eine besonders gute und wirkungsvolle Zeichentechnik.

Um einen kompakten runden Eindruck zu gewinnen, arbeiten Sie mit zwei gerundeten Hilfslinien auf dem Rücken. Sie treffen die Proportionen des Mannes daneben besser, wenn Sie auch hier zunächst mit einigen Hilfslinien die wichtigsten Körperteile markieren (Kopf, Schlüsselbein, Oberkörper, Taille, Unterkörper) und erst anschließend die Formen einzeichnen.

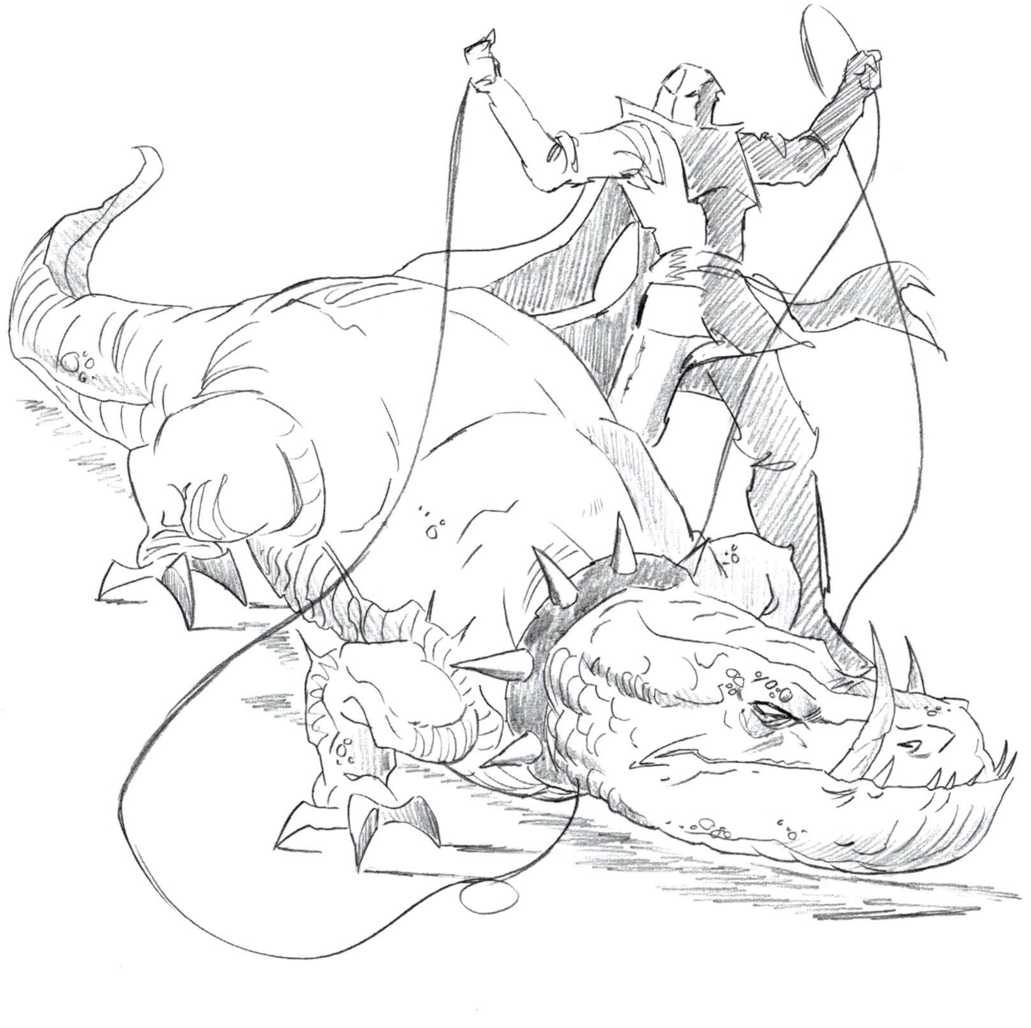

DER LAUFVOGEL

Dieses vogelartige Wesen steht auf stelzenartigen Beinen hoch über dem Boden. Es hat die längliche Kopfform eines Reptils und scharfe Zähne. Sein Körper erinnert an den Emu, einen flugunfähigen Laufvogel, der heute in Australien lebt. Wie ein Emu ist auch dieses Vogelwesen ein leistungsfähiger, schneller Läufer und ein sehr effektives Transporttier. Leider hat es einen ausgesprochen miesen Charakter und trägt einen Maulkorb, da es sonst seinen Besitzer beißen und schwer verletzen würde.

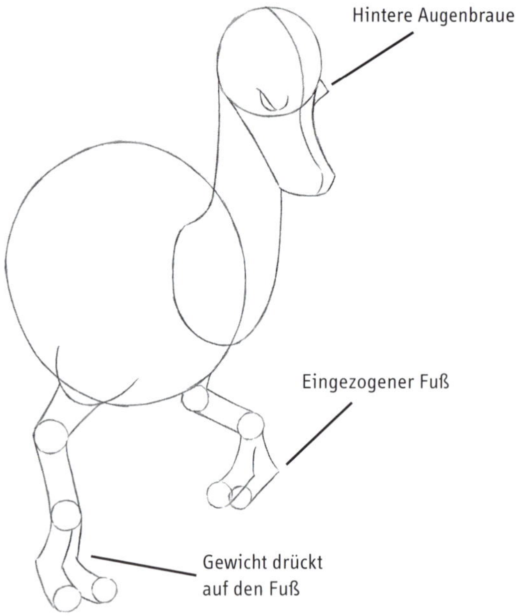

Bei einer Dreiviertelansicht wie dieser hier ist die Mittellinie des Körpers nach innen gerückt.

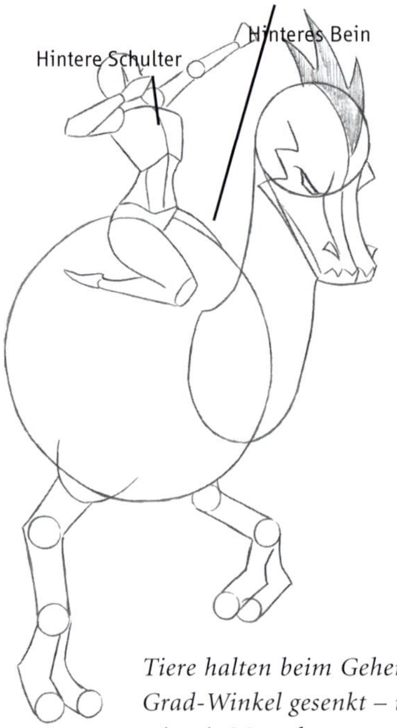

Tiere halten beim Gehen den Kopf in einem 45 Grad-Winkel gesenkt – und nicht hoch erhoben wie wir Menschen.

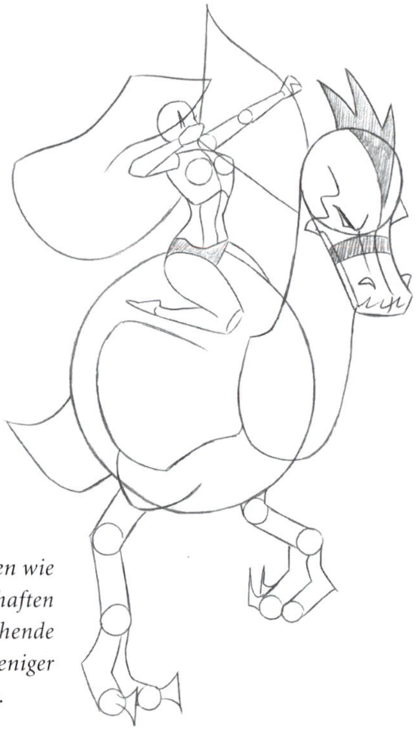

Achten Sie auf die sehr langen und scharfen Krallen wie bei einem Raptor. Sie gehören ebenso zum reptilienhaften Anteil des Vogels wie die Schnauze. Das lange wehende Haar der Frau ist nötig, damit ihre Präsenz nicht weniger stark ist als die ihres außergewöhnlichen Reittiers.

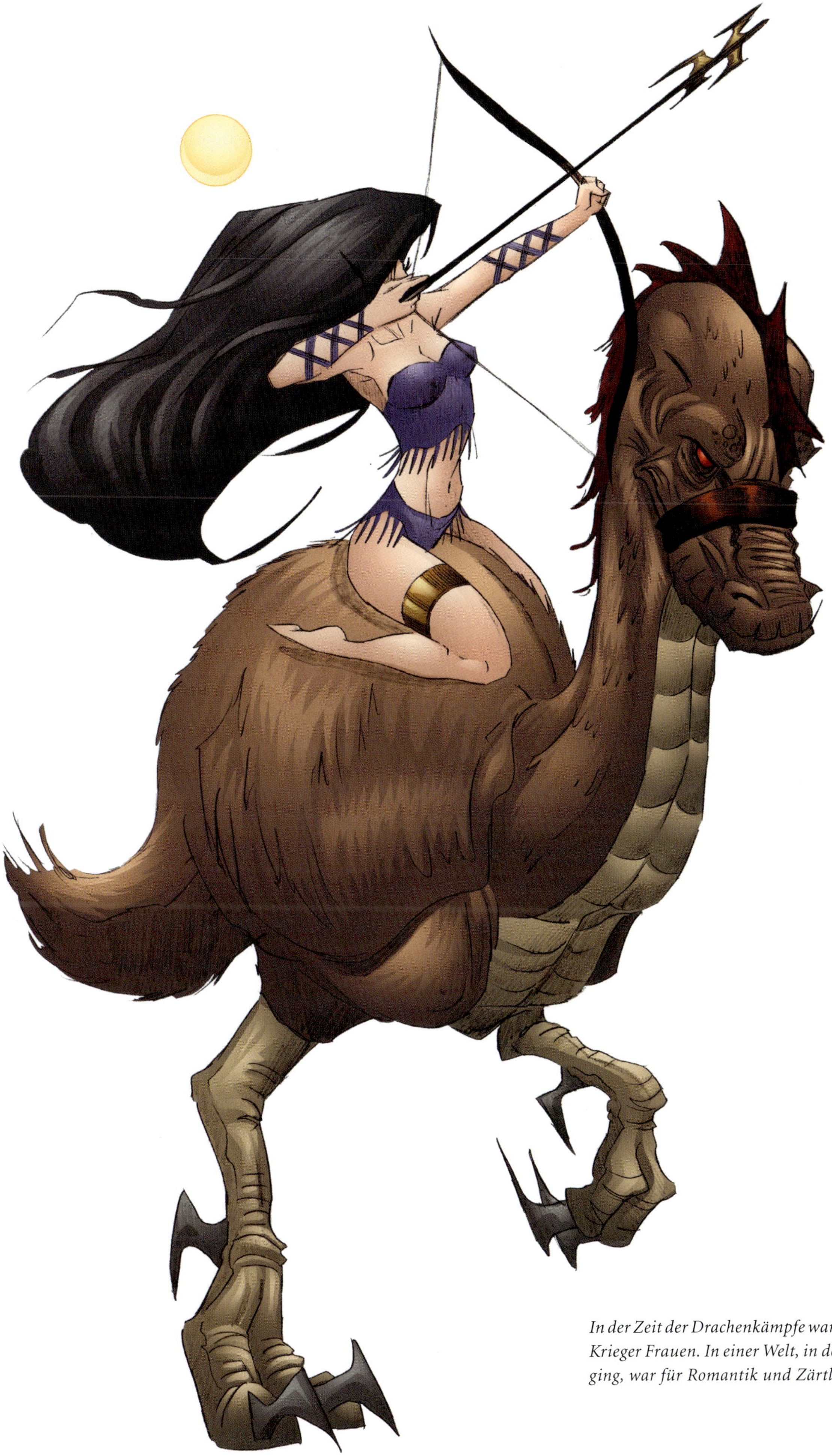

In der Zeit der Drachenkämpfe waren einige der furchtbarsten Krieger Frauen. In einer Welt, in der es ums nackte Überleben ging, war für Romantik und Zärtlichkeit kein Platz.

DER DREIGEHÖRNTE TIGER

Geduckt zum Sprung – das ist für jede große Katze eine wunderbare Haltung. Dabei ist der hintere Rücken nach unten gedrückt und die Hinterläufe sind tief gebeugt. Der Körper sollte wirken, als würde er sich rückwärts bewegen, während die Beine in die entgegengesetze Richtung weisen und so ein ungeheuer dynamischer Moment festgehalten wird. Obwohl die Haltung im Grunde Angst ausdrückt, steht sie diesem kraftvollen Jäger ausgezeichnet. Und durch die gebleckten Zähne, die erhobene Vorderpfote und die ausgefahrenen Krallen wirkt er ausgesprochen angriffslustig.

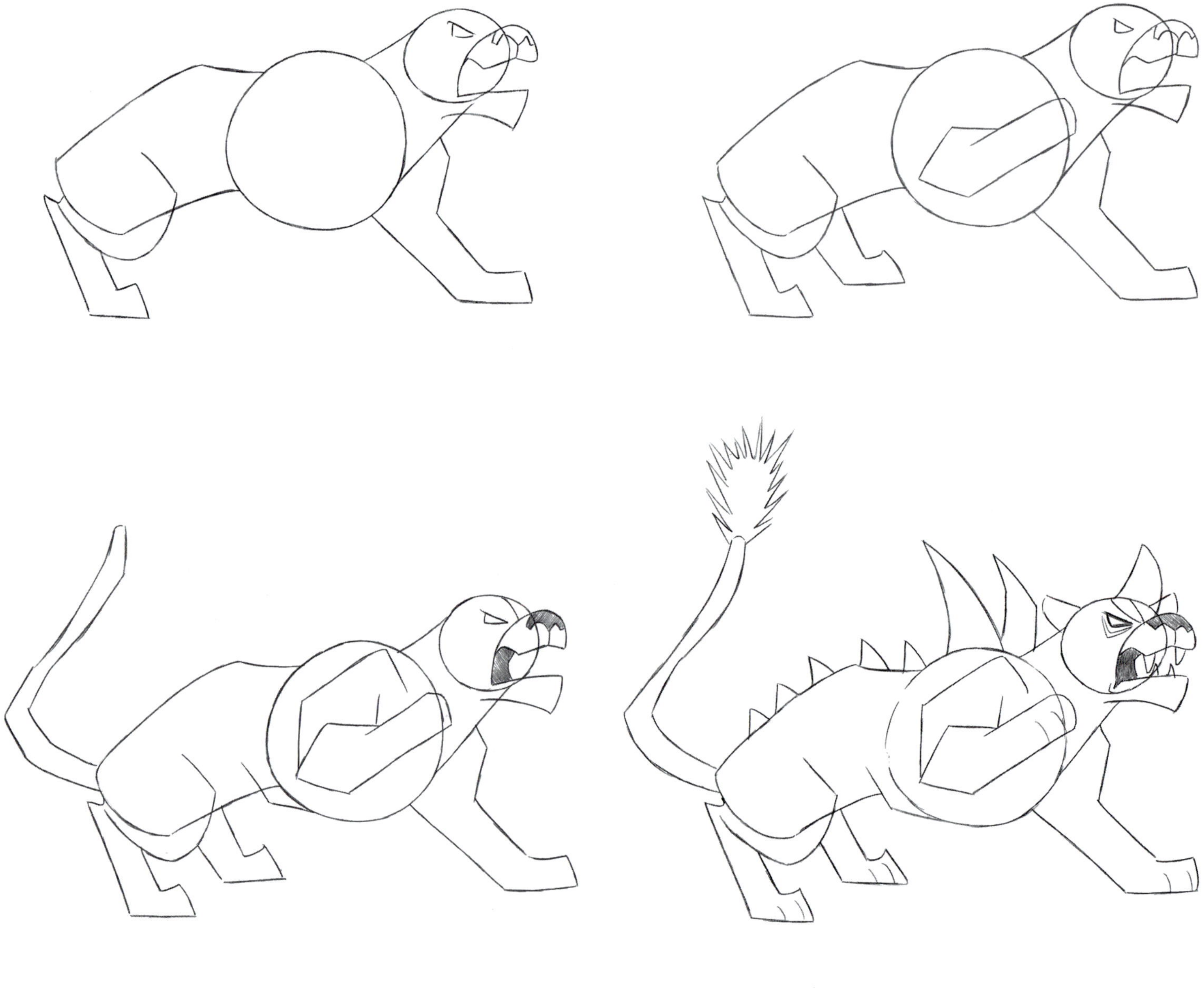

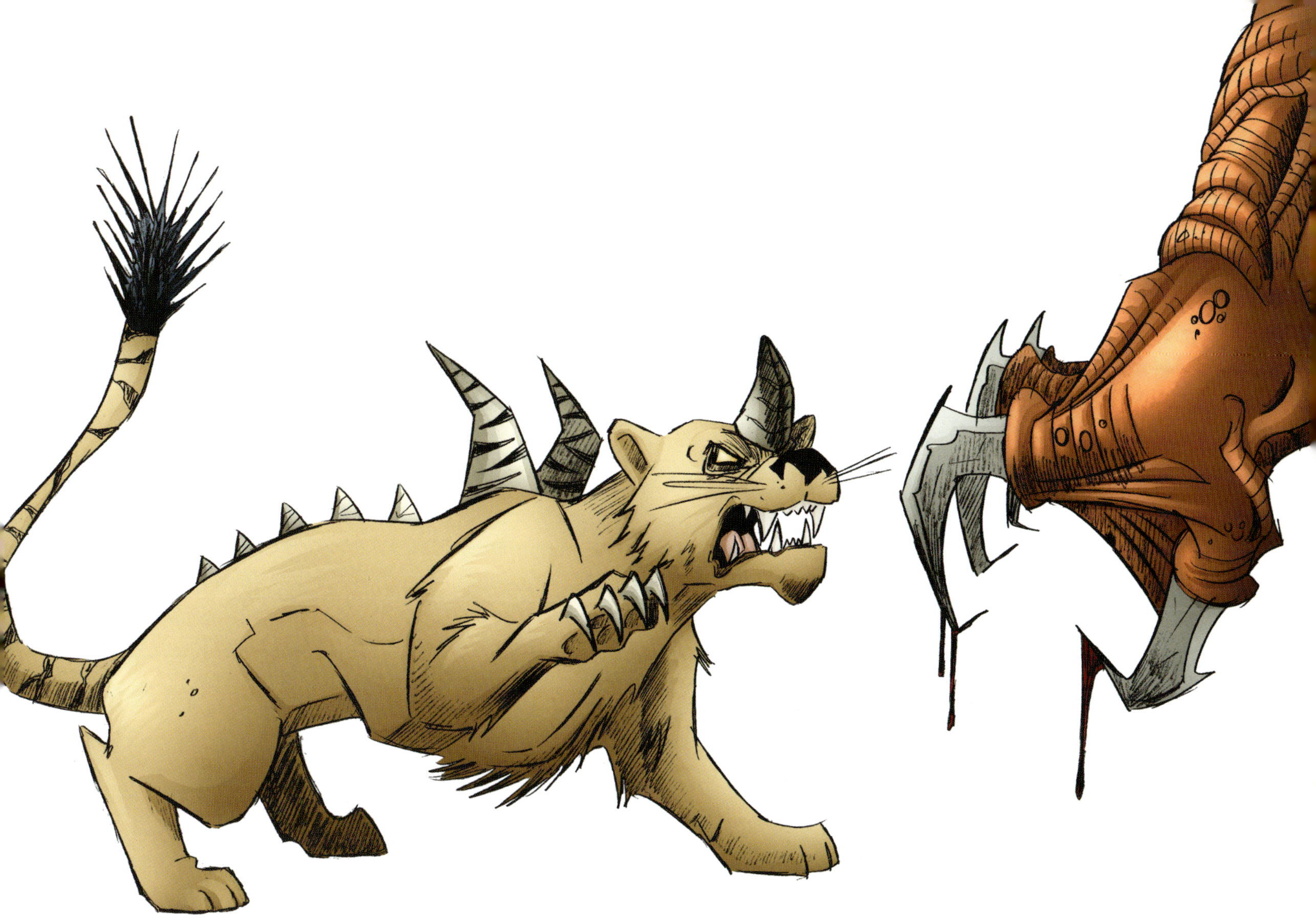

Fantasy-Figuren aus realen Wesen entwickeln

Man sieht hier ganz deutlich, dass der dreigehörnte Tiger nach dem Vorbild existierender Groß-Katzen wie Tigern, Löwen und Panthern entwickelt wurde.
Um ungewöhnliche Fantasy-Wesen zu zeichnen, gibt es einen Schlüssel: Man versieht reale Tiere mit neuen Attributen. So entsteht ein Geschöpf, das anders ist als alles bisher Dagewesene. Wichtig ist, dass jedes Wesen, das Sie zeichnen, in sich stimmig ist. So würden etwa gefiederte Schwingen nicht zu diesem Tiger mit den drei Hörnern passen. Solche Flügel gehören zu einem engelsgleichen Wesen. Außerdem: Wer will schon sehen, wie ein Tiger durch die Lüfte fliegt!
In der Welt unseres Buches sind die Drachen die Flug-Stars , aber spitze Hörner und ein gezackter Rückenkamm passen gut hierher. Auch Dornen und Stacheln und alles andere, an dem man sich verletzten kann, gehören in unser Drachen-Land.
Neue Figuren zu entwickeln ist immer ein Prozess, der auch aus Versuchen und Sackgassen besteht. Machen Sie sich einfach darauf gefasst, den halben Papierkorb zu füllen, ehe Sie auf etwas stoßen, das funktioniert. Bedenken Sie dabei: Unsere Phantasie spielt mit den verschiedensten Dingen, ehe sie etwas Neues kreiert.

SCHRECKWÜRMER

Mit furchterregener Schnelligkeit kommen diese Würmer aus den Löchern und Spalten im Boden hervorgeschossen, in denen sie auf ihre Beute lauern, packen ihr Opfer und zerren es in die Dunkelheit ihrer Höhlen, wo sie es zerreißen und fressen. Sobald ein Schreckwurm jemanden in seine Höhle gezogen hat, gibt es keine Rettung mehr.

Zeichnen Sie alle Köpfe des Wurms genau gleich, aber spielen Sie mit der Größe der Hörner. Wenn alle Köpfe identisch sind, entsteht ganz automatisch der Eindruck einer Todesmaschine. Durch die unterschiedlichen Hörner aber schleicht sich eine subtile Unterschiedlichkeit ins Motiv, die den Schrecken noch verstärkt.

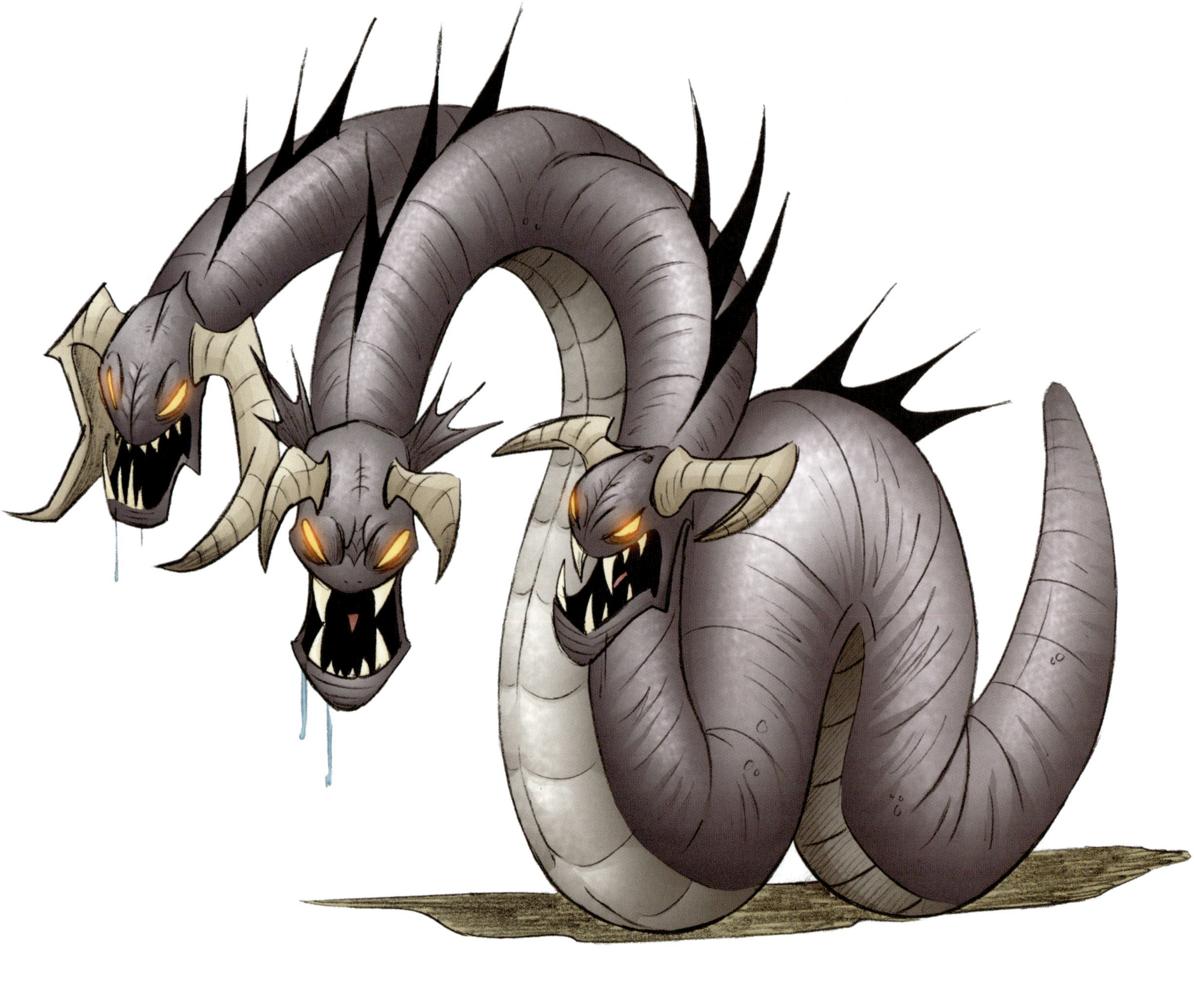

DIE RIESEN - VORTEIL MASSE

Wie zeichnet man etwas, das wirklich groß und eindrucksvoll wirkt? Es gibt mehrere Wege, die zu diesem Ziel führen. Zum Einen können Sie einen Winkel wählen, der das Objekt aus der Sicht von unten zeigt – oder einen, bei dem das Objekt unten breiter erscheint als oben. Das Objekt kann auch Schatten werfen (ein großer Schatten erzeugt immer den Eindruck einer mächtigen Präsenz). Sie können einen mächtigen Körper zeichnen. Und Sie können mit dunklen, breiten Strichen arbeiten.

Doch die wichtigste Technik hat erst einmal nichts mit der Größe des Objekts zu tun. Es geht in Wirklichkeit um das Verhältnis zwischen dem Haupt-Objekt und einem zweiten, kleineren Objekt direkt daneben. Stellen Sie etwas von bekannter Größe so neben Ihr gigantisches Objekt, dass der Größenunterschied sofort ins Auge springt. Im letzten Step des folgenden Motivs sind Menschen zu sehen. Jeder weiß, dass ein Mensch im Durchschnitt etwa 1.72 m bis 1.85 m groß ist. Wenn Sie Menschen neben dem Koloss so winzig klein zeichnen, wie im Beispiel auf Seite 95, erkennt man mit einem Blick, wie riesengroß der Koloss tatsächlich ist, und dass die kleinen Menschlein den ungeheueren Büffel mit den beiden Höckern völlig unter ihrer Kontrolle haben.

Steine neben den Koloss zu platzieren, ist nicht so wirkungsvoll, da ein Stein jede Größe haben kann. Was für den einen wie ein Kieselstein aussieht, kann auf den anderen wie ein Felsblock wirken. Deshalb nochmals das Wichtigste in diesem Fall: Wählen Sie als Vergleichs-Objekt etwas, dessen Größe feststeht und das jeder Betrachter sofort erfasst, wie eine Hütte oder einen Baum.

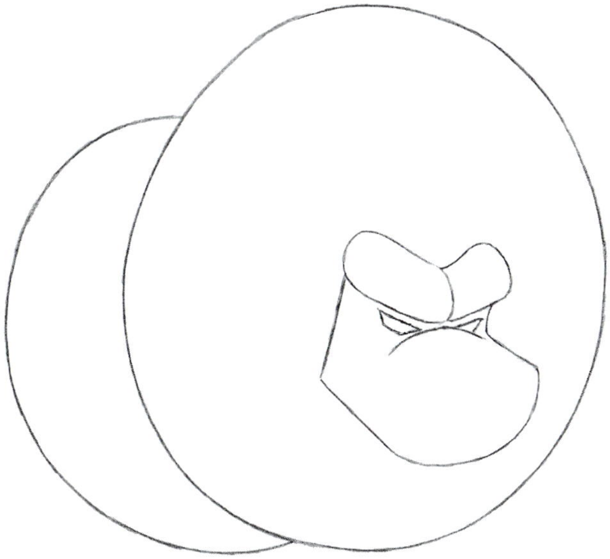

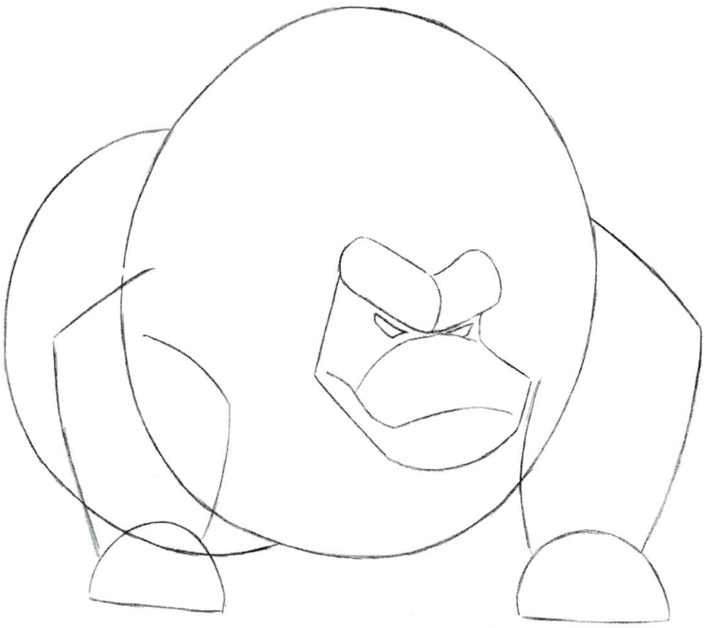

SANFTE STÄRKE

Die riesigen Tiere der Drachenzeit waren so groß, dass sie ganze Dörfer wegtragen konnten. Sie waren Pflanzenfresser (ihre Läufe haben Hufe und sind nicht mit Krallen bewehrt wie die der Raubtiere). Über zwei Wochen lang konnten sie ohne Wasser und Futter marschieren, da sie einen Vorrat in ihren Höckern trugen. Die Nomaden der nördlichen Regionen luden ihre gesamte Habe auf solche riesigen Wesen, wenn sie auf der Suche nach neuen Weidegründen zu ihren Wanderungen aufbrachen.

Interessanterweise wurden die Kolosse immer nur durch Zufall zu Last- und Nutztieren des Menschen. Wenn etwa Drachen die Eltern getötet hatten, war ein Baby-Koloss verwaist und dem Tod ausgeliefert. Da er keinem Menschen etwas zu Leide tun würde, nahmen die Nomaden sich eines solchen Findelkindes an und sorgten so liebevoll und umsichtig für den Kleinen, dass er zu einem treuen Mitglied des Stammes wurde.

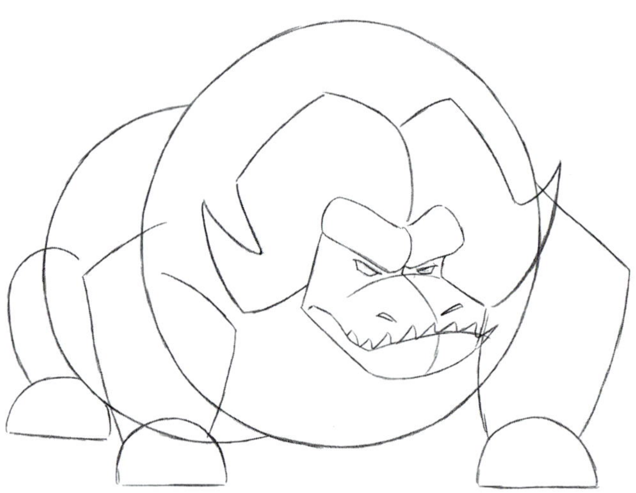

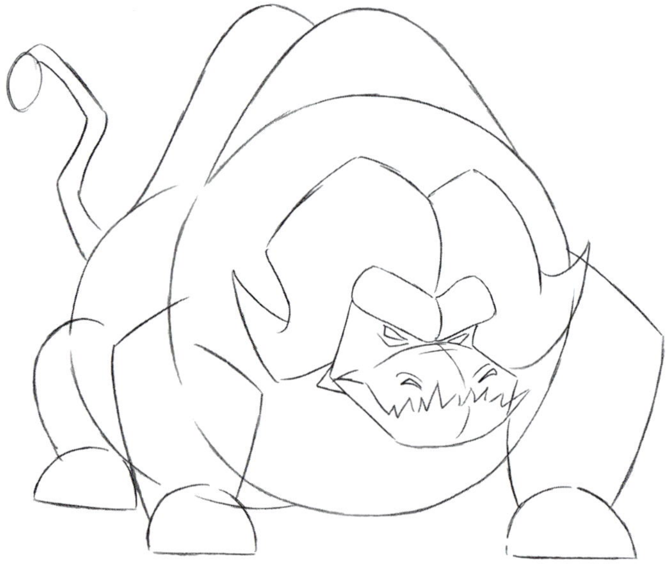

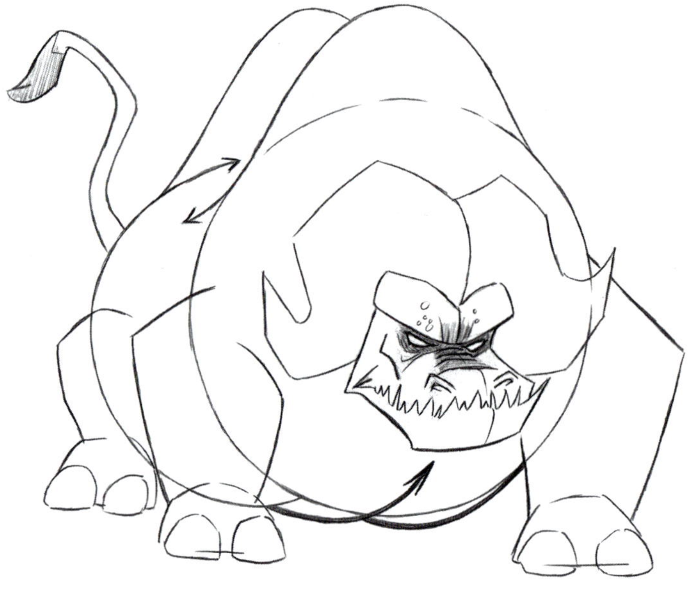

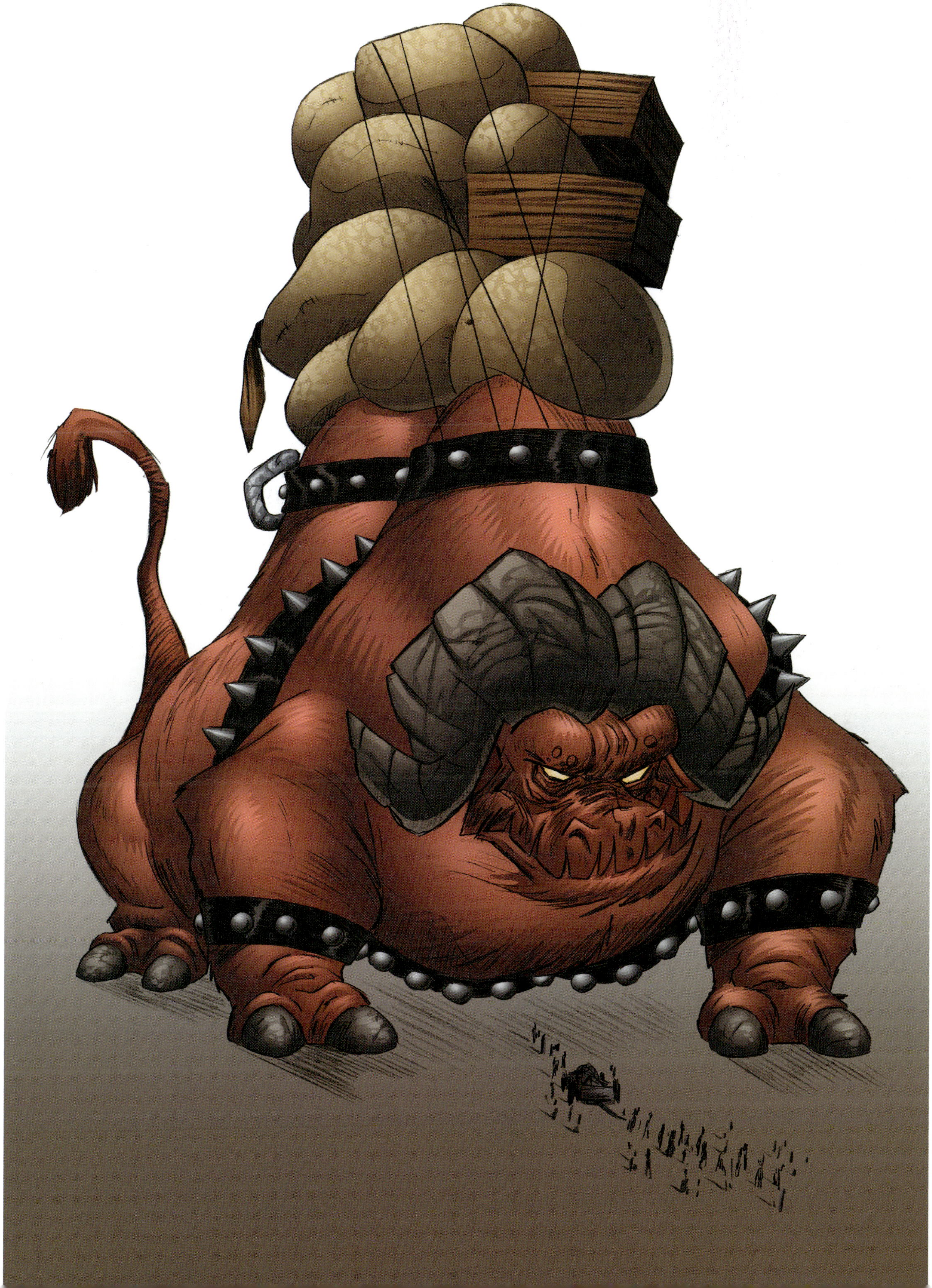

VI

DRACHEN-JÄGER

Aus unseren Überlieferungen wissen wir, dass die Geschichte der Menschheit aus Mord, Totschlag und Krieg besteht. Doch das war nicht immer so. Über weite Zeiträume waren die Menschen friedlich. Dann aber kamen die Drachen. Das Morden begann und die Menschen wurden zu Drachenjägern.

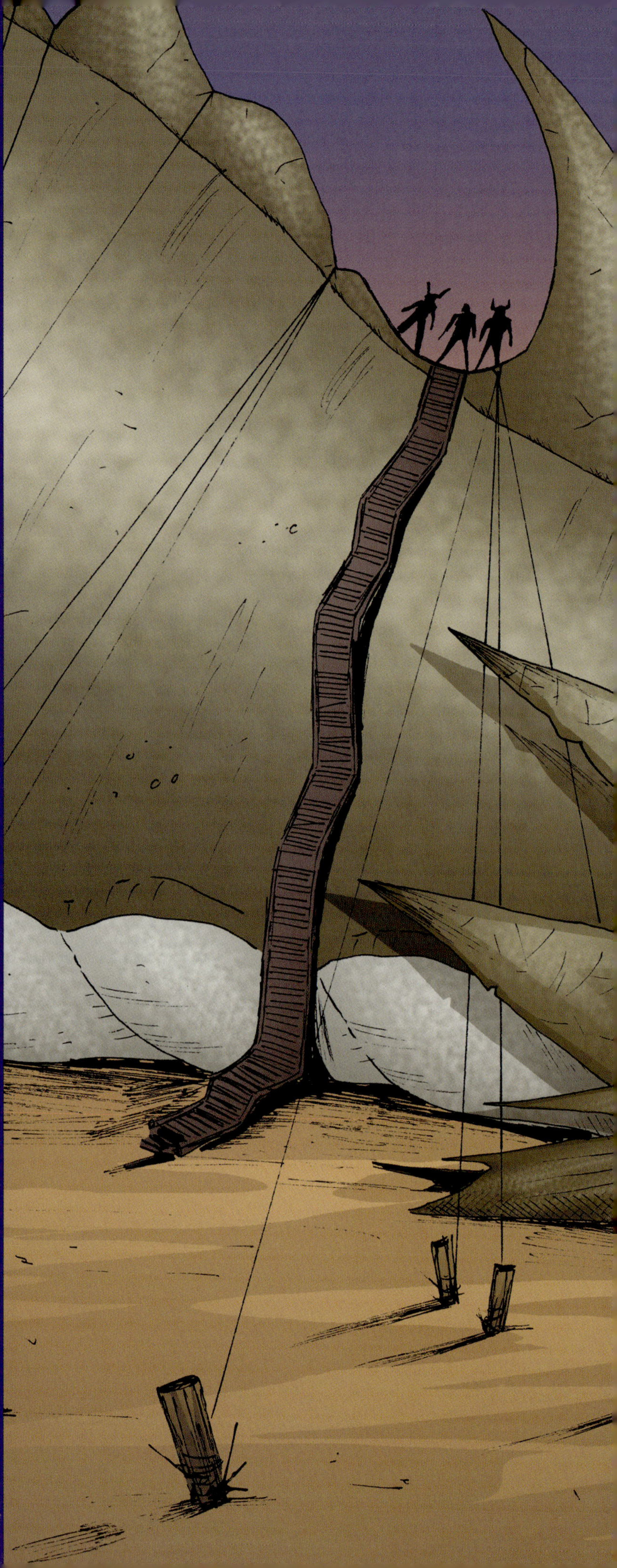

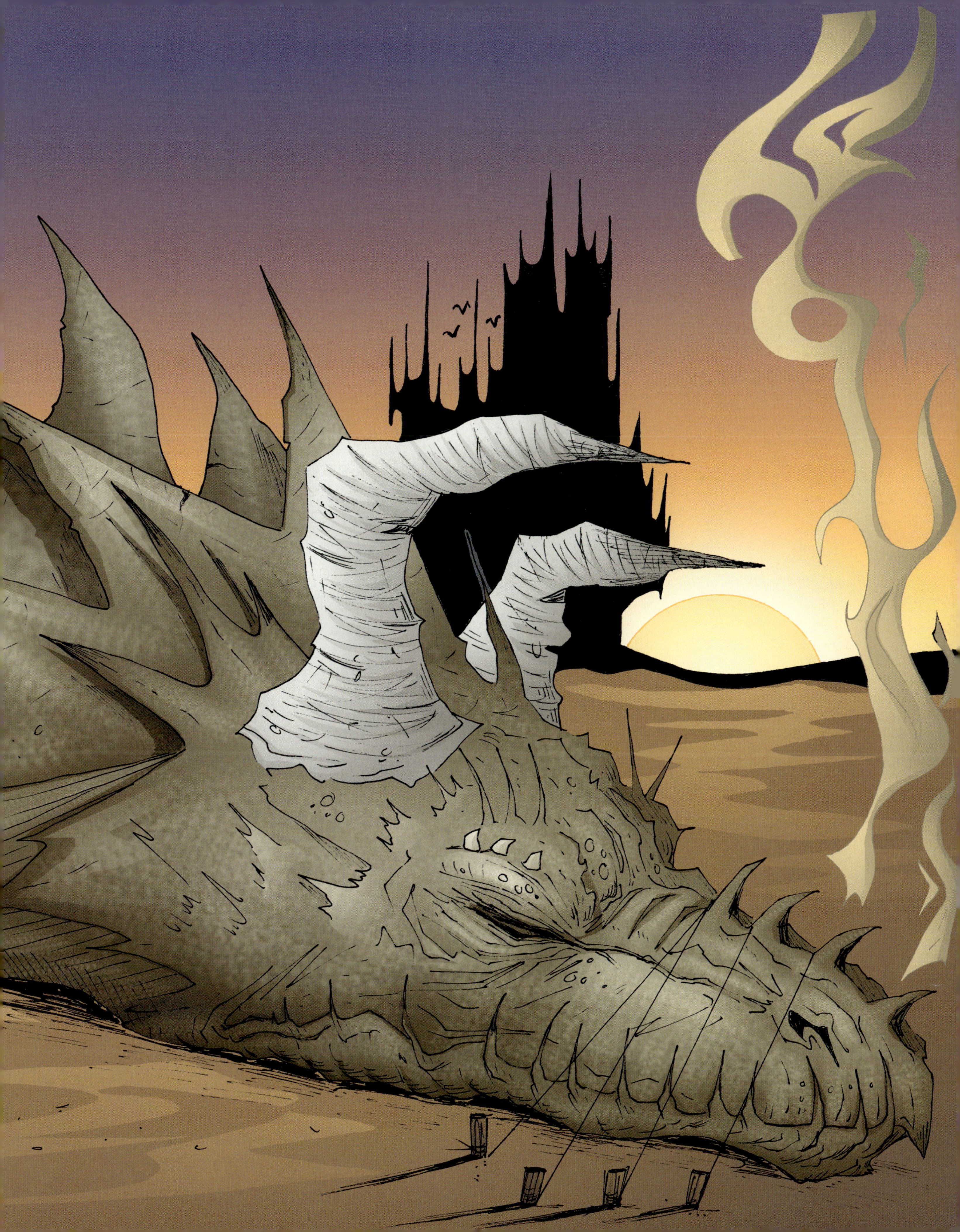

DAS ZEITALTER DES TERRORS

Eins nach dem anderen wurden ganze Dörfer von den Drachen ausgelöscht. Überall in den menschlichen Behausungen wütete das Inferno. Die ehemals so friedlichen und heitereren Bewohner duckten sich unter dem Terror und lebten in Angst und Schrecken. Sie verkrochen sich in tiefen Höhlen und versteckten ihre Kinder vor dem Sonnenlicht, damit keiner der immer präsenten Drachen sie erspähen und töten konnte. Doch als nichts das Morden stoppen konnte und sie den sicheren Tod vor Augen hatten, mussten die Menschen eine schwierige Entscheidung treffen. Sollten sie ihr friedliches Leben aufgeben und den Pfad des Krieges beschreiten – oder sollten sie so weiterleben, wie bisher, und so unschuldig sterben wie sie gelebt hatten?

Sie wählten den Pfad des Krieges und begannen sich zu sammeln. Zunächst kamen sie heimlich in kleinen Gruppen von zwei, drei Leuten zusammen. Sie tauschen ihre Erfahrungen aus und berichteten einander, was sie beobachtet hatten. Vor allem aber begannen sie Waffen anzufertigen und die Jugend auf den Weg der Gewalt zu bringen. Das Überleben der Menschheit hing davon ab, die Bestien zu töten. Damit war die Zeit des Friedens vorbei.

Als erstes bildeten sich die Bogenschützen. Diese Jäger und Krieger hatten nur eine Chance: einen Pfeil, der den verwundbaren Stellen auf der Unterseite des Drachen treffen musste. Schon ein Augenblick des Zögerns bedeutete ihr Ende.

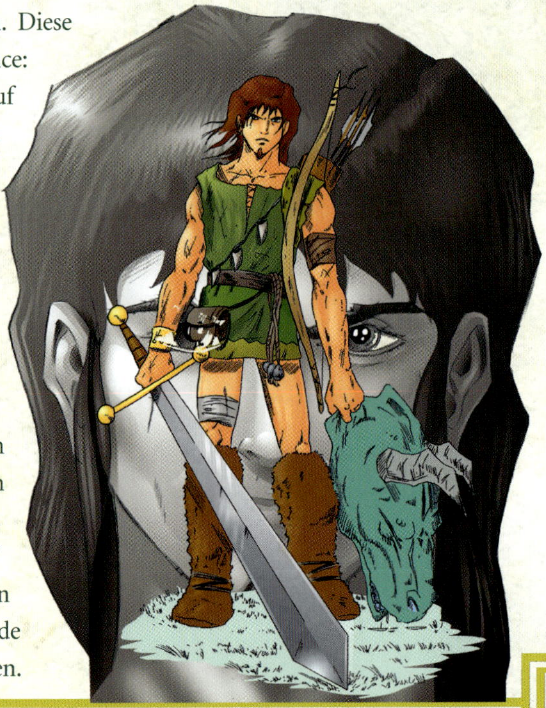

Neben dem Langbogen und den Pfeilen trug jeder Bogenschütze ein großes zweischneidiges Schwert und eine Werkzeugtasche, um seine Pfeile Instand zu halten und die Spitzen zu schärfen. Und er vervollständigte seine Bewaffnung mit den gefürchteten bolas, einer Wurfwaffe, die sich mit Gewichten an Bändern um die Beine der Tiere schlang. Mit einem guten Wurf konnte sie auch die Schnauze eines Drachen umwickeln und ihn für alles entscheidende Momente daran hindern, sein Maul zu öffnen.

SCHWERT-KÄMPFER

Ein gut ausgebildeter Schwertkämpfer kann den Angriff eines Drachen mit einer einzigen blitzschnellen Bewegung zurückschlagen. Doch wenn sein erster Hieb nicht trifft, hat er keinen zweiten Versuch. Im hier gezeigten Abwehrmanöver kniet der Krieger und lehnt sich zurück, um mit einer einzigen schwingenden Bewegung des Schwertes die Drachenklaue, die eben zupacken will, zu treffen. Kann er den Drachen tatsächlich zum Rückzug zwingen, hat er gerade noch Zeit, sein Pferd zu erreichen. Der Bogen, den die Waffe über dem Kopf des Kriegers beschreibt, muss mindestens eine Schwertlänge lang sein. Zeichnen Sie die Linien, mit der die Kurve des Schwerthiebs verdeutlicht werden, zur Schwertspitze hin dichter und zu Beginn des Bogens weiter aufgefächert.

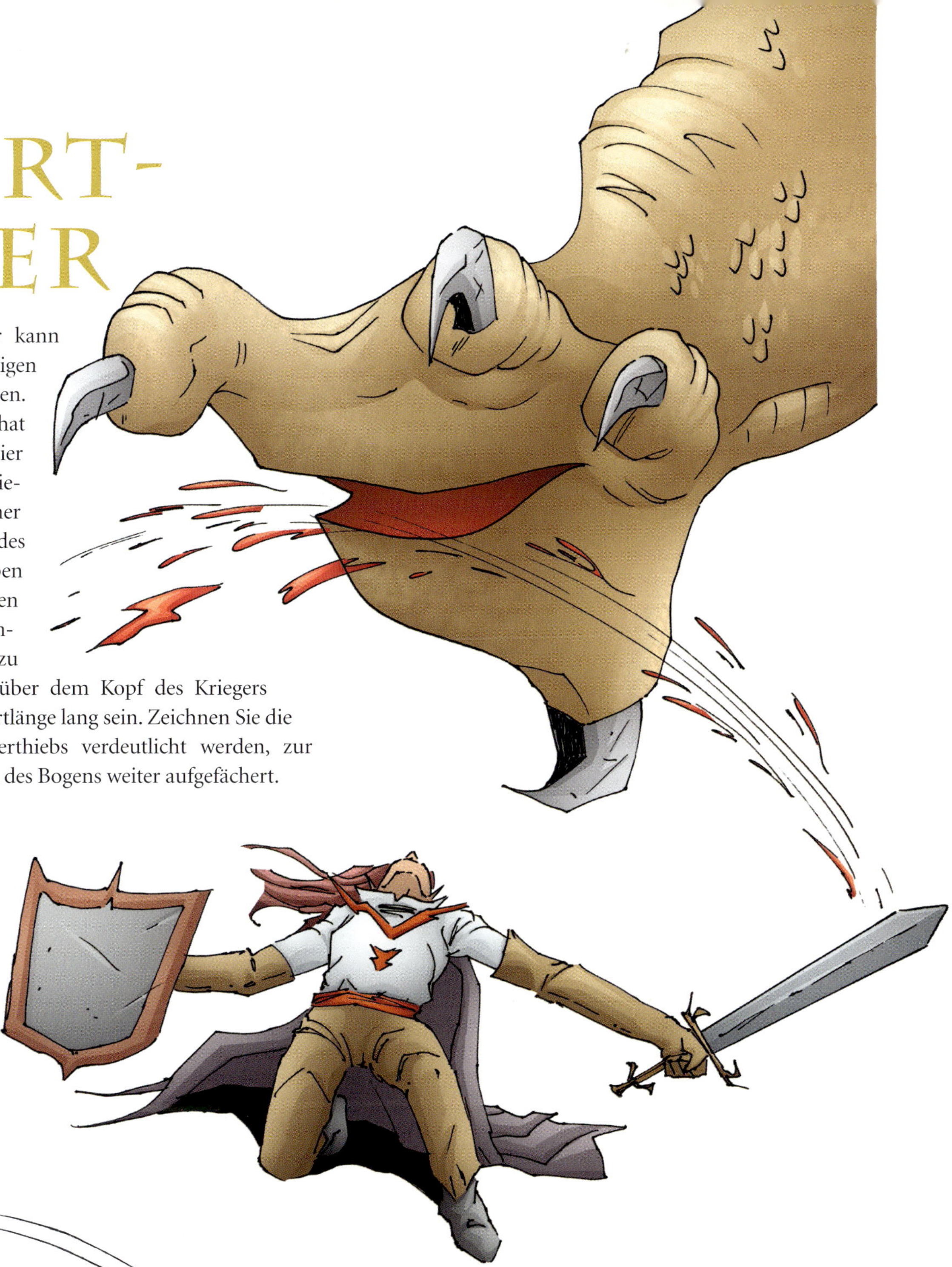

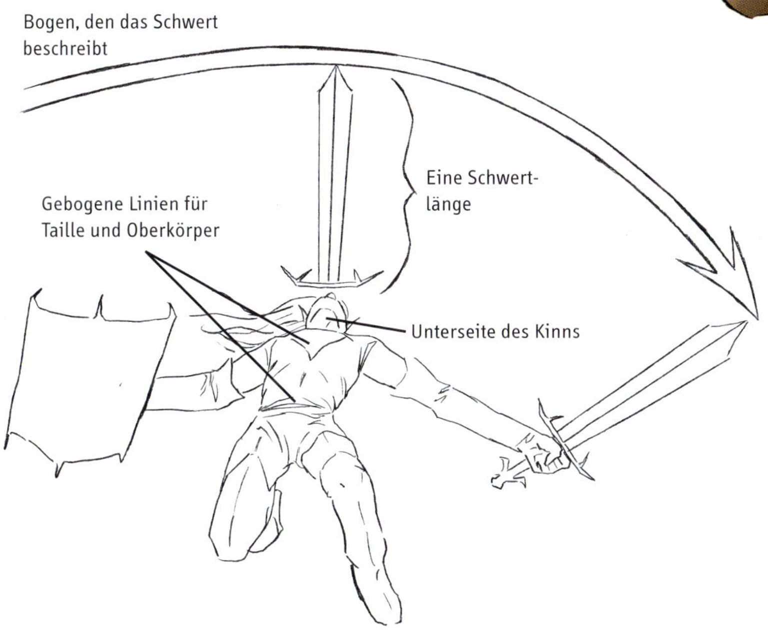

Das lange Haar weht heldenhaft zur Seite.

FEUERSCHILDE

Schwertkämpfer tragen große gewölbte Spezialschilde, die den gewaltigen Feueratem eines Drachen zurückwerfen können. Um die Dramatik einer solchen Szene darzustellen, müssen Sie zwei Dinge zeigen: Die Flammen, die vom Schild abprallen sowie – und das ist vielleicht noch wichtiger – die Wucht des Feuerstoßes, die den Kämpfer in die Knie zwingt.

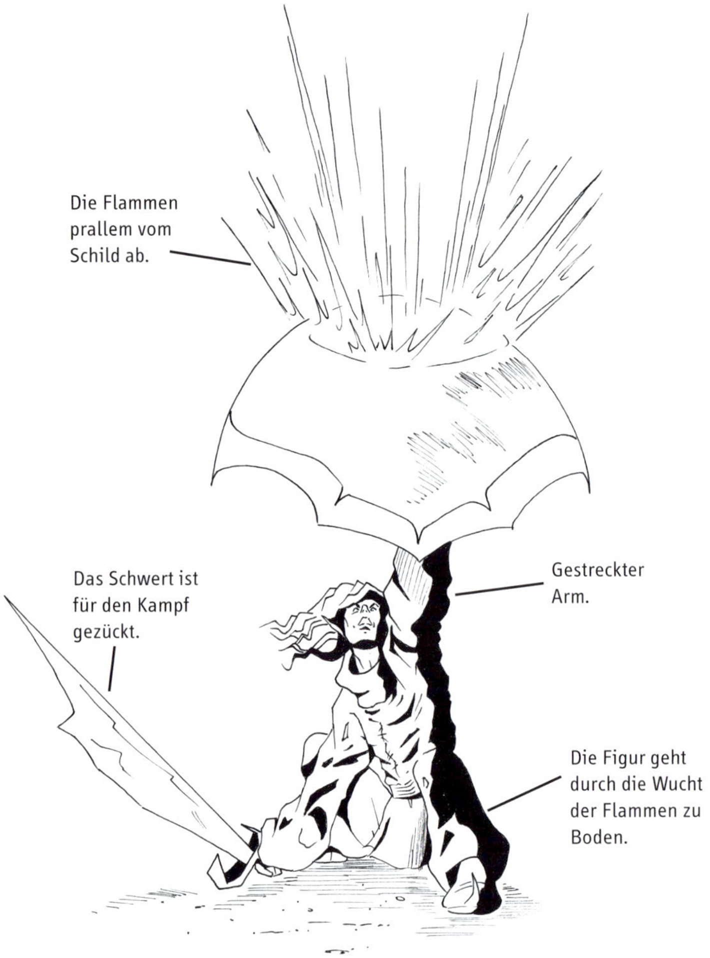

Die Kraft der Flammen zwingt die Figur zu Boden. Der Kämpfer drückt den Schild mit ausgestrecktem Arm weit weg von seinem Körper. Wenn Sie den Schild hoch über der Figur zeigen, kann diese Kampfszene ihre ganze Wirkung entfalten. „Klebt“ der Schild dagegen nah an der Figur, wirkt die Szene gedrungen und klein, statt heldenhaft.

Mit einem normalen Schild kann man einen solchen Angriff nur wenige Momente überleben. Deshalb haben die Dorfbewohner einen neuen Schild erfunden, der nach außen gekrümmt ist. Von ihm prallen die Flammen ab und ein Krieger kann ihn selbst dann noch halten, wenn ihn der Feuerschwall eines Drachen voll trifft. Obwohl diese Schilde nur ein kleiner Fortschritt im Krieg gegen die Drachen waren, so waren sie doch der entscheidende Durchbruch in der Waffentechnik. Wenn Sie den Schild in einem Bild zeigen wollen, dann zeichnen Sie eine menschliche Figur, die sich mit dem ganzen Oberkörper in einem 45 Grad-Winkel gegen den Schild stemmt, um der Wucht des Feuers zu begegnen.

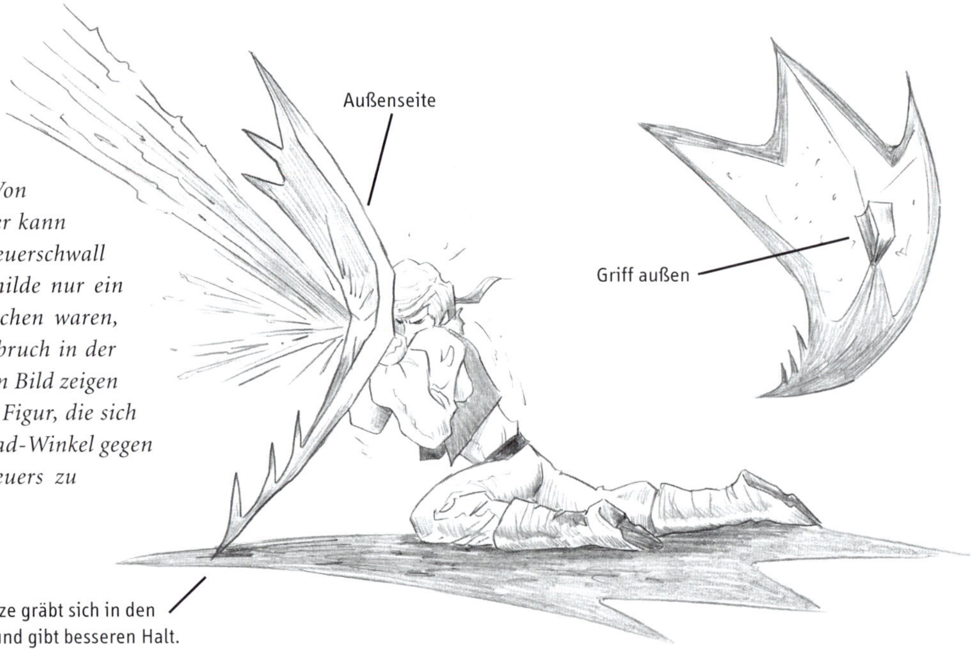

SPEERE

Speere sind auf vielen der aufregendsten Kampfszenen zwischen Menschen und Drachen zu sehen. Diese Waffen erinnern an prähistorische Felszeichnungen, auf denen unsere Vorfahren mit zottigen Mammuts kämpften. Diese uralten Bilder sind voll gewaltiger Dramatik.

Ganz langsam begann sich das Blatt zu wenden. Zunächst hatten es die Menschen unter Aufbietung aller Kräfte geschafft, die Angriffe der Drachen hin und wieder abzuwehren, dann aber begannen sie nach und nach damit, diese scheinbar unverwundbaren Feinde regelrecht zu jagen. Dies gelang immer besser, als die Menschen lernten, wirksames Gift herzustellen und die Spitzen ihrer Speere und Pfeile damit zu präparieren. Die Giftstoffe wirkten schnell, aber nicht bei allen Drachen. Außerdem waren viele Wirkstoffe nur unter großen Anstrengungen zu bekommen und reichten dann nur aus, um eine kleine Menge Gift herzustellen. Doch alle Mühe lohnte sich, denn zum ersten Mal wurden die Gejagten zu Jägern. Sie griffen einen Drachen nun in kleinen Gruppen von drei oder vier Jägern an. Die Speere erlaubten ihnen, den Feind aus größerer Entfernung oder, wenn das Gelände günstig war, sogar von oben anzugreifen.

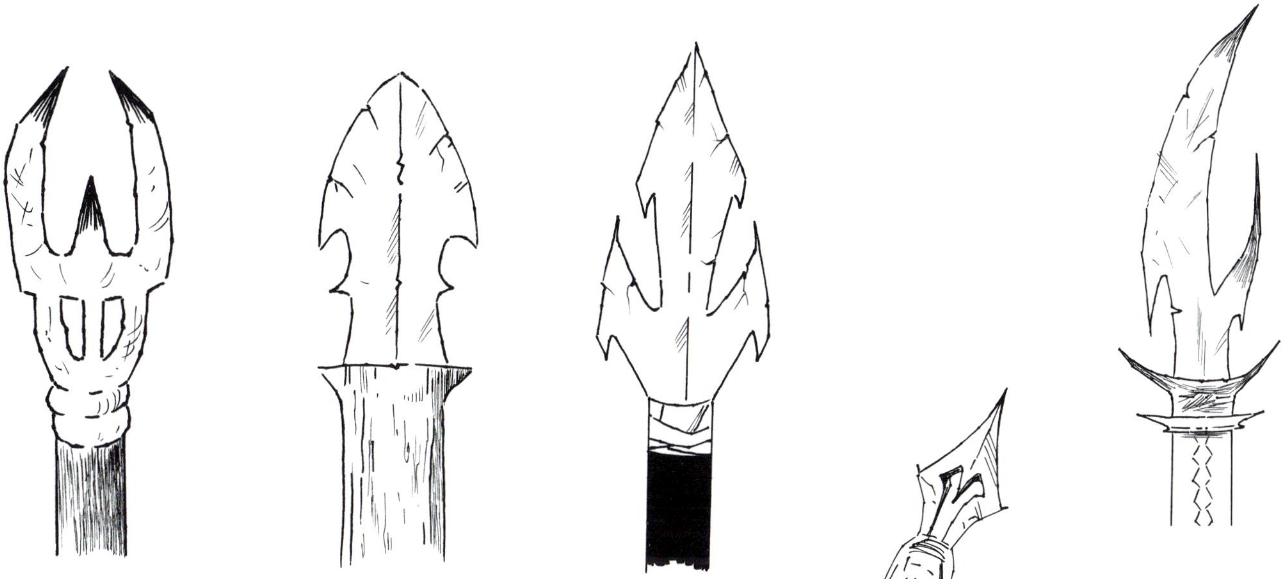

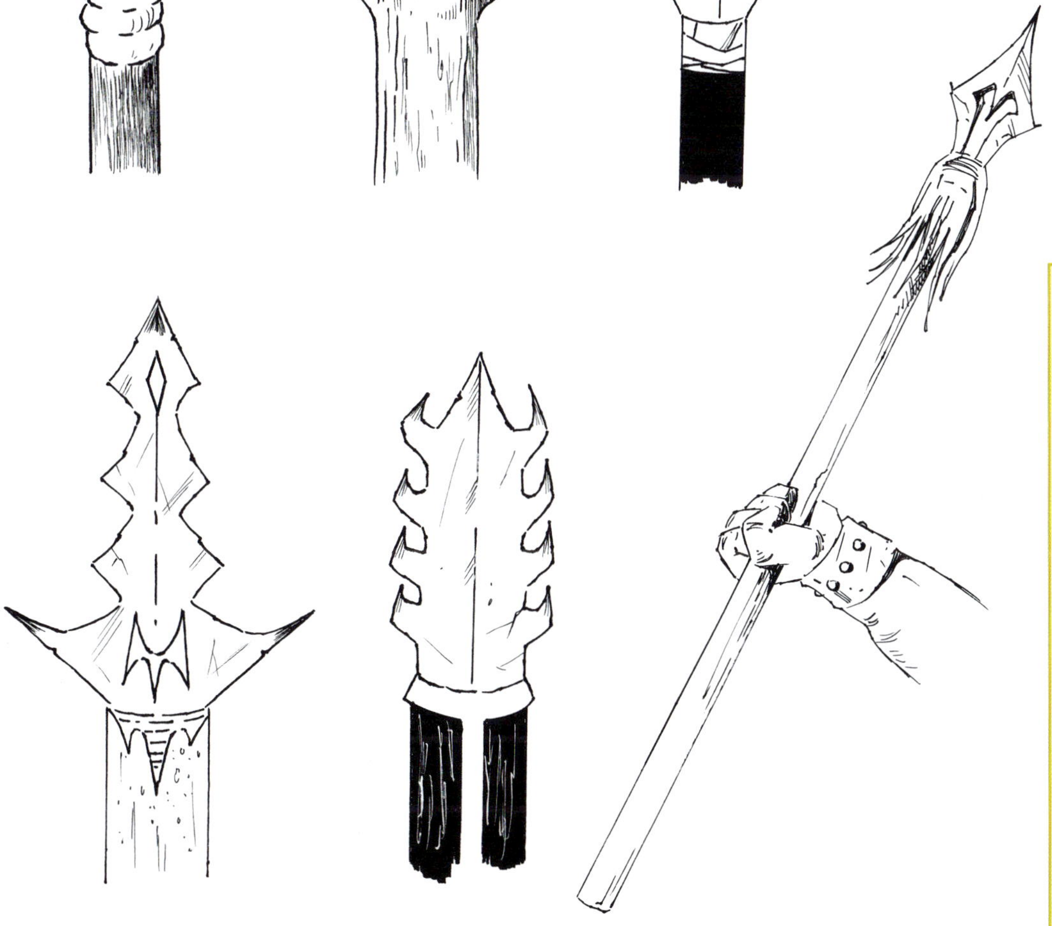

SPEERSPITZEN

Jeder Stamm hatte einen meisterlichen Handwerker, der eine ganze Reihe an unterschiedlichen Speeren und Speerspitzen anfertigen konnte. Manche waren hervorragende Wurfwaffen, andere eigneten sich besonders gut dazu, die dick gepanzerte Haut eines Drachen aufzuschlitzen.
Am gefährlichsten waren jedoch Speere, die sich mit ihren Widerhaken so in eine Wunde bohrten, dass der Drache sie nicht mehr abschütteln konnte.

NUR DIE TAPFERSTEN ...

Nur die tapfersten Krieger gelangten überhaupt nahe genug an einen Drachen heran. Doch war ein Mensch ihm einmal so nahe gekommen, konnte ein Drache nicht mehr ausweichen. Jetzt war er zum Angriff gezwungen. Wenn er seine rasiermesserscharfen Klauen hob, um den Mann vor sich mit einem Hieb zu erledigen, hatte der Krieger nur noch eine Chance, eine winzige Chance: Es musste ihm gelingen, seinen Speer ganz nach hinten zurückzuziehen, und ihn genau dann, wenn der Drache seinen winzigen Gegner einen Moment lang irritiert ansah, in sein Ziel zuschleudern.

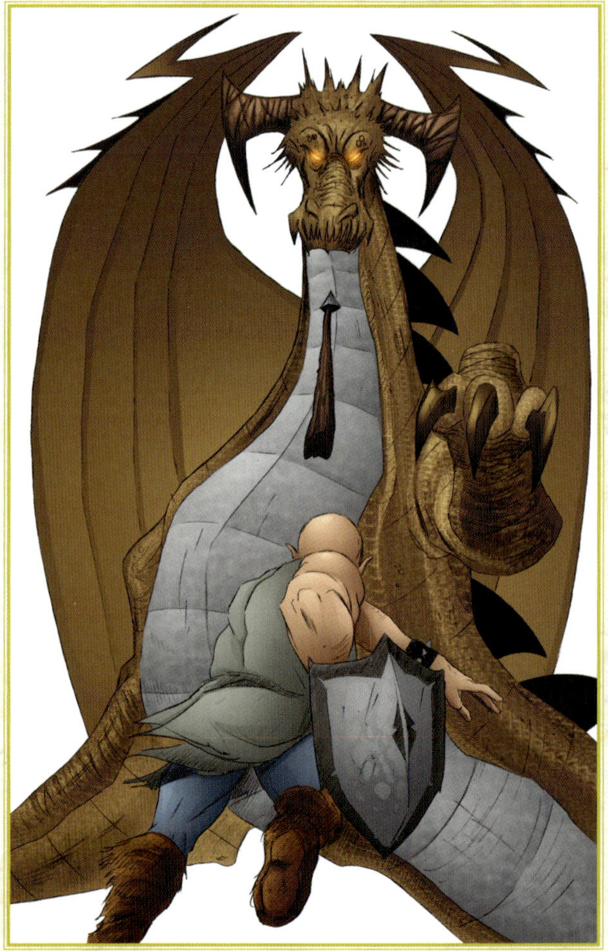

Szenenaufbau für einen entscheidenden Moment

Bei diesem Aufbau blicken wir direkt auf den Krieger vor uns und sehen gleichzeitig zum Drachen vor ihm hoch. Aus dieser Perspektive blickt der Drache nicht nur auf den Menschen vor sich, sondern auch gleichzeitig auf den Betrachter. So wird man in die Szene hineingezogen und Teil des dramatischen Geschehens.

Gleichzeitig wurde noch eine weitere Zeichentechnik angewendet, die den Betrachter anrührt - es wurden bestimmte Partien des Kriegers bewusst verändert: Der rechte Ellbogen ist etwas vergrößert, was die Kraft, mit der er den Speer geschleudert hat, besser zum Ausdruck bringt. Nun wirkt es, als würde er sich vom Betrachter weg oder zu ihm hin bewegen. Seitliche Ansichten sehen nett aus, aber sie beziehen den Betrachter nie mit solcher Konsequenz mit ein.

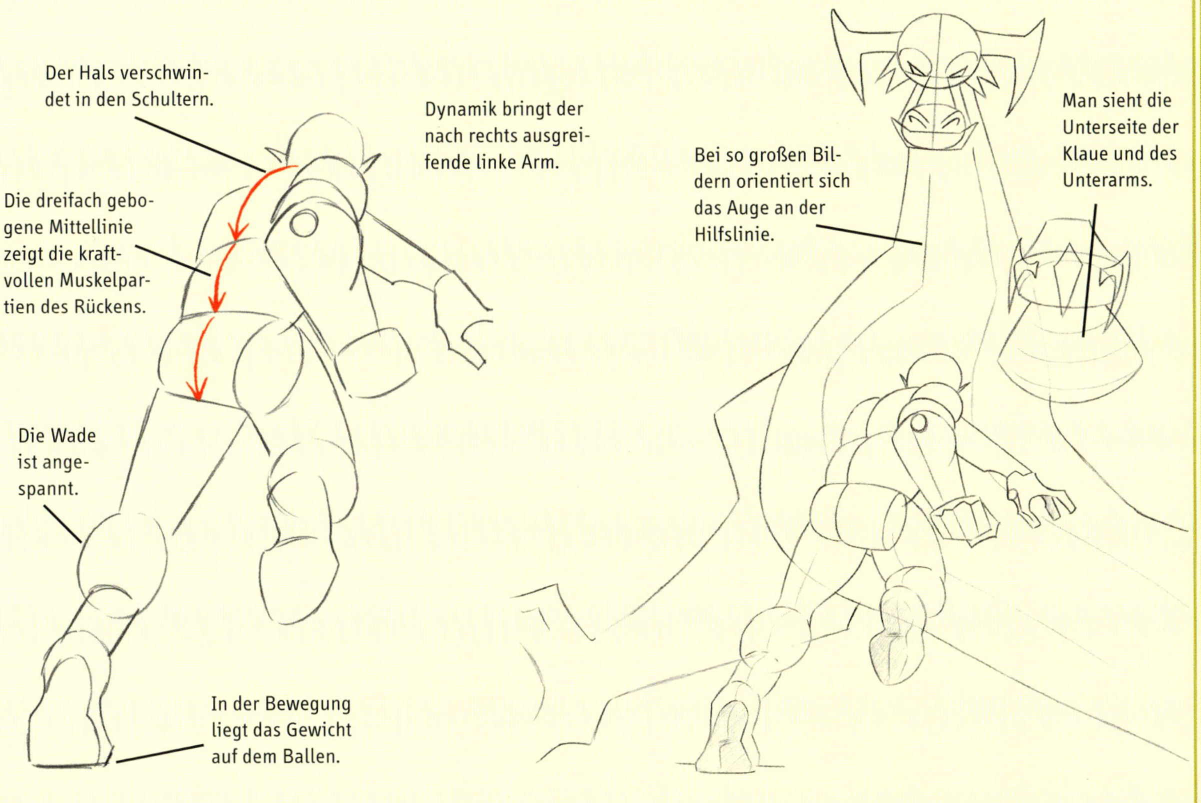

WEIBLICHE KRIEGER

Eine Kriegerin ist ein interessantes Motiv. Meist werden weibliche Krieger halb als primitive Prinzessin und halb als wilder Krieger gezeigt. Das macht sie zu unbarmherzig wirkenden und gleichzeitig schönen Frauen, die Leidenschaftlichkeit und wildes Temperament ausstrahlen. Als die Kämpfe zwischen Mensch und Drachen grausamer wurden, traten immer mehr dieser Kriegerinnen auf den Plan und griffen ins Geschehen ein.

Wenn Sie eine Kriegerin zeichnen, müssen Sie ihre Proportionen so wählen, dass sie Sexappeal, Kraft und Schönheit ausdrücken. Breite, eckige Schultern, eine schmale Taille und kräftige Hüften sind die wichtigsten Schlüsselsignale dieser Figuren.

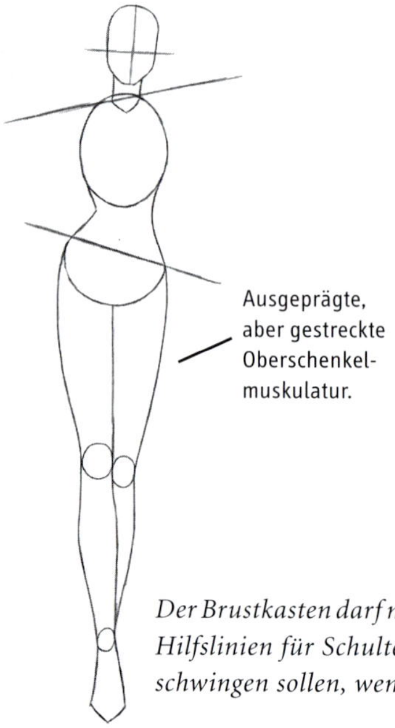

Der Brustkasten darf nicht zu schmal geraten. Zeichnen Sie Hilfslinien für Schultern und Hüften, die gegen einander schwingen sollen, wenn die Figur auf Sie zugeht.

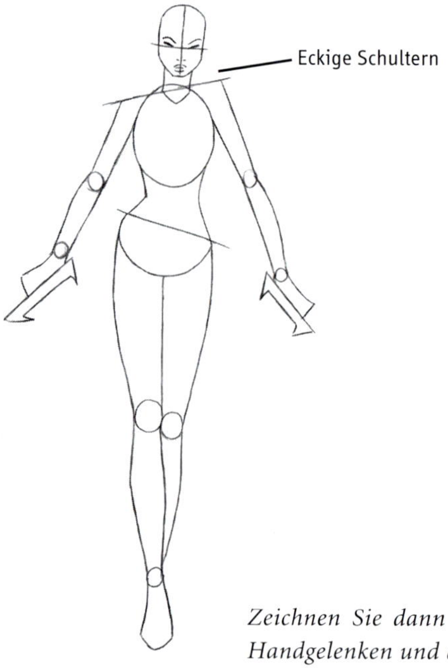

Zeichnen Sie dann die Arme mit Ellbogen und Handgelenken und deuten Sie das Gesicht an.

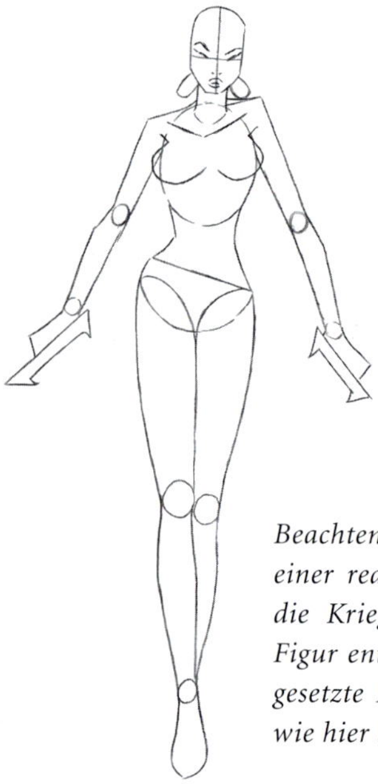

Beachten Sie, dass die Beine länger sind als bei einer realen Frau. Dieser kleine Trick macht die Kriegerin so attraktiv. Wenn man eine Figur entwirft ist es oft ratsam, zwei entgegen gesetzte Eigenschaften stark herauszuarbeiten wie hier körperliche Kraft und Weiblichkeit.

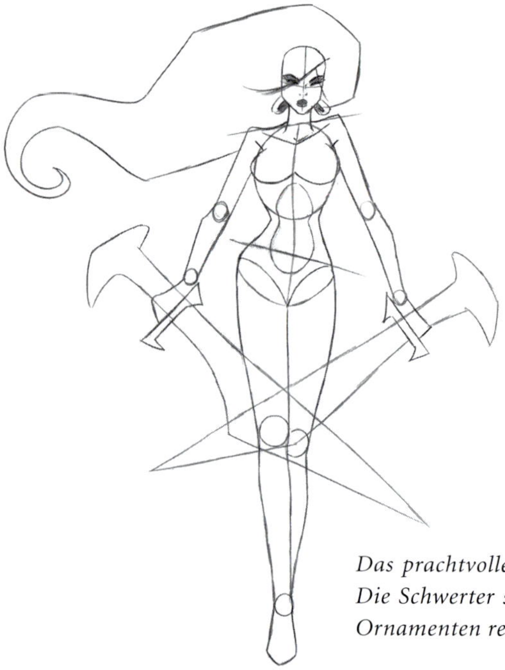

Das prachtvolle Haar weht im Wind. Die Schwerter sind übergroß und mit Ornamenten reich verziert.

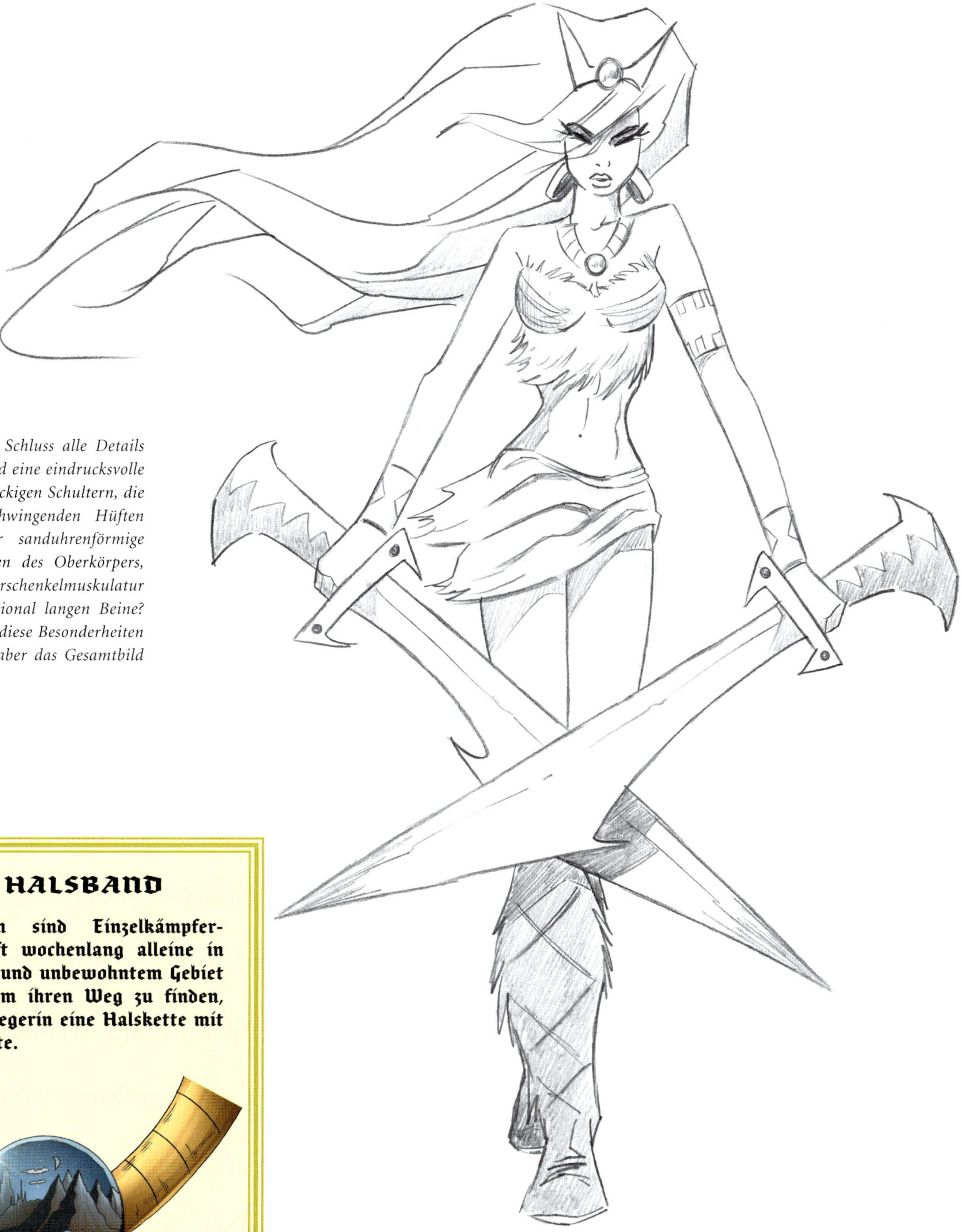

Sehen Sie, wie zum Schluss alle Details zusammenwirken und eine eindrucksvolle Figur schaffen? Die eckigen Schultern, die entgegen gesetzt schwingenden Hüften und Schultern, der sanduhrenförmige Körper, die Konturen des Oberkörpers, die gestreckte Oberschenkelmuskulatur und die überproportional langen Beine? Das Auge nimmt all diese Besonderheiten nicht einzeln wahr, aber das Gesamtbild funktioniert.

DAS HALSBAND

Viele Frauen sind Einzelkämpferinnen und oft wochenlang alleine in unwirtlichem und unbewohntem Gebiet unterwegs. Um ihren Weg zu finden, trägt jede Kriegerin eine Halskette mit einer Landkarte.

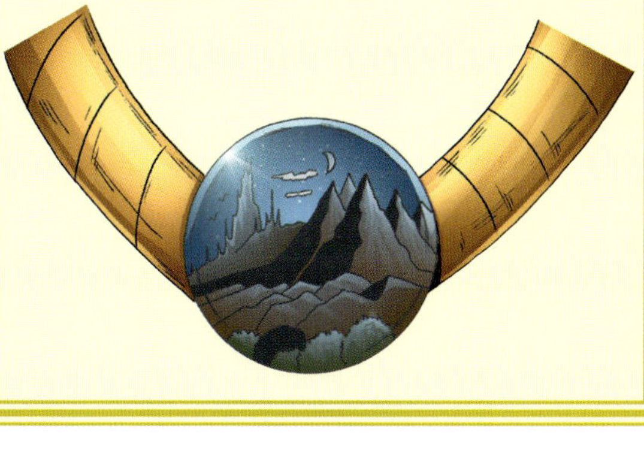

VERWUNDETE DRACHEN

Das gefährlichste, was ein Krieger überhaupt tun kann, ist einen Drachen nicht zu töten, sondern ihn nur zu verwunden. Keine Bestie ist gefährlicher als ein verwundeter Drachen. Wenn ein Jäger einen Drachen angreift, hat er nur einen Versuch, denn die Reaktion des Drachen ist immer tödlich. Ein guter Schuss auf die Schulter, den Ellenbogen oder das Knie macht den Drachen zwar langsamer, aber erst mehrer Treffer machen einen Drachen kampfuntauglich. Die ersten Jäger, die einen Drachen an einer dieser Stellen attackierten, tötet er sicher noch.

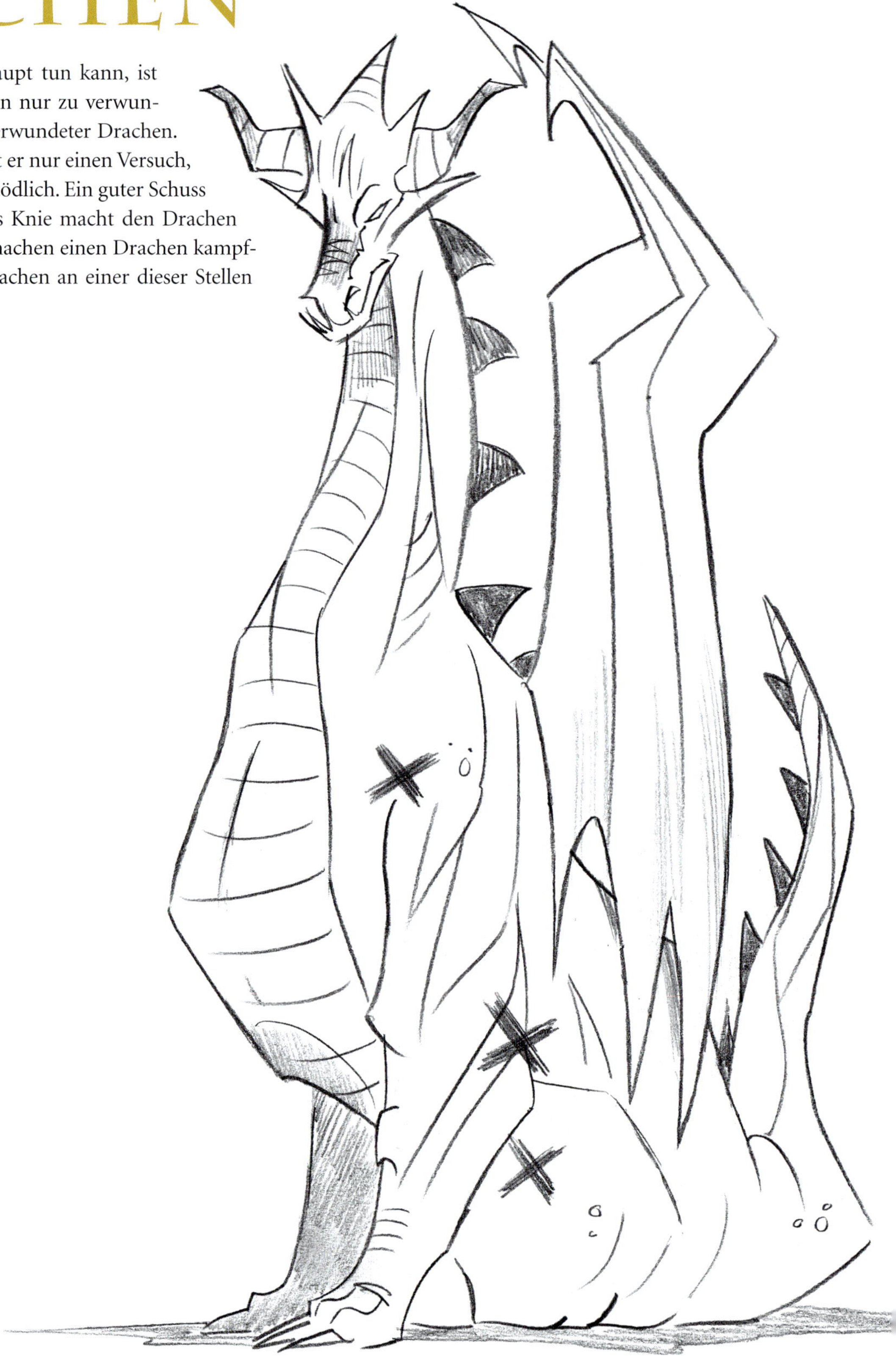

TODESPUNKTE

Es gibt nur drei Stellen, an denen man einem Drachen tödliche Verletzungen zufügen kann, und alle drei liegen auf der weichen Bauchseite des Tieres: Der Punkt direkt unter dem Kiefer, der Übergang zwischen Hals und Rumpf und eine Stelle direkt unter dem Kreuz. Doch selbst hier wird ein leichter Treffer den Drachen nur zornig machen. Wenn der Pfeil jedoch gut sitzt, tritt ein Blick des ungläubigen Staunens in die Augen des Drachen, es folgt ein kurzes Röcheln, dann bäumt sich der Drache zum letzten Mal auf - und endlich bricht das riesige Tier zusammen.

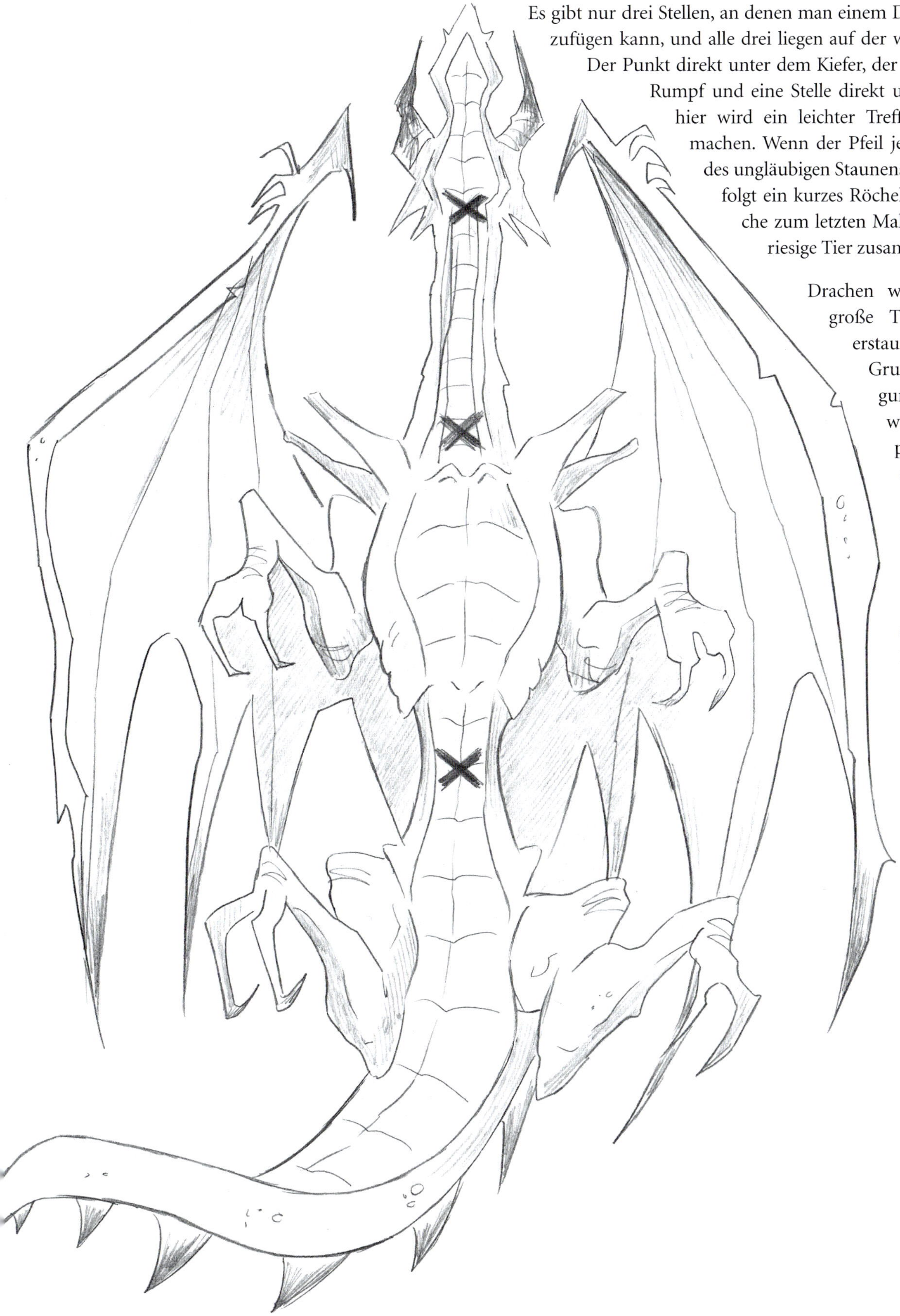

Drachen waren zwar außergewöhnlich große Tiere, aber sie waren auch erstaunlich schnell und wendig. Im Grund waren sie immer in Bewegung, nervös und instinktiv. Es war schon schwierig, den Körper überhaupt mit einem Pfeil oder einem Speer zu treffen – den Drachen an einem der Todespunkt zu verwunden, war fast unmöglich. Sie wichen den Waffen der Jäger blitzschnell aus und wischten dabei die heran sausenden Pfeile und Speere beiseite wie lästige Fliegen. Einen fliegenden Drachen zu erledigen, war das Schwierigste überhaupt – es war vergleichbar damit, eine Rakete zu treffen.

TOD EINES DRACHEN

Hatte jedoch ein Pfeil einen der Todespunkt des Drachen getroffen, so gab es für den Drachen keine Rettung mehr. In diesem Moment aber mussten Männer und Frauen um ihr Leben laufen, denn der gewaltige Körper des Drachen fiel mit dem ganzen Gewicht zu Boden und begrub alles unter sich. Selbst wenn es Jägern gelungen war, einen Drachen zu erlegen, so mussten sie ihr Leben lassen, wenn sie dem strebend zu Boden stürzenden Drachen nicht auszuweichen konnten.

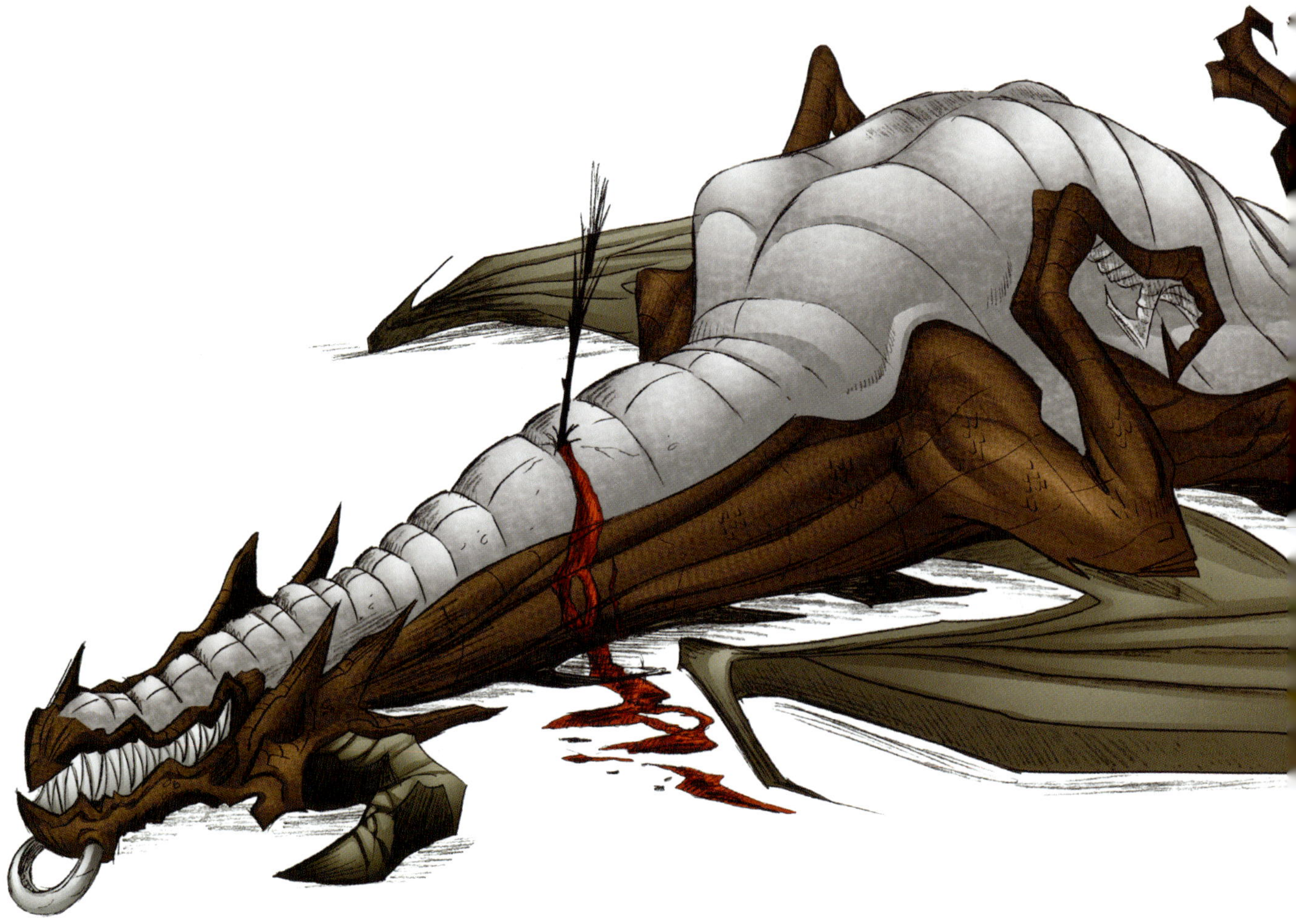

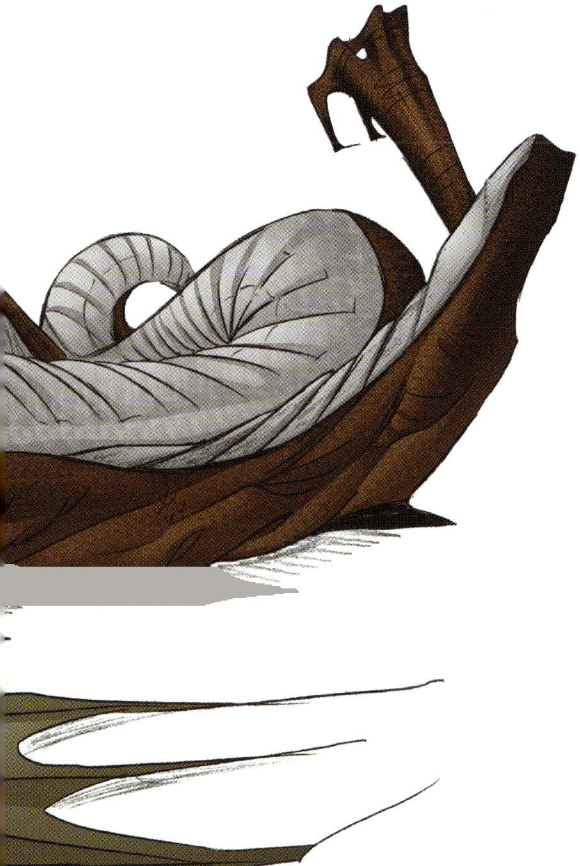

MEHR ALS DER KAMPF ZWISCHEN GUT UND BÖSE

Um eine gute und spannende Fantasy-Geschichte zu erzählen, muss man mit den Schlüssel-Themen spielen: Der Kampf des Guten gegen das Böse, Groß gegen Klein, Licht gegen Schatten, Unverletzbarkeit gegen Sterblichkeit und Schwäche sind einige der wichtigsten Bausteine für eine überzeugende Fantasy-Geschichte.

Helden-Geschichten sind immer dann unvergesslich und ergreifend, wenn darin zwei ganz unterschiedliche Mächte um den Sieg ringen. Es kommt tatsächlich weniger auf die Zeichentechnik an, als auf die Erzähltechnik. Fantasy-Illustrationen erzählen stärker als alle anderen Formen der Kunst eine Geschichte in Bildern.

King-Kong ist ein fantastisches Beispiel dafür, wie man es richtig macht: das Gute (das Mädchen) gegen das Böse (Kong), das Große (Kong) gegen das Kleine (das Mädchen), das Licht (Mädchen) gegen die Schatten (Kong) und Unverwundbarkeit (Kong) gegen Zartes und Schwaches (das Mädchen).

Natürlich spielen nicht alle Fantasy-Geschichten mit allen Themen auf einmal – doch meist wird mindestens ein Thema verwendet.

Sehen Sie sich einmal die Zeichnung links an: Der Drache liegt auf dem Rücken. Am meisten fällt auf, wie klein der Pfeil im Gegensatz zum gewaltigen Körper des toten Drachen ist. Das ist wie David gegen Goliath und eine höchst dramatische Szene. Schlägt dagegen ein Riese einen kleinen Kerl halb tot, ist das keine gute Geschichte.

DER GROSSE SPRUNG: MASCHINEN

Im Kampf gegen die Drachen war es das Schwierigste, einen fliegenden Drachen dann zu treffen, wenn er für die Menschen besonders gefährlich war: im Flug. Ein fliegender Drachen brachte den sicheren Tod. Hoch am Himmel blieb er stets weit außerhalb der Reichweite der Jäger und konnte völlig unbehelligt Verwüstungen und Schaden unvorstellbaren Ausmaßes anrichten.

Den Menschen war klar, dass es ihnen gelingen musste, den Drachen fluguntauglich zu machen, um die Gefahr der Angriffe aus der Luft zu beenden. Doch was konnte die Flügel eines Drachen außer Gefecht setzen? Am Ende wurde die Idee eines Katapultes geboren, das ein großes Ketten-Netz in die Luft schleuderte. Geriet ein fliegender Drache in dieses Netz, war das sein Ende.

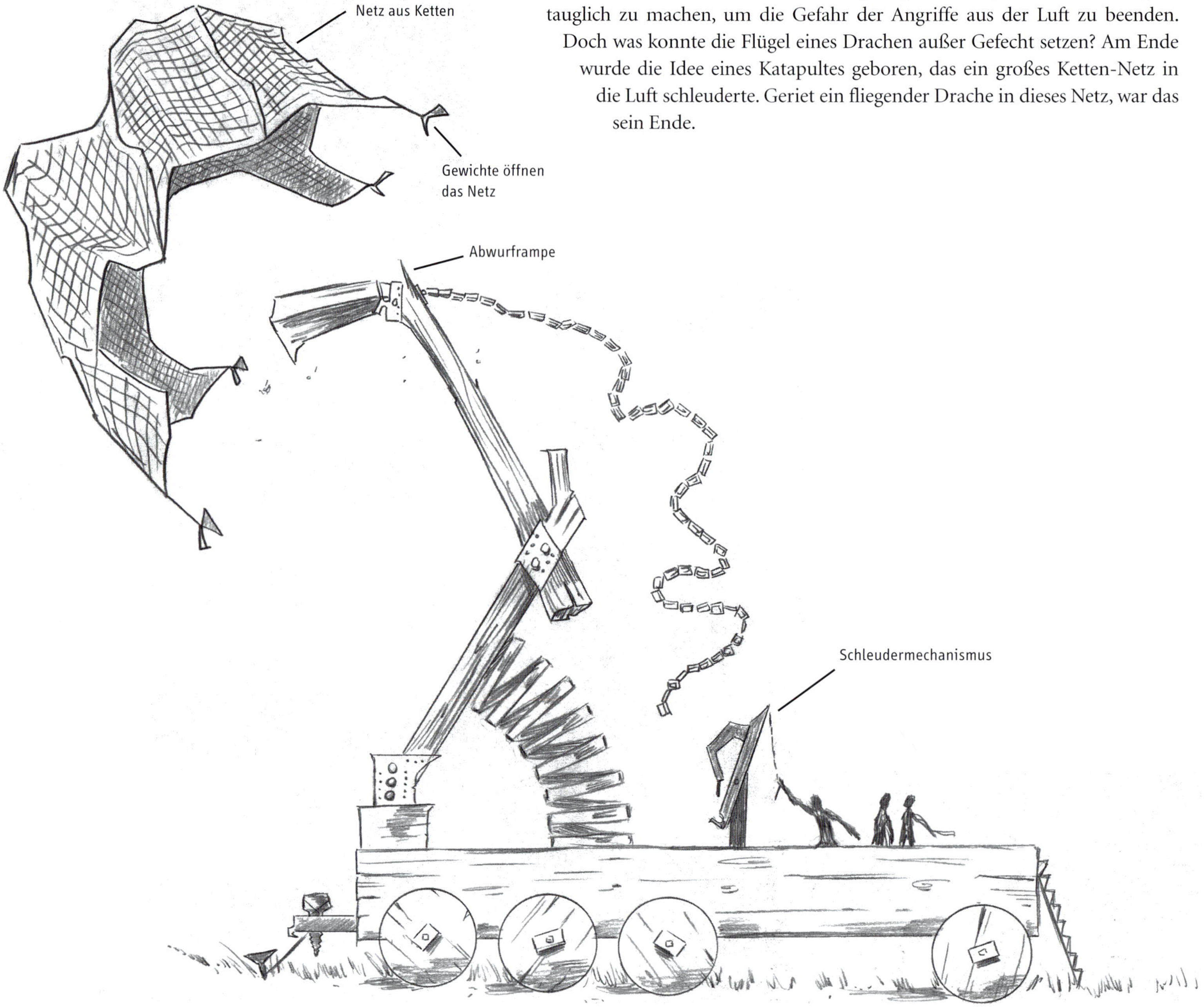

DAS GENIALE NETZ

Ein Pfeil kann ein fliegendes Objekt leicht verfehlen. Ein Netz dagegen bedeckt eine größere Fläche, und so war es für den fliegenden Drachen schwerer, ihm auszuweichen. Sobald das Netz einen bestimmten Punkt erreicht hatte, senkte es sich unweigerlich auf den Drachenkörper und umschlang die Flügel. Der Drache war gefangen, und so sehr er sich auch wehrte, er taumelte zu Boden. Er wehrte sich verzweifelt gegen die eisernen Maschen des Netzes, doch dadurch verstrickte er sich nur weiter. Mit solcher Wucht prallten die gefangenen Giganten auf den Boden, dass der Boden im Umkreis von fast hundert Kilometern bebte. Nun mussten die Menschen schnell sein. Sie hatten nur wenige Minuten Zeit, die Beute zu sichern, bevor der Drache wieder erwachte. Mit Seilen und Tauen pflockten sie ihn am Boden fest (Seite 97). Nun war der Drache ihnen ausgeliefert.

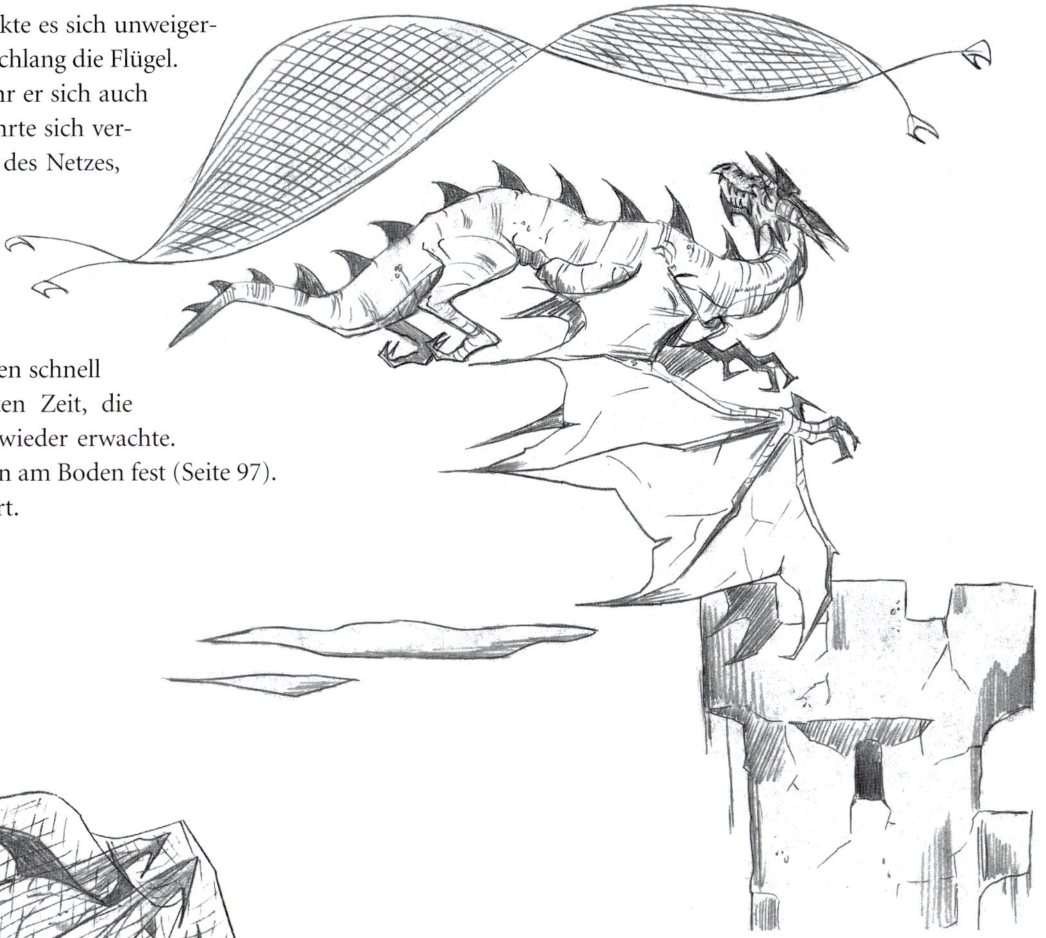

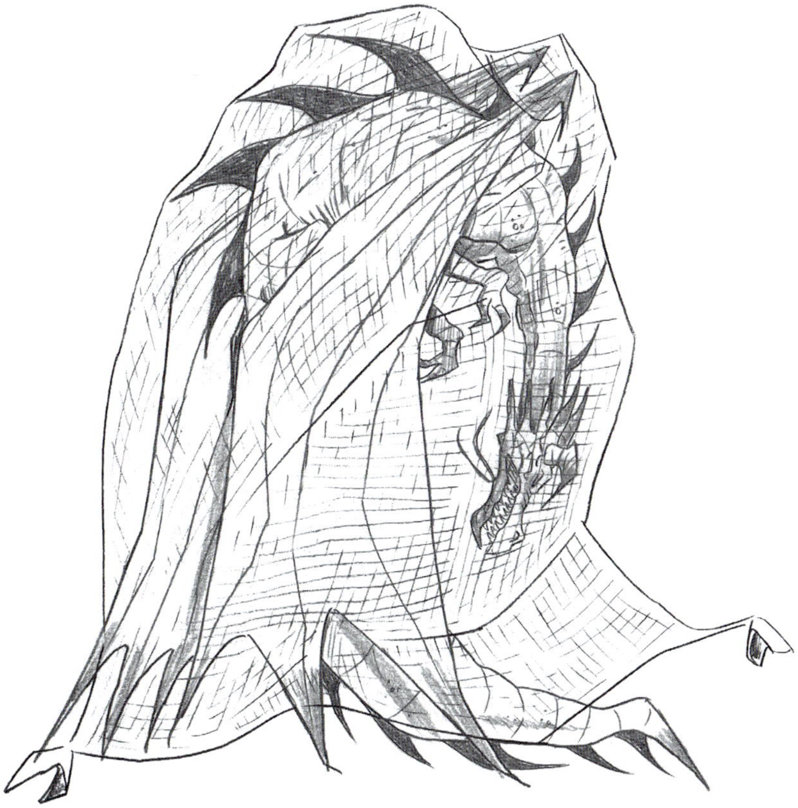

DIE MENSCHEN VERÄNDERN SICH

Als die Menschen nach und nach die Oberhand über die Drachen gewannen, wollten einige zum ursprünglichen friedvollen Weg zurückkehren. Aber ebenso wie es fast unmöglich ist, einen Flaschengeist, der sich aus seinem Gefängnis befreit hat, wieder in seine Flasche zurückzuschaffen, so schwer ist es, sich von der Gewalt wieder loszusagen. Die Macht des Sieges war wie eine Droge, die das Böse im Menschen gestärkt hatte. Die mächtig geworden waren, verhöhnten alle, die sich Frieden wünschten, und warfen ihnen Schwäche vor. Und sie schworen, die Drachen endgültig zu besiegen.

Eines der Werkzeuge auf ihrem Weg war die Pfahlschleuder, eine außerordentlich effektive und brutale Maschine. Man konnte dieses Mordgerät überall zum Einsatz bringen, und es wurde bis zum Exzess verwendet. Einer nach dem anderen fielen die Drachen seinem tödlichen Mechanismus zum Opfer. Wer ein Gewissen hatte, wollte nun das Schlachten ernsthaft unterbinden. So kam es, dass große Teile einer Bevölkerung, die ehemals kurz vor der Auslöschung durch die Drachen stand, nun einem Lebewesen zu Hilfe kommen wollten, das sie noch vor nicht langer Zeit gnadenlos gejagt hatten. Es war eine Kehrtwendung voller Ironie, doch die Erkenntnisse und Taten guter Menschen sind manchmal ironisch. Und so begannen sie für die Erhaltung der Drachen zu kämpfen. Damit zerbrach die Menschheit endgültig in zwei Hälften: die Kräfte des Guten und die Mächte der Finsternis. So begann es und so ist es geblieben. Obwohl die Drachen alle längst tot sind, stehen beide Parteien sich unversöhnlich gegenüber.

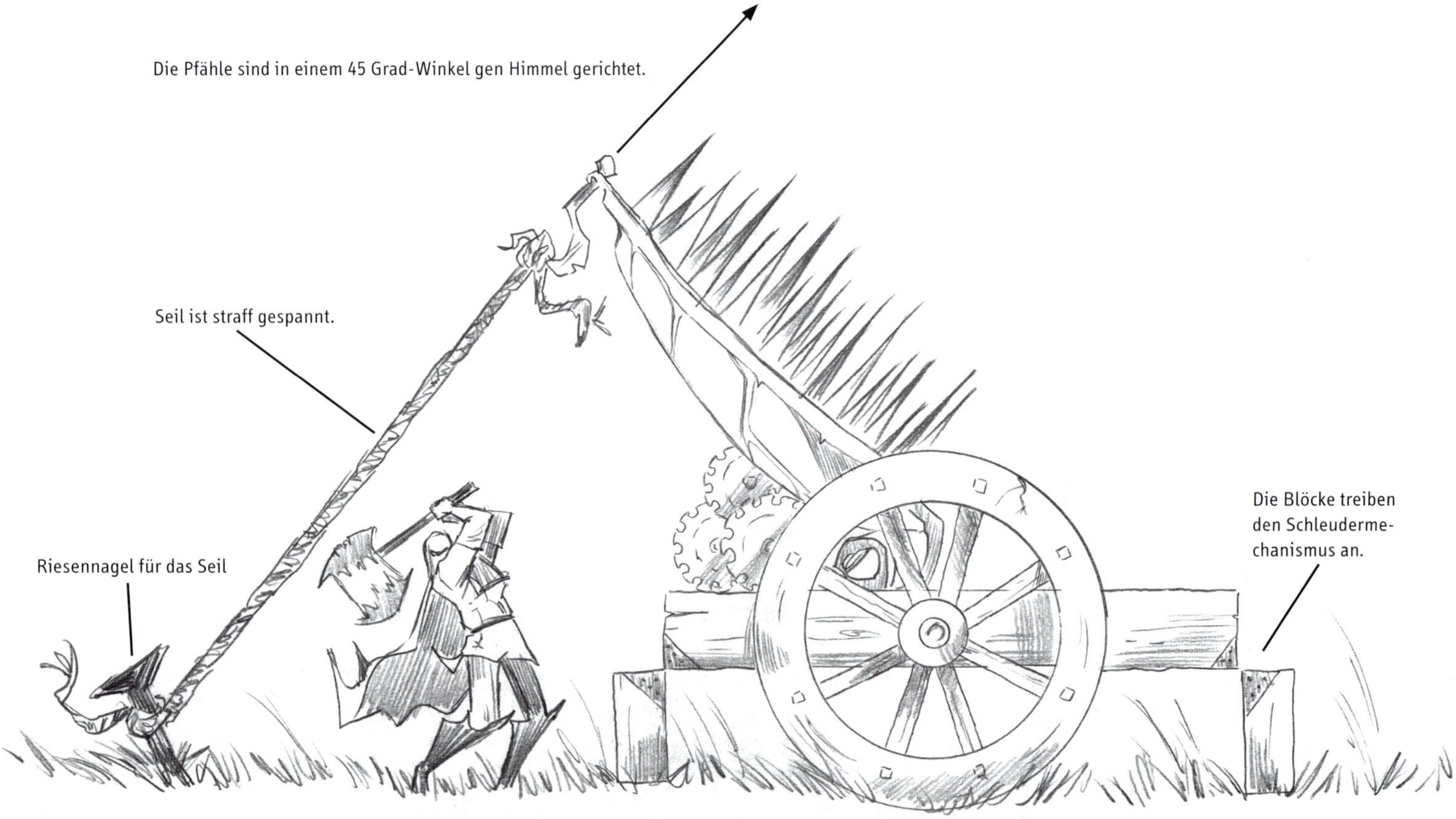

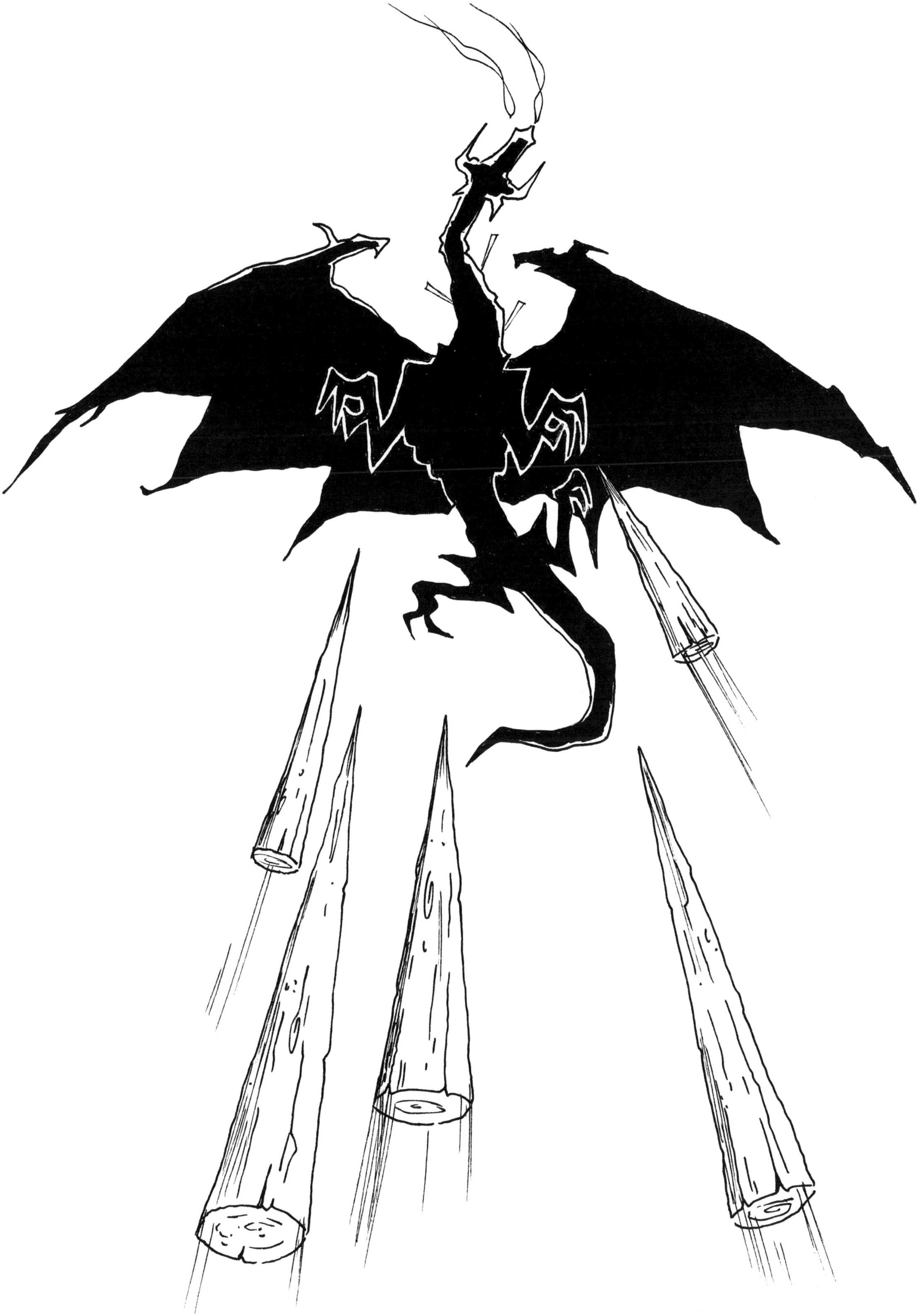

DIE JÄGER

Ein weiterer Anreiz zur Drachenjagd war das wohl schmeckende Drachenfleisch, das den Speiseplan der Dorfbewohner nun zunehmend bereicherte und schnell in den Rang einer gesuchten Delikatesse aufstieg. Nomaden und andere Jäger entdeckten, wie leicht es war, ein ungeheueres Vermögen zu machen, wenn sie nur genug Drachen erlegten.

Manchmal wirkt bereits eine stehende Figur dramatisch, wie der Jäger in diesem Bild, der ein Stück Drachenfleisch über dem offenen Feuer brät. Natürlich kann der Mann dann nicht nur „herumstehen" - vor allem, wenn er eine so kraftvolle und gut durchtrainierte Figur hat. Es gibt ganz einfache Hilfsmittel, die auch einer relativ ruhigen Szene Dramatik und Spannung verleihen. Sehen Sie einmal genau hin.

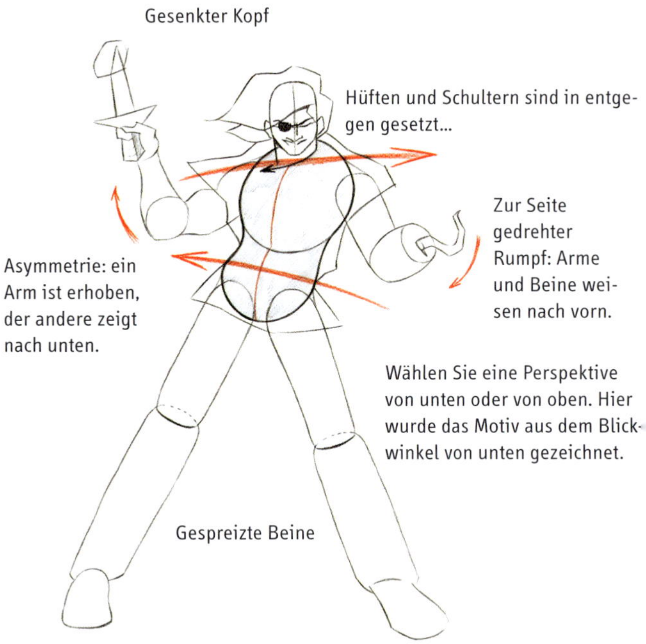

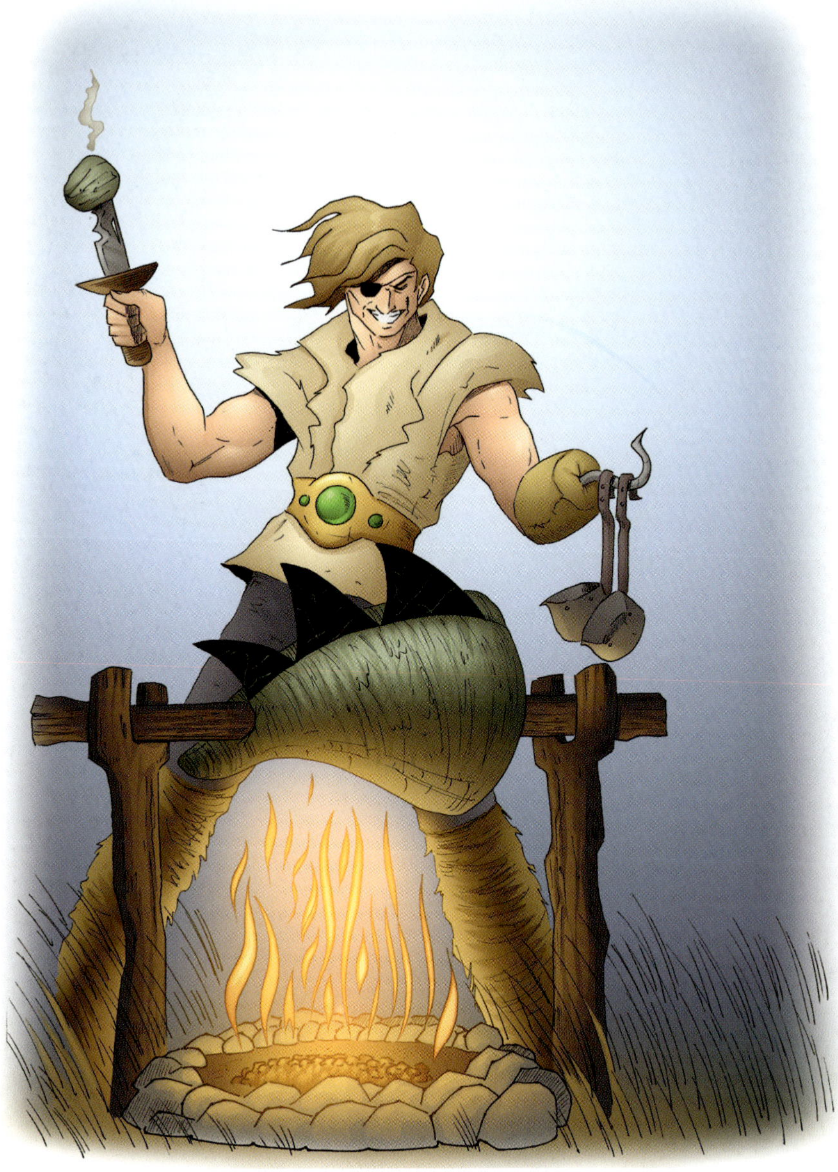

DIE HÄNDLER

Als die Jäger begannen, Teile der Drachen, die sie erlegt hatten, zu verkaufen, tauchten überall Händler auf. Von Drachenhörnern wurde behauptet, dass sie ein wahres Wundermittel seien. Und wo sich Menschen verzweifelt nach einer Behandlung ihrer Wunden und Krankheiten sehnten, wurde viel Geld gemacht. Händler tauchten plötzlich in einem Dorf auf, errichteten ihre Stände und verkauften in Windeseile, was sie konnten, bevor die Wachen sie ergriffen und hinauswarfen. Mit Taschen voller Gold zogen sie weiter. Doch wehe den Menschen, die gutgläubig auf die Wundermittel und "Sonderangebote" hereinfielen. Nichts wirkte. Die meisten der Waren waren Diebesgut, andere billige Nachbildungen. Doch das Schlimmste war, dass diese wandernden Händler die Pest verbreiteten.

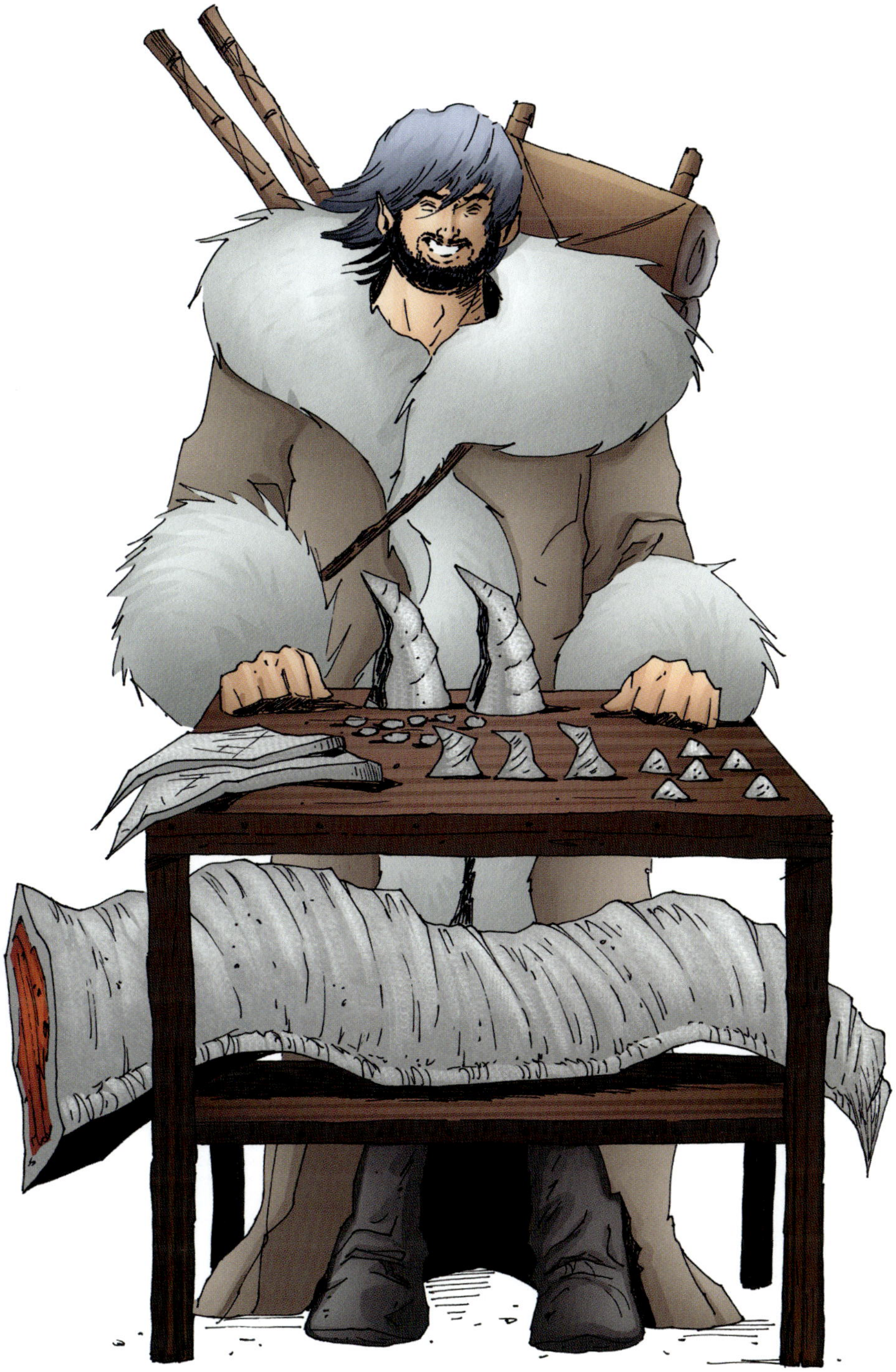

ÜBER DIE HALTUNG

Ganz im Unterschied zu der dynamischen Haltung der Figur auf der gegenüberliegenden Seite fehlen bei diesem Motiv alle Drehungen und Wendungen des Körpers. Und doch ist dies eine interessante Szene. Heißt das nun, dass man die eben beschriebenen Techniken doch nicht braucht?

Am ehesten lässt sich sagen, dass das Objekt immer in einer optimalen Art und Weise dargestellt werden sollte.

Wenn Sie nun einmal diese Figur betrachten mit dem voluminösen Mantel aus Tierfell, dann wäre eine dynamische Pose nicht gut, denn die Figur braucht sie nicht. In diesem Fall sind Kleidung und Ausstrahlung der Person das Wichtigste an der Szene und kommen durch die ruhige Haltung besonders stark zur Geltung.

So braucht auch ein beleibter König viel weniger Körpersprache als sein Hofnarr. Des Königs Robe, Krone, Szepter, Bart und die ganze mächtige Erscheinung reichen aus, um seine Position klar zu machen. Wir erwarten von einem Würdenträger eben nicht, dass er herumhüpft.

Der Hofnarr dagegen ist von Haus aus ein eher hyperaktiver Charakter und dehalb wirkt bei ihm eine verdrehte Haltung ganz natürlich.

EINEN DRACHEN „ZÄHMEN"

Schließlich kam eine neue Idee auf: Drachen sollten gefangen und abgerichtet werden. Ungezählte erfolglose Versuche wurden unternommen. Denn keine Fessel war stark genug, keine Belohnung wirkte: Die wilde Natur des Drachen ließ sich nicht brechen.

Immer wieder sahen sich solche "Drachen-Dompteure" gezwungen, alle Tiere, die sie gefangen hielten, freizulassen oder zu töten. In der Regel jedoch gelang es den Drachen vorher auszubrechen und ihre "Meister" zu töten.

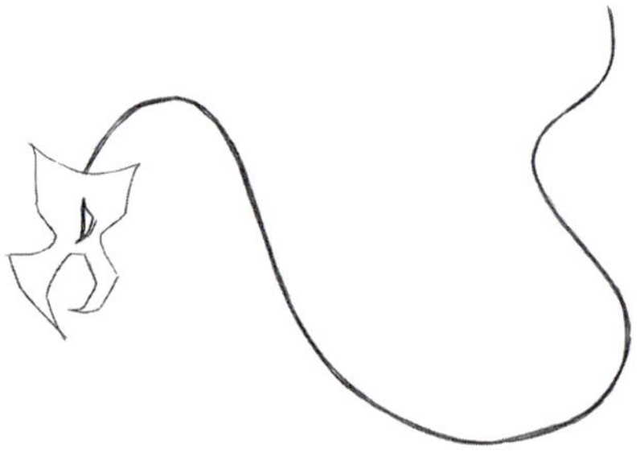

Spannung durch die geschwungene Linie.

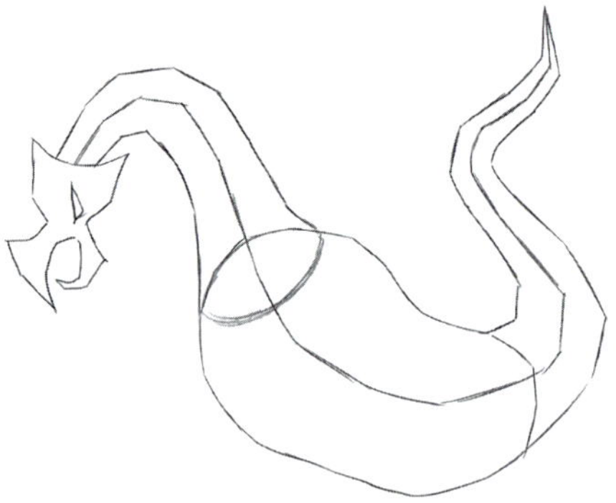

Auf der Basis dieser Linie wird der Körper entwickelt.

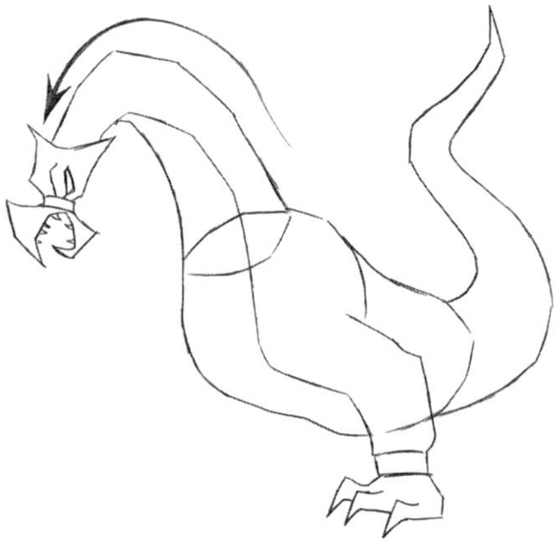

Achten Sie darauf, wie hier der Hals aus den Schultern "herauswächst".

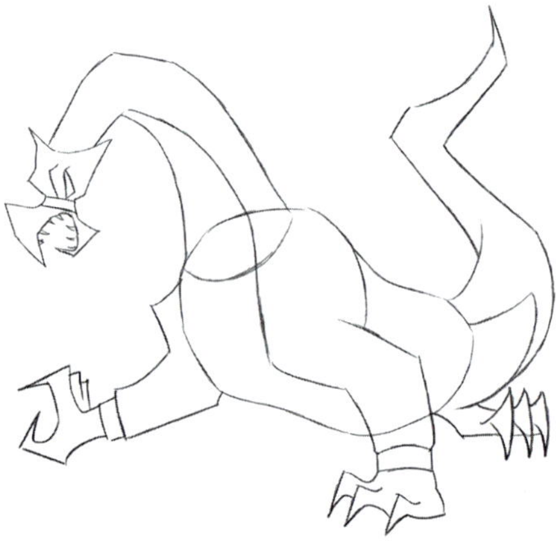

Der stark gebogene Hals zeigt die ganze Kraft des Drachen.

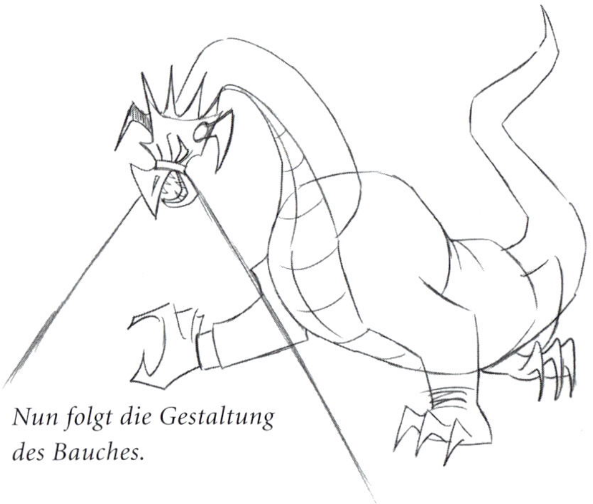

Nun folgt die Gestaltung des Bauches.

Achten Sie auf die Ketten: Kein Glied darf wackeln oder "schwächeln", jedes muss bis zum Zerreißen gespannt sein. Sonst sieht es nicht aus, als würde der Drache sich mit aller Kraft zu befreien versuchen. Deshalb muss auch die Schnauze, dort wo der Ring sitzt, so stark zusammengepresst sein.

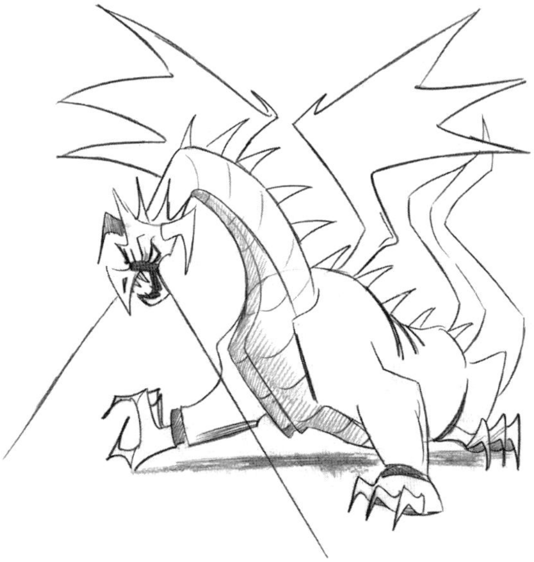

Zeichnen Sie für den Rückenkamm zunächst eine Linie ein, die über den Rücken zur Schwanzspitze reicht.

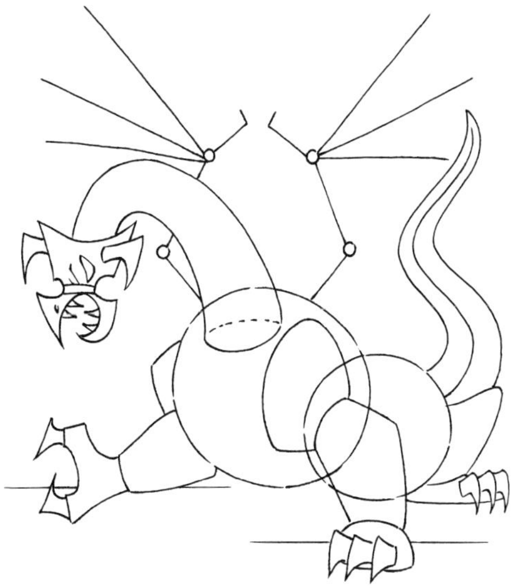

Manchmal hilft es, eine Konstruktionzeichnung anzufertigen, die deutlicher als Schritt-Zeichnungen zeigt, worauf es ankommt.

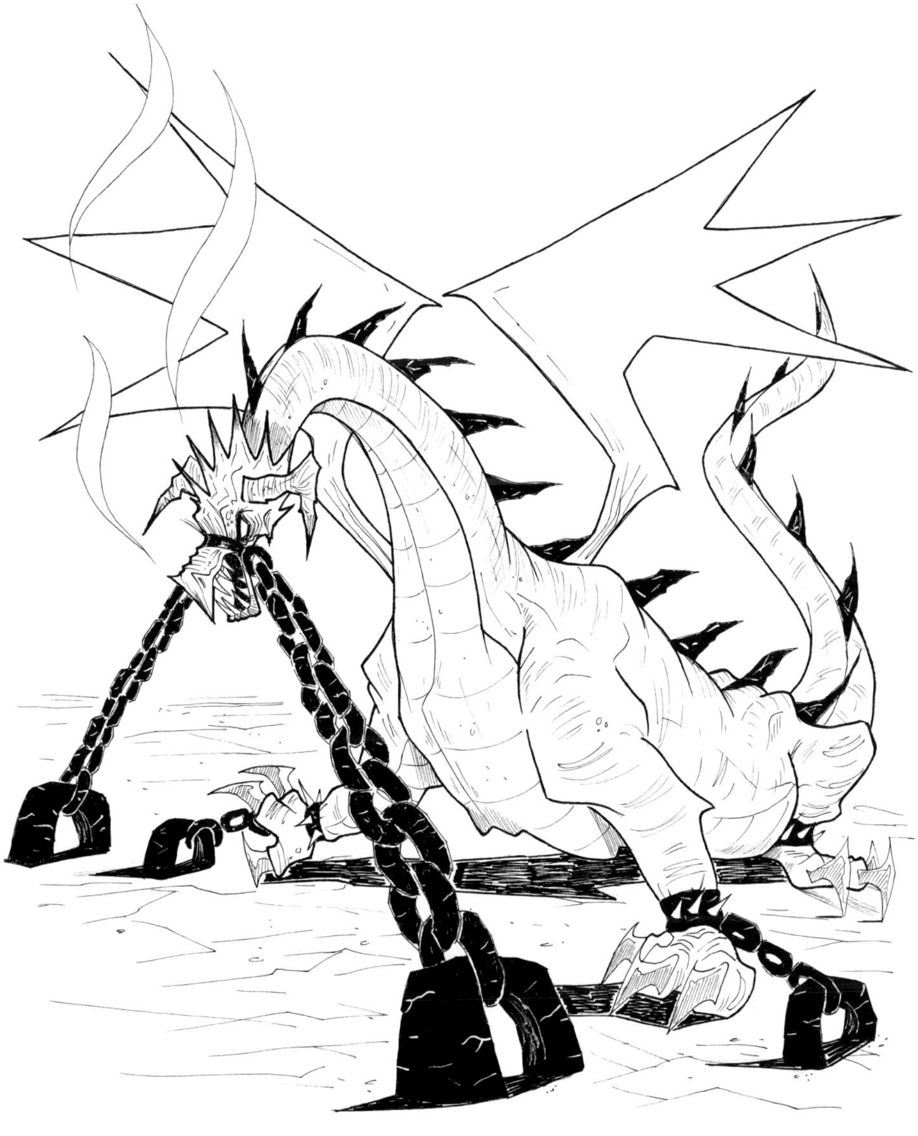

DUNKLE KULTE

Nach und nach zogen sich die Drachen in weit entlegene Gebirgsregionen zurück. In das Vakuum, das sie zurückließen, wuchs die schwärzeste Seite der Finsternis hinein. Dunkle Kulte entstanden. Erschreckende Wesen, halb Mensch und halb Dämon traten auf den Plan, die Tod und schwere Seuchen brachten. In der Zeit, in der Wahnsinn herrschte und jeder Tag der letzte zu sein schien, breiteten sie sich ungehindert aus. Der Schädel-Sammler war nur einer dieser Mutanten.

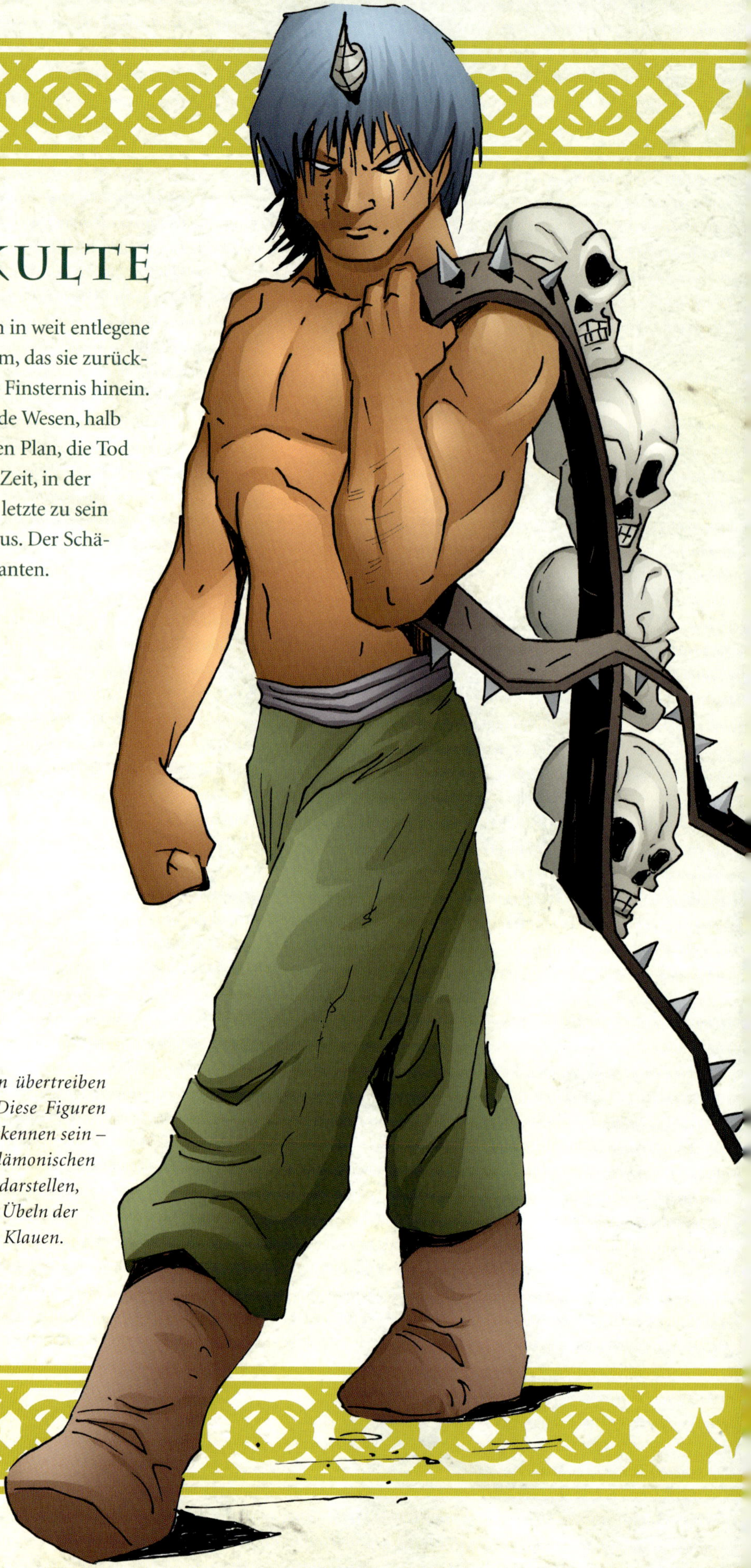

Wenn Sie ein Halbwesen zeichnen, dann übertreiben Sie die dämonischen Merkmale nicht. Diese Figuren müssen in erster Linie als Menschen zu erkennen sein – allerdings als besonders gefährliche. Die dämonischen Details sollen den Anteile ihrer Seelen darstellen, der verdorben ist - das Größte unter allen Übeln der Welt und viel schlimmer als Hörner oder Klauen.

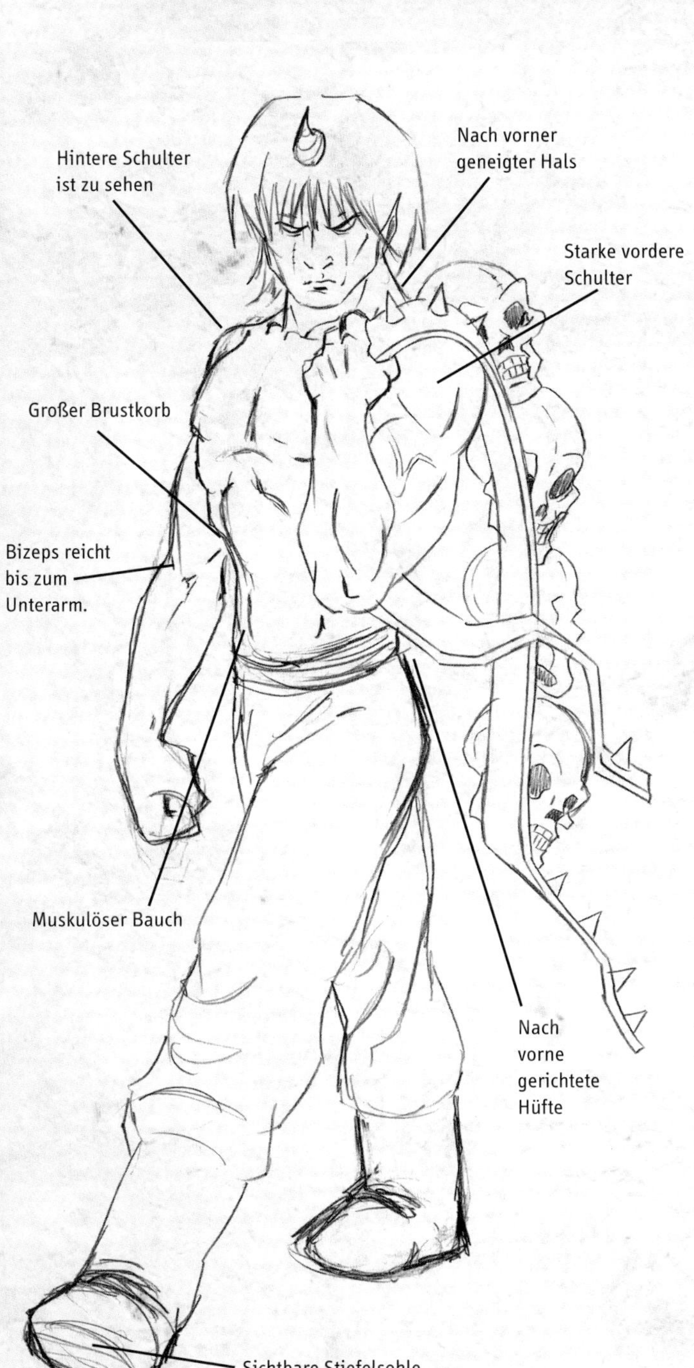

Tusche

Vergleichen Sie einmal die Bleistift-Version dieses Motivs mit der Abbildung in Tusche (und Farbe) auf der gegenüberliegenden Seite. Sehen Sie, was sich hier alles verändert hat? Ein Bild mit Tusche nachzuzeichnen, heißt nicht, alle Linien mit Tusche nachzuziehen - es bedeutet, Entscheidungen zu treffen.

Das Tuschen erlaubt Ihnen, einen zweiten Blick auf Ihre Zeichnung zu werfen - und sie mit neuen Augen zu sehen. Lassen Sie alle Linien aus, die jetzt auf einmal überflüssig erscheinen. Verstärken Sie aber wichtige Kontouren und Umrisse. Dunkeln Sie bestimmte Bereiche nach. Bringen Sie Ruhe in Zonen, in denen Licht und Schatten zu stark "flackern".

Tusche-Linien fallen immer auf. Eine getuschte Linie lässt andere in den Hintergrund treten. Schon deshalb können Sie jetzt nicht mehr alle nachzeichnen, die Ihnen vorher wichtig erschienen.

Setzen Sie die Tusche nicht zu sorgfältig und zu genau. Bleiben Sie spontan, lassen Sie zu, dass sich etwas anders entwickelt, als Sie zunächst dachten, wenn Sie das Gefühl haben, es stimmt.

NORDMÄNNER

Die Eroberer aus dem Norden sind ein besonders beliebtes Thema – nicht nur im Fantasy-Genre, sondern überall dort, wo dramatische Kämpfe toben. Sie sind unglaublich zähe und ausdauernde Kämpfer, die erst in der harten Welt der nordischen Tundra so richtig aufleben. Meist reiten sie auf einem Pferd oder auf einem anderen großen Tier und tragen Wikinger-Helme oder Helme wie die Ritter des Mittelalters.

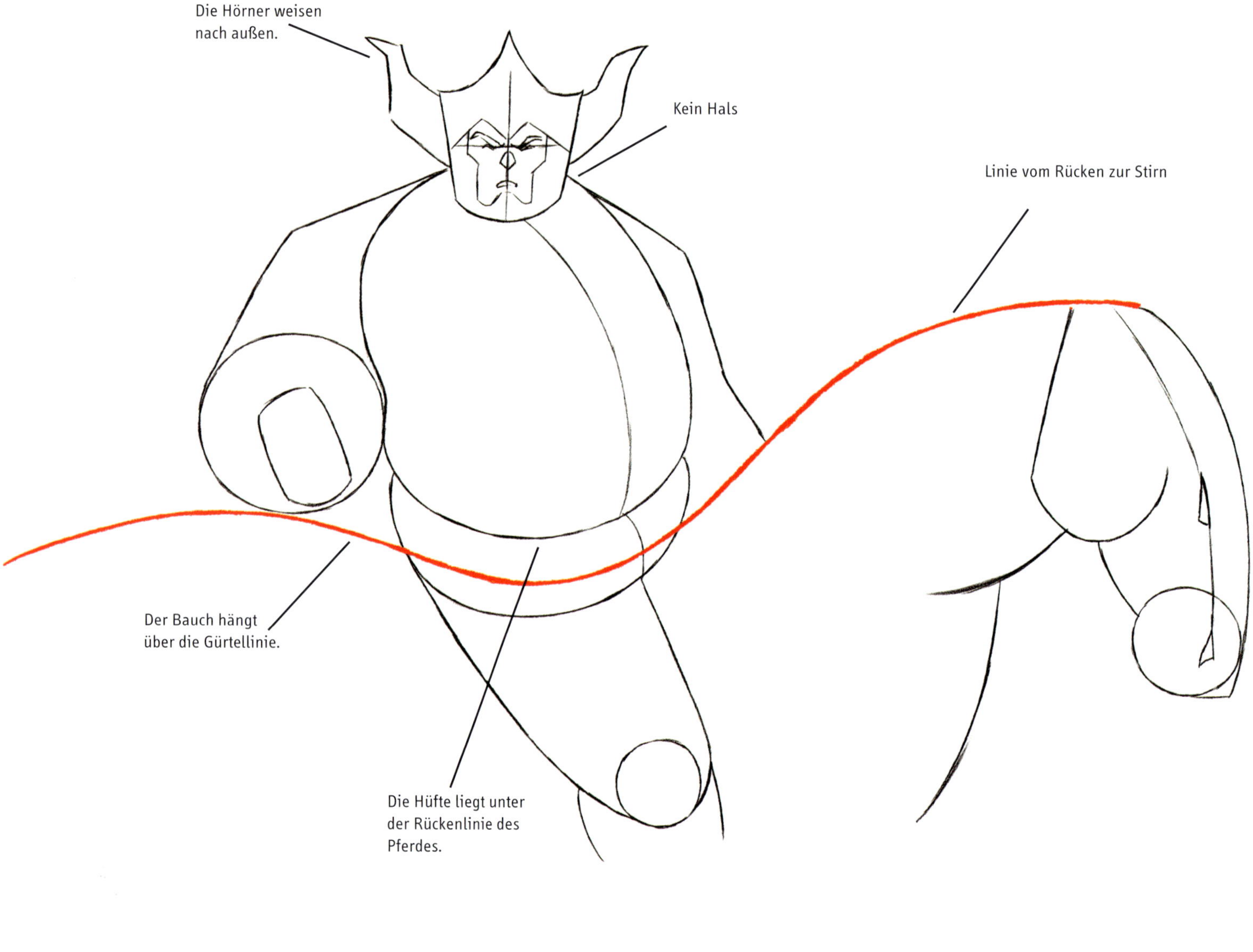

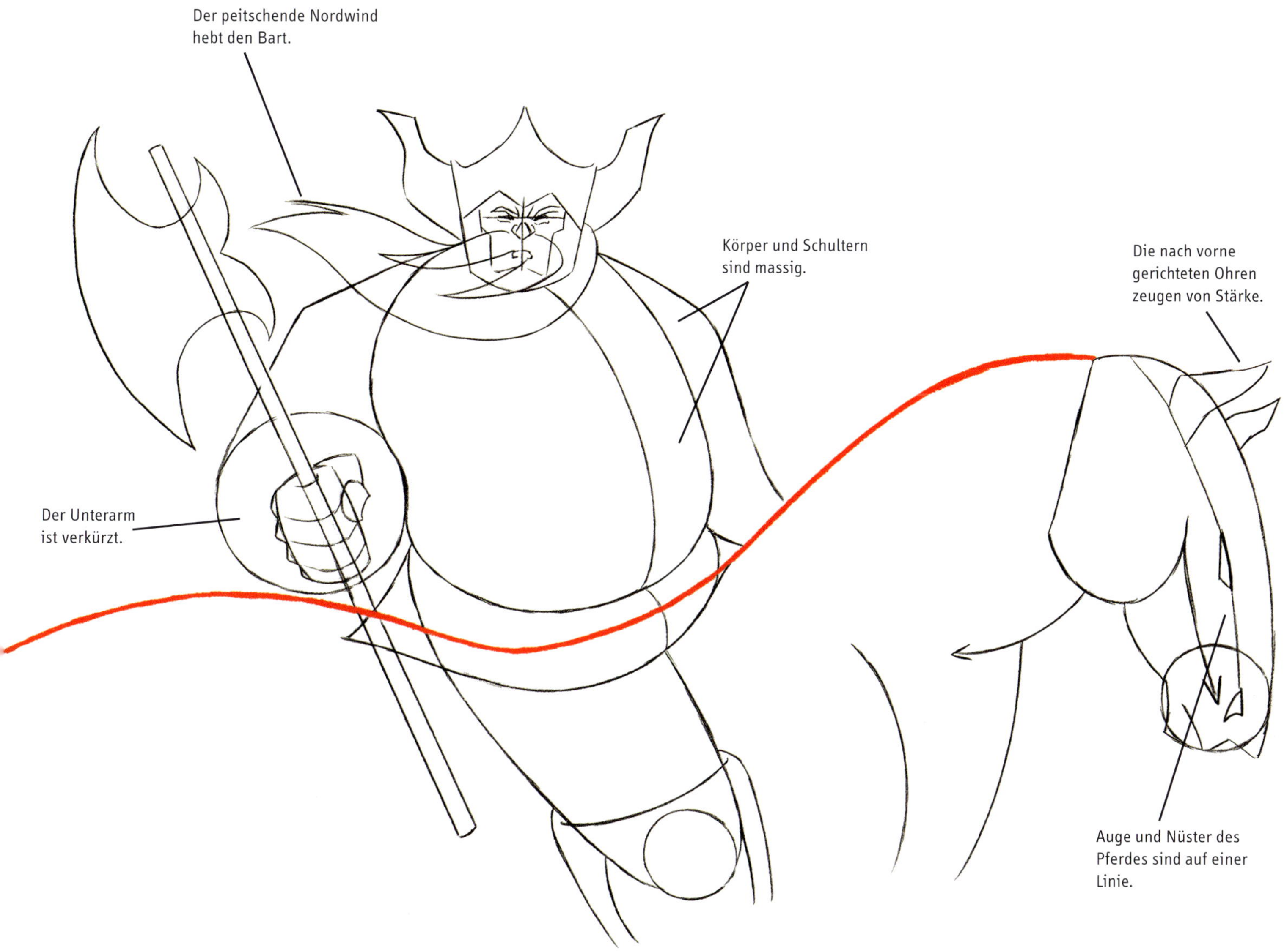

FIGUREN IM SATTEL ZEICHNEN

Oft haben Künstler, die an sich hervorragend zeichnen können - und auch wunderschöne Pferde zustande bringen - Schwierigkeiten damit, einen Menschen hoch zu Ross zu zeigen. Merken Sie sich diesen Tipp: Der Reiter sitzt nicht oben auf dem Pferd wie ein Mensch auf einem Stuhl. Die Hüfte eines Reiters sinkt immer - so wie in der Abbildung oben zu sehen - ein Stück unterhalb die Rückenlinie seines Reittiers.

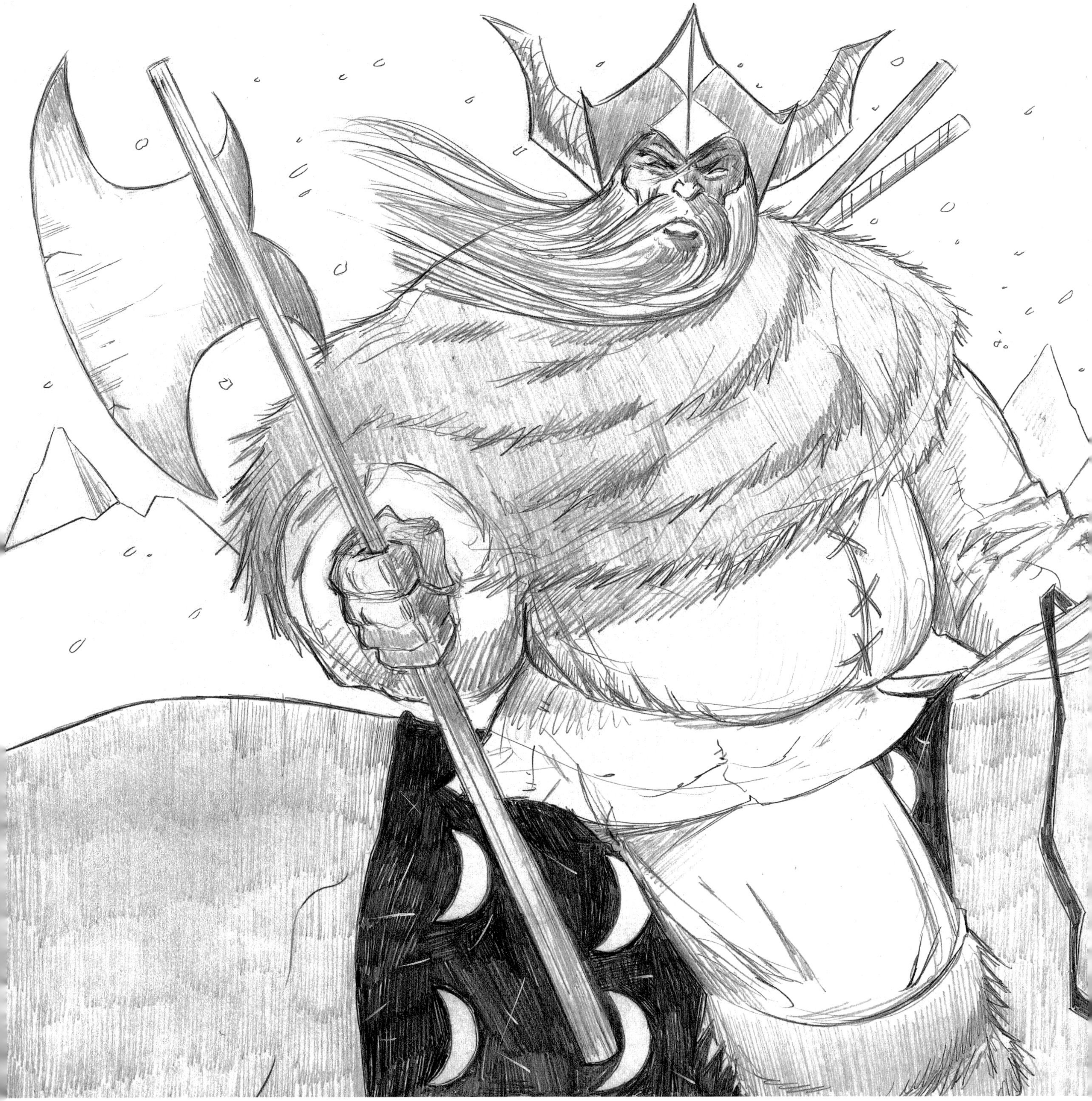

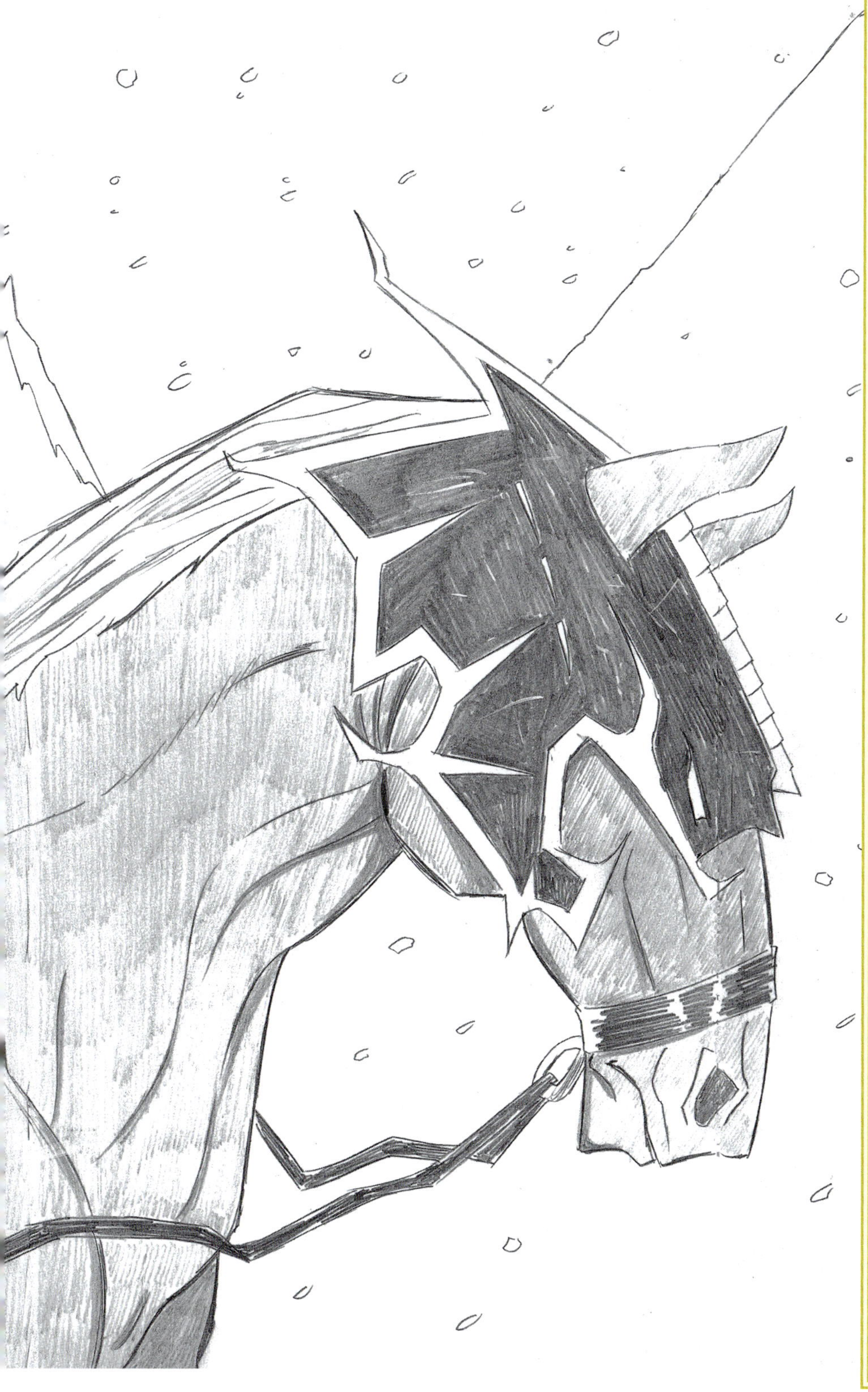

Stimmung, Atmosphäre et Co.

Ein paar Schneeflocken, eine kahle, leere Landschaft. Schneebedeckte Gipfel so weit das Auge reicht, aber nirgends ein Zeichnen der Zivilisation. Eine sehr große Axt. Eine packende Szene entsteht nicht vor einem überladenen Hintergrund.
Sie entsteht, wenn Sie den Betrachter nur mit wenigen, wohl überlegten Details daran erinnern, wo er sich befindet. Geizen Sie mit Details und Darstellungen im Hintergrund. Es reicht vollkommen aus, ein Gefühl der Umgebung zu vermitteln.
Diese Szene hier schreit laut und deutlich: „Kalt und öde!", obwohl - oder besser weil - kaum etwas zu sehen ist. Die so entstehende Leere spricht eine deutliche Sprache. Sie müssen also nicht Dutzende von Schneebergen zeichnen, um den Eindruck von Schnee hervorzurufen.
Der Trend in der gesamten modernen Fantasy-Illustration geht weg von überladenen, geschäftigen Szenen. Der Kern der Sache ist: Geben Sie im Hintergrund Hinweise, zeichnen Sie nicht alles.
Zeigen Sie auch im Hauptmotiv wenig und nur das Wesentliche.
In diesem Fall sind das die auffallend große Axt, der Wikinger-Helm, die Kampfstäbe, die über den Rücken ragen, und vor allem: das mächtige Bärenfell, das über den Schultern liegt.
Diese Gegenstände sind für den Nordmann lebenswichtig. Sie sind funktional. Und hier unterscheidet sich das Fantasy-Genre von Sciene Ficition mit ihrem immer etwas künstlich wirkenden Beiwerk.

DER EWIGE KAMPF

Menschen kämpfen nicht nur mit Drachen; sie kämpfen auch miteinander. Junge Männer sind oft tapfer und leichtsinnig. Und die Bösen sind um ein vieles stärker. Und trotzdem greifen junge Krieger sie immer wieder an. Ob sie geschlagen werden? Möglicherweise ja. Möglicherweise nein. Doch selbst wenn sie einen Kampf verlieren, geben sie nicht auf. Nichts, nicht einmal die schwärzeste Nacht wird ein treues Herz brechen.

Unglücklicherweise ist die schwere Rüstung, die einen Ritter schützt, auch seine Achillesferse. Ist er erst einmal gestürzt, kommt er nur mit großer Mühe oder mit der Hilfe seiner Kameraden wieder auf die Füße. So kann eine kleine Verletzung, die ihn auf den Rücken wirft, sein Ende bedeuten.

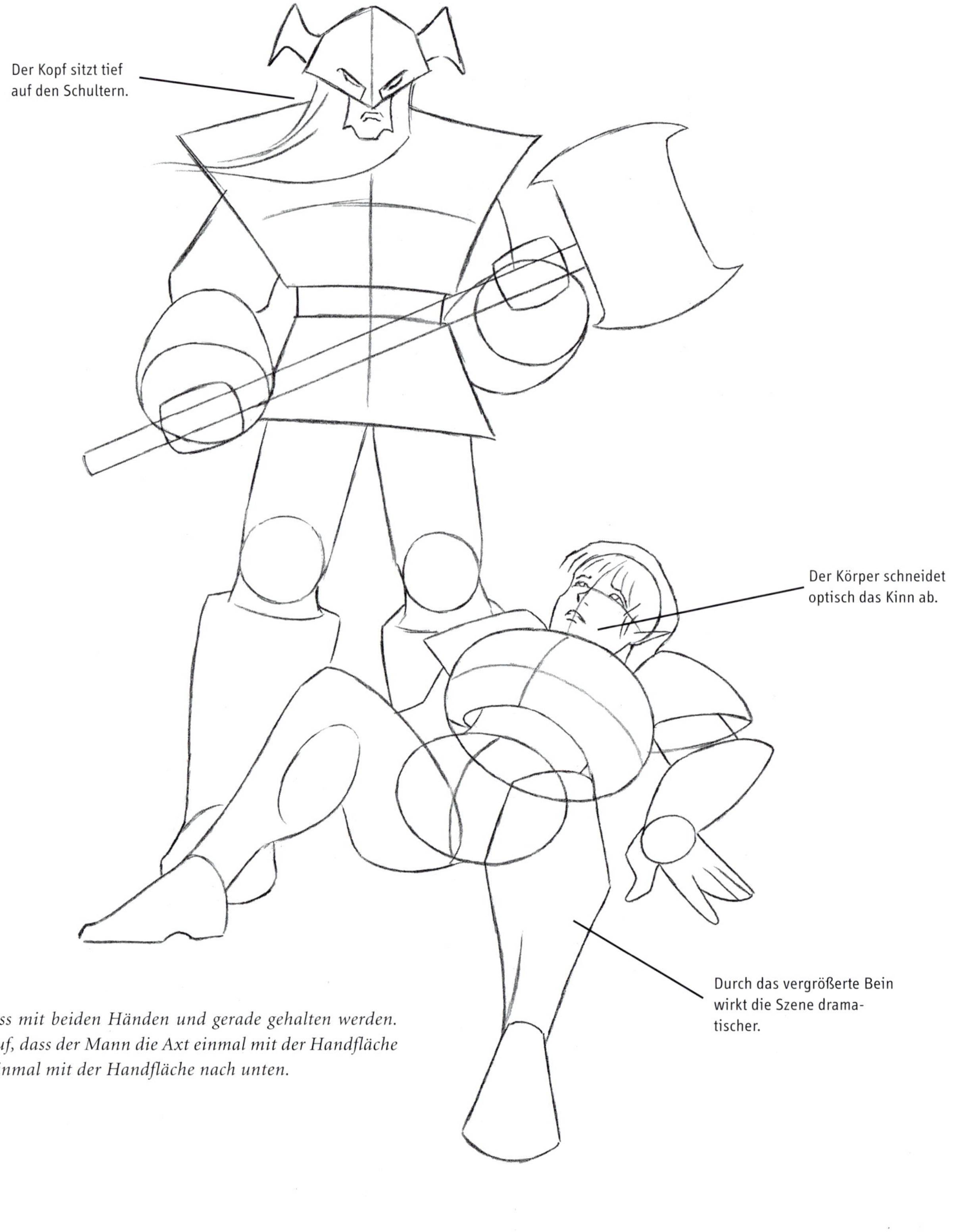

Der Stiel der Axt muss mit beiden Händen und gerade gehalten werden. Achten Sie auch darauf, dass der Mann die Axt einmal mit der Handfläche nach oben hält und einmal mit der Handfläche nach unten.

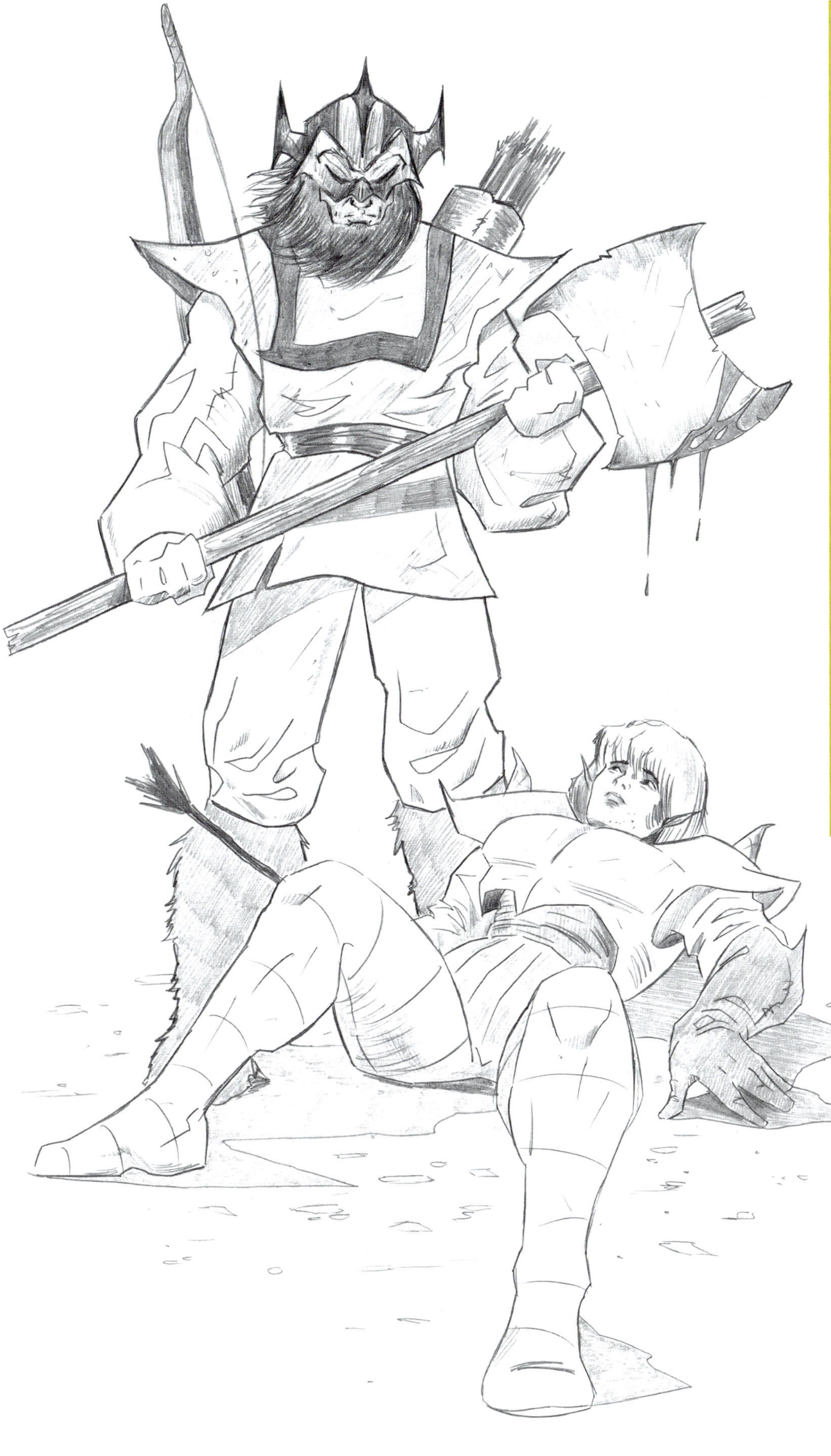

DIE ARBEIT MIT DEM BLEISTIFT

Sehen Sie, wie vielfältig die Grautöne werden, je nachdem, ob Sie den Bleistift mit mehr oder weniger Druck führen? Mit einem Bleistift können Sie wesentlich besser als mit Tinte bestimmen, wie zart oder kraftvoll eine Linie wird. Während die Kraft der Tinte erst richtig mit einer Farbgestaltung zur Wirkung kommt, kann man bei einem Motiv wie diesem dank der Flexibilität des Bleistifts ein Optimum erzielen. Mit ganz leichtem Druck können Sie das weiche Fell der Stiefel des Mörders herausarbeiten, mehr Druck hüllt seine Gesichtszüge in Dunkelheit, was übrigens eine Gesetzmäßigkeit der Heldenzeichnung ist: Das Gesicht des Helden ist immer glanzvoll und im Licht, die Gesichter von Mördern verschwinden im Schatten.

DIE RÜCKKEHR DER DRACHEN

Während die Menschen ihre Vergangenheit inzwischen vergessen haben und eilig auf dem Pfad des Fortschritts dahinhasten, haben die Drachen in aller Ruhe gewartet. Der König des Feuers ist ein äußerst geduldiges Tier. Irgendwo da draußen auf einem der höchsten Berge der Welt sitzt ein Drache inmitten der Schleier, die das Dach der Welt umgeben. Er wartet und wacht. Vielleicht beginnt genau in diesem Moment eine neue Drachen-Generation ihr Leben. Bald wird der Alte ihnen zeigen, wie man jagt, und er wird ihnen alles beibringen, was er über die Abgründe der Menschheit weiß. Und diesmal werden wir nicht so leicht davon kommen. Denn Drachen sind intelligente Tiere. Und sie vergessen nichts.

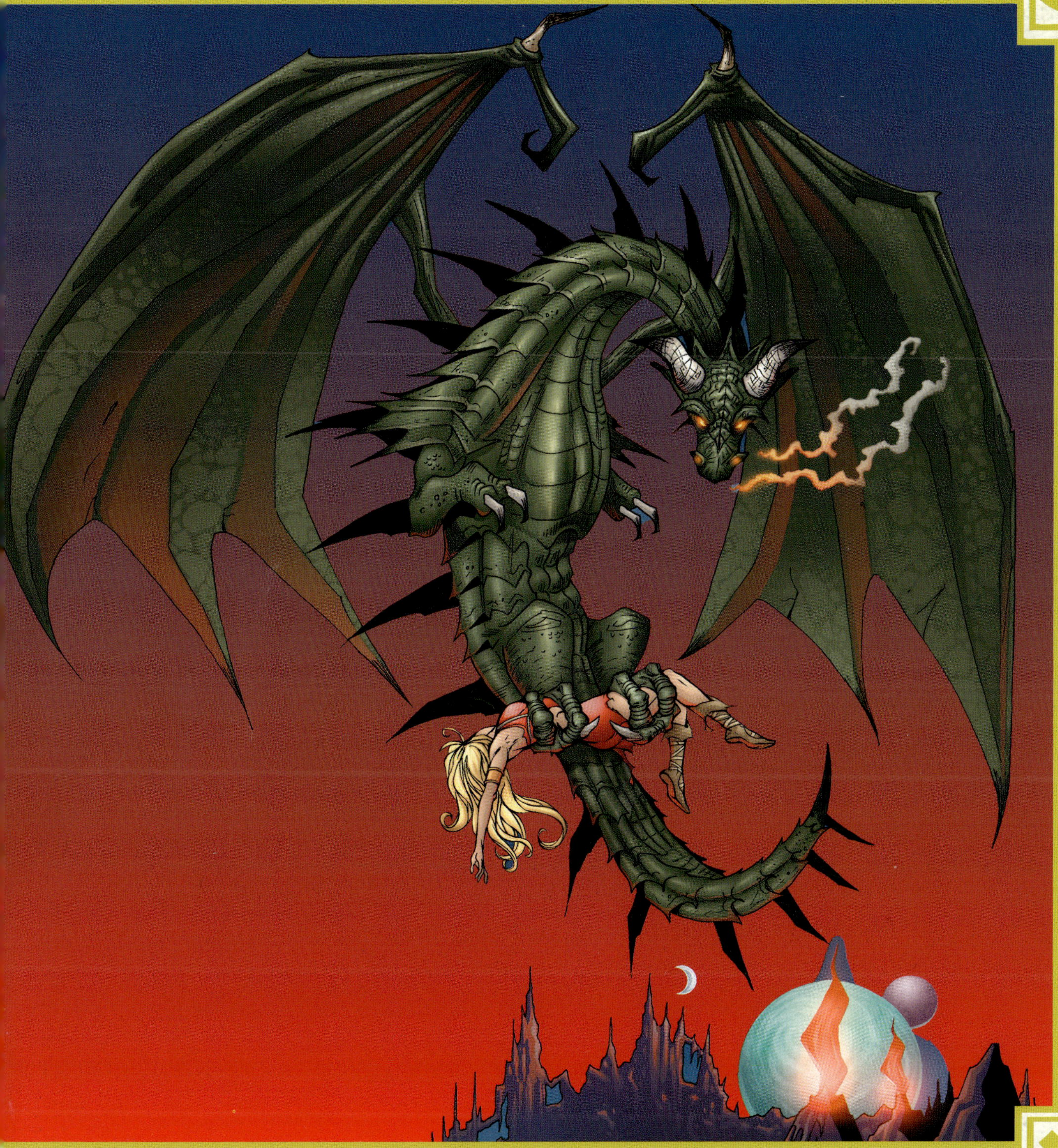

INHALT